Thierry de Montbrial
Dialog am Ende des Jahrhunderts

Aus dem Französischen von Karola Bartsch

Thierry de Montbrial

Dialog am Ende des Jahrhunderts

Der europäische Gedanke als Selbstbehauptung eines Kontinents

Europaverlag München · Wien

Die Deutsche Bibliothek – CIP-Einheitsaufnahme

Montbrial, Thierry de:
Dialog am Ende des Jahrhunderts : Der europäische Gedanke als Selbstbehauptung eines Kontinents / Thierry de Montbrial.
Aus dem Franz. von Karola Bartsch. –
München ; Wien : Europaverl., 1998
Einheitssacht.: Mémoire du temps présent ‹dt.›
ISBN 3-203-80071-3

Originalausgabe:
Mémoire du temps présent

Lektorat: Afra Margaretha

Umschlaggestaltung: Wustmann und Ziegenfeuter, Dortmund

Herstellung: Bercker, Kevelaer
Printed in Germany
ISBN 3-203-80071-3

Den Frieden zu wünschen ist leichter,
als dessen Fundament zu legen.
HENRY KISSINGER

Die Zeit der Kirschen kehrt nicht wieder
und die der Kerne auch nicht.
(...)
zurücktreten Großpapa
zurück Papa und Mama
zurück Großpapas
zurücktreten alte Soldaten
zurück die alten Prediger
zurück all die mit Marie
die Vorstellung ist vorüber
jetzt beginnt
das Schauspiel für die Kinder.
JACQUES PRÉVERT

Die Vergangenheit ist ein zerbrochenes,
die Zukunft ein zu brütendes Ei.
PAUL ÉLUARD

Inhalt

Vorwort

Der Zusammenbruch des Kommunismus und die Überwindung der deutschen und europäischen Teilung in den Jahren 1989/1990 stellen einen tiefen Einschnitt in die internationale Politik dar. Sie beendeten die das 20. Jahrhundert prägende Ära der großen Kriege und Konfrontationen, die 1914 begonnen hatte. Welche Ereignisse das 21. Jahrhundert bestimmen werden, läßt sich heute noch nicht sagen, doch die mit der Globalisierung verbundenen Entwicklungen werden es entscheidend mitgestalten.

Schon heute drückt etwa das Bevölkerungswachstum der zukünftigen Weltpolitik seinen Stempel auf, denn von der Milliarde Menschen, die in den nächsten zwanzig Jahren geboren werden, beginnen 95 Prozent ihre Existenz in armen und zum Teil krisengeschüttelten Regionen. Damit wird der Migrationsdruck zu einem Faktum und damit auch zu einem globalen Problem von Innen- und Außenpolitik. Ähnlich steht es mit der wachsenden Interdependenz. Auch sie ist ein typisches Phänomen des 20. Jahrhunderts und nach dem Zweiten Weltkrieg vor allem für die Wirtschaft unabdingbar geworden. Die Öffnung der Grenzen, Neuerungen im Transport- und Kommunikationswesen haben ein Ausmaß an transnationalem Austausch bewirkt, das den klassischen Nationalstaat bereits relativiert.

Wer sich für die Herausforderungen der Zukunft rüsten will, muß die Gegenwart und die sie prägenden geschichtlichen Entwicklungen nachvollziehen. Dies unternimmt Thierry de Montbrial im vorliegenden Essay. Sachlich und klar analysiert er die Vielfalt des an umwälzenden Ereignissen vielleicht dichtesten Jahrhunderts der Menschheitsgeschichte. In der besten französischen Tradition der von Raymond Aron geprägten synthetischen Gesamtschau, die gleichzeitig die wesentlichen Entwicklungstrends und die sie bewegenden Kräfte skizziert, zeigt Montbrial die besondere Rolle Europas in diesem Jahrhundert auf. Hier nahmen nicht nur die großen Katastrophen ihren Anfang, sondern auch viele der positiven Wandlungen, die die Zukunft mitprägen werden, darunter die deutsch-französische Versöhnung, die Überwindung des Krieges innerhalb der Europäischen Gemeinschaft und ihr Aufstieg zu einem Faktor der Weltpolitik.

Montbrial zitiert die von Paul Valéry gestellte Frage, ob Europa das wird, was es in Wirklichkeit darstelle, nämlich »ein Anhängsel des asiatischen Kontinents«, und prüft sie aus den verschiedensten Blickwinkeln. Seiner Ansicht nach hängt die Antwort von der europäischen Fähigkeit zur Stärkung der eigenen Identität, zur Selbstbehauptung ab. Mit Recht weist er darauf hin, daß die Stabilität des europäischen Kontinents im kommenden Jahrhundert davon abhängt, ob ein derartig restrukturiertes Westeuropa ein neues Verhältnis zu den Vereinigten Staaten und Rußland aufbauen kann.

Zur Aussicht, welche Entwicklungslinien sich letztlich durchsetzen, kann man sich nur wertend und hoffend äußern. Mit Teilhard de Chardin glaubt Thierry de Montbrial, daß die Menschheit ihren Weg durch das nächste Jahrhundert nur finden wird, wenn ihr Verhalten durch die Rückkehr zu spirituellen Werten geprägt ist.

Karl Kaiser

Einleitung

Wer sich mit der Gegenwart auseinandersetzt, Fragen nach der Zukunft stellt und über künftiges Handeln nachdenkt, kann nicht umhin, sich mit der Vergangenheit zu beschäftigen. Dazu muß man sich der Geschichte mit perspektivischem Blick nähern, gleich einem Künstler, der eine Landschaft entwirft. Das vorliegende Buch ist der Versuch, die entscheidenden Antriebskräfte für die internationale Politik in unserem Jahrhundert darzulegen, um auf diese Weise Klarheit über deren »Ursprungsbedingungen« für die ersten Jahrzehnte des dritten Jahrtausends zu gewinnen. Drei grundlegende und einander bedingende Fragen liegen dieser Arbeit zugrunde: Ist die Welt im Begriff, sich der Gefahr eines weitreichenden Konflikts auszusetzen, der – ähnlich den beiden Weltkriegen, die das 20. Jahrhundert erschüttert haben – von den Großmächten auf den Rest des Planeten übergreifen könnte? Ist Unterentwicklung eine Frage des Schicksals? Ist der Mensch ein Handlanger des Bösen, dem allmählich die Kontrolle über die Kräfte entgleitet, die er durch den »Fortschritt« in Wissenschaft und Technik heraufbeschworen hat?

Jacques Prévert, Dichter dieses Jahrhunderts und seiner Entgleisungen und begnadeter Störenfried, bedachte schon 1936 all jene mit Spott, die der »Zeit der Kirschen« und gar der »der Kerne« nachtrauerten, jener Zeit, in der die »Familienoberhäupter« dem Vaterland ihre Söhne abtraten »wie Brot, das man an Tauben verfüttert«. Doch werden von der jetzt zu Ende gehenden Epoche nicht nur Irrtümer, Schrecken und Verhängnis im Gedächtnis bleiben. Ein Kern, den man in den Boden setzt, kann Leben hervorbringen. Und so hinterläßt auch das 20. Jahrhundert eine Anzahl vielversprechender Neuerungen, die dazu angetan sind, die Kriegsbegeisterung der Menschen in die Schranken zu weisen und ihre materiellen Bedingungen zu verbessern. Die Erwartung aber, eine gemeinschaftliche Organisation, und sei sie noch so weit verzweigt, könne jedwedem blutigen Konflikt vorbeugen oder alles Elend beheben, ist noch verfrüht.

In diesem Sinne muß die Wissenschaft als Instrument im Dienst des Guten stehen und die aus ihr hervorgegangenen unheilvollen Folgen überwinden. Ein Instrument ist indes nur so gut wie die Hände, die es bedienen.

Am Ende des zweiten Jahrtausends sind der Dialog – und nicht der Kampf – der Kulturen, die Öffnung für andere, Toleranz und die Rückkehr zur geistigen Auseinandersetzung grundlegende Bedingungen für die Fortsetzung des menschlichen Experiments.

Paul Éluard schrieb: »Die Vergangenheit ist ein zerbrochenes, die Zukunft ein zu brütendes Ei.« Zwar geht die Zukunft nicht nur aus Vergangenheit und Gegenwart hervor. Weichenstellungen aber sind durchaus möglich.

Kapitel I

Weltkriege

Geht man von den internationalen Beziehungen in ihrer Gesamtheit aus, was Gegenstand dieses Buches ist, setzt das 20. Jahrhundert mit dem Ersten Weltkrieg ein (1914–1918) und endet mit dem Zusammenbruch des kommunistischen Systems (1989–1991). Ein kurzes Jahrhundert also, das gleichzeitig in so dichter Folge weltweite Umwälzungen gezeitigt hat, wie es in der Geschichte der Menschheit nie zuvor der Fall war.

Das Ende des 19. Jahrhunderts

Im Jahr 1914 stellte sich der europäische Kontinent mehr denn je als Zentrum der Welt dar, womit der vorläufige Abschluß einer mit der Renaissance einsetzenden Bewegung erreicht war. In keinem Teil der Erde, schrieb Paul Valéry nach Ende des Ersten Weltkriegs, »trat diese eigenartige physische Eigenschaft in Erscheinung: die Verbindung von größtmöglicher *emissiver* und *absorbierender* Macht.« Politisch ist dieses Europa jedoch gespalten. Nach der Erschütterung durch die Französische Revolution und später die Napoleonischen Kriege und die Auflösung einer als legitim[1] betrachteten Ordnung, welche das ganze 18. Jahrhundert hindurch in der mit Geschick betriebenen Politik des Gleichgewichts ihren Niederschlag gefunden hatte, war man sich auf dem Wiener Kongreß (1815) über eine Neuordnung des Kontinents einig geworden.[2] Das Werk war von Dauer und wurde erst durch die Einigung Italiens und vor allem Deutschlands unter der Führung Preußens ernsthaft in Frage gestellt. Und selbst der deutsch-französische Krieg von 1870 blieb, um eine heute gebräuchliche Umschreibung zu verwenden, ein »lokaler Konflikt«. Man darf behaupten, daß der Frieden von Wien fast ein Jahrhundert lang gehalten hat.[3] Das folgende Zitat von Henry Kissinger verdient deshalb um so mehr Beachtung: »Es folgte eine fast einhundertjährige Periode des Friedens, einer Stabilität, die so durchdringend war, daß sie vielleicht zu der späteren Katastrophe mit beitrug. Denn in der langen Friedenszeit verlor sich das Gefühl für das Tragische. Man vergaß, daß Staaten sterben können, daß Strömungen unaufhaltsam sein können, und daß Angst ein Mittel für sozialen Zusammenhalt sein kann.«[4] Später macht Valéry seinen berühmten Ausspruch: »Wir, die Zivilisationen, wissen nun, daß wir sterblich sind« und stellt die oft zitierte Frage: »Wird Europa zu dem, was es *wirklich* ist, das heißt: ein Anhängsel des asiatischen Kontinents?«

Die Tatsache, daß das aus dem Wiener Kongreß hervorgegangene System in seinen wesentlichen Zügen so lange Bestand hatte, ist im Grunde bemerkenswert. Im Jahr 1914 waren demokratische Wertvorstellungen noch immer nicht frei von dem zwar geschwächten, doch weiterhin wirksamen monarchischen Prinzip und der im Zuge der Französischen Revolution entstandenen radikalen Ideologie, die, mittlerweile auf der Vorstellung vom Klassenkampf basierend, durch die erstarkende Arbeiterbewegung Auftrieb erfuhr. Sozialistische Ideologien hatten großen Widerhall gefunden; manche bedienten sich des Mythos' der großen, aber »zu Fall gebrachten« Französischen Revolution und der Pariser Kommune. 1914 aber hätte niemand absehen können, welche Rolle die Lehren von Marx und Engels einmal spielen würden. Nur wenige wußten von der Existenz Lenins.

Über das gesamte 19. Jahrhundert hinweg hatte sich der Nationalismus als ideologischer Widerschein des Nationalstaats und als Bestandteil der Demokratie behauptet. Napoleon hatte, indem er sich ganz Europa einverleibte, höchst unfreiwillig dazu beigetragen, den Anspruch auf jenes »Selbstbestimmungsrecht der Völker« zu verbreiten, das von der Verfassunggebenden Nationalversammlung verkündet worden war. Bei den Gebietsaufteilungen durch den Wiener Kongreß fand es keinerlei Beachtung, und der Nationalgedanke äußerte sich lediglich in der Bildung einer Reihe von Kleinststaaten, was Ursache und zugleich Folge der langsamen Auflösung der Großmächte und insbesondere des Osmanischen Reiches war. Napoleon III. machte das »Nationalitätsprinzip« zu einem Pfeiler seiner Außenpolitik. In zahlreichen Fällen wirkte es destruktiv; die italienische und die deutsche Einigung aber kamen in seinem Namen zustande. Unter Bismarcks Einfluß tat der Kaiser auf diese Weise das Seine, um ein Ungleichgewicht zu festigen, für das Frankreich und in der Folge ganz Europa herhalten mußten.

Innerhalb des uneinheitlichen politischen und sozialen Systems, das Europa zu Beginn des 20. Jahrhunderts kennzeichnete, galt für das internationale Recht die uneingeschränkte Staatssouveränität als höchster Maßstab,[5] wobei ein Staat sich durch das Vorhandensein einer Bevölkerung (und nicht eines Volkes), eines Territoriums und einer Staatsordnung definierte. In der Außenpolitik bestand die *Ultima ratio* eines Staates nach wie vor darin, seinen Einfluß- und Machtbereich nicht nur auf eigenem, sondern auch auf fremdem Gebiet zu konsolidieren und auszuweiten und andere Staaten davon abzuhalten, es ihm gleichzutun. Dabei ging es nicht allein um den europäischen Kontinent, sondern um die ganze Welt. Vier Kaiserreiche und eine imperiale Republik (Frankreich) rivalisierten auf diese Weise miteinander. Im Jahr 1914 war Europa mit seinem Geflecht aus Absichten und Befürchtungen, mit seinem Netz aus offiziellen und geheimen Bündnissen und der Unmöglichkeit, die geopolitischen Vorstellungen[6] der Hauptakteure auf einen gemeinsamen Nenner zu bringen (Deutschland beispielsweise litt, wie später auch die UdSSR, unter der ständigen Angst, umzingelt zu sein), potentiell zu einem gewaltigen Minenfeld geworden.

So erklärt sich, wie die durch die Ermordung des Erzherzogs Franz Ferdinand in Sarajewo am 28. Juni 1914 heraufbeschworene Krise auf Europa und schließlich die ganze Welt übergreifen konnte. Sie stand am Anfang des Ersten Weltkriegs, doch hätte auch jede andere geringfügige Krise der unmittelbare Auslöser sein können. Vielleicht aber wäre es mit Mitteln der Diplomatie noch möglich gewesen, den Flächenbrand zu verhindern. Pierre Renouvin hebt hervor, daß »ein vertagter Krieg häufig ein vereitelter Krieg ist«; dem sei hinzugefügt, daß sich das Münchner Syndrom nicht verallgemeinern läßt: Der Preis für einen vereitelten Krieg ist nicht notwendigerweise ein noch verheerenderer Krieg zu einem späteren Zeitpunkt. Vor jedweder deterministischen Deutung der Geschichte sollte man auf der Hut sein. Die entkräfteten Großmächte jedenfalls, deren Legitimität am Vorabend des Weltenbrandes ins Wanken geraten war, haben den Zusammenprall nicht überstanden. Als eines der spektakulärsten Opfer stellt sich Rußland dar. Wer hätte es im Anschluß an die Oktoberrevolution für möglich gehalten, daß aus den Trümmern des Zarenreichs keine dreißig Jahre später eine monströse »Supermacht« erstehen würde, die fast fünf Jahrzehnte lang ein entscheidender Faktor der gesamten Weltpolitik sein sollte?[7]

Der schlechte Vertrag

Im Jahr 1918 steht Europa nicht mehr im Zentrum der Welt. Die Vereinigten Staaten von Amerika sind – ohne ihre Absicht und auch ohne sonderliche Überzeugung[8] – zu einer europäischen Großmacht geworden, zwei Jahrhunderte nach Rußland, das unter Peter dem Großen die europäische Szene betreten hatte. Bei dem Neuankömmling aber handelt es sich um einen noch viel eigentümlicheren Fall. Auch Amerika ist ein riesiges Land, aber es ist jung und wirtschaftlich in vollem Aufschwung begriffen. Im Grunde genommen hatten sich Großbritanniens Niedergang und Amerikas Aufstieg schon lange vor Ausbruch des Krieges zumindest im Bereich der Wirtschaft abgezeichnet. Darüber hinaus ist die Heimat George Washingtons und Abraham Lincolns im Jahr 1914 die einzige wirklich ausgewogene Demokratie, der kein ehrerbietiges System wie in Großbritannien und keine revolutionäre Kultur wie in Frankreich im Wege stehen. Bei der von Alexis de Tocqueville beschriebenen Demokratie handelt es sich nicht um eine umgewandelte Monarchie, und mit den totalitären Träumen von Jean-Jacques Rousseau und Robespierre hat sie kaum etwas gemein.

Amerika wirft ein neues Licht auf die internationalen Beziehungen und auf das Verhältnis der Großmächte untereinander. Woodrow Wilson war gegen das Prinzip des Gleichgewichts, in dem er die tiefere Ursache für die europäischen Kriege sah. Er mißtraute den »Allmachtspräsidien«, die große Staaten in die Lage versetzten, den kleinen ihren Willen aufzuzwingen. Seiner Ansicht nach würde die Verbreitung der – durch Amerika verkörperten – Demokratie den Frieden bringen. In Anlehnung an eine Strömung, der auch viele private Vereinigungen anhingen,[9] wollte er die Basis für eine gemeinschaftliche Sicherheitsorganisation schaffen. In dem letzten seiner Vierzehn Punkte (Januar 1918) heißt es, daß »eine Gemeinschaft der Nationen geschaffen werden soll (...), mit dem Ziel, großen wie kleinen Staaten gegenseitige Garantien für politische Unabhängigkeit und territoriale Integrität zu geben«. Das war die Geburtsstunde des Völkerbunds. Am 25. Januar 1919 wurde durch die Vollversammlung der Friedenskonferenz einstimmig eine Resolution verabschiedet, nach der die »Völkerbundakte« fester Bestandteil der Friedensverträge sein sollte.[10]

Nicht ohne Grund ist Wilsons Arglosigkeit belächelt worden; darauf werde ich an anderer Stelle noch näher eingehen. Die Mißerfolge des Völkerbunds und in der Folge die bescheidenen Ergebnisse der Vereinten Nationen (UNO) sind Wasser auf den Mühlen derjenigen, die die »historischen Gesetzmäßigkeiten« – angefangen bei dem eisernen Gesetz zwischenstaatlicher Kräfteverhältnisse – für unwandelbar halten. Und doch ist die beginnende Umsetzung des Konzepts der kollektiven Sicherheit[11] – das im Ansatz bereits die Idee der Europäischen Gemeinschaft in sich birgt[12] – die bedeutendste Neuerung in der internationalen Politik des 20. Jahrhunderts. Die Idee ist hervorragend, doch konnte sie nicht unmittelbar ins Werk gesetzt werden. Der größte Irrtum bestand in der 1919 herrschenden Annahme, das Prinzip des Gleichgewichts müsse durch das der kollektiven

Sicherheit ersetzt werden. Beides war vonnöten, denn letzteres hätte ersteres legitimieren können. Innerhalb der menschlichen Organisationsformen sind Spontangenerationen, wie in der Biologie auch, eine Seltenheit. Die wenigen Pakte, Erklärungen und Abkommen reichten nicht aus, um eine unmittelbare Veränderung in der Verhaltensweise der Staaten herbeizuführen. Wenn überhaupt, so ist eine Lehre aus der Geschichte des 20. Jahrhunderts sicher die, daß Realismus und Idealismus einander nicht ausschließen, sondern ergänzen. Realismus in Reinform grenzt an Zynismus und ist, wie ungeteilter Idealismus auch, zum Scheitern verurteilt. Das Ziel kollektiver Sicherheit besteht einzig und allein darin, schrittweise den institutionellen Rahmen zu erarbeiten, der – vergleichbar der Errichtung eines Rechtsstaates in einem »barbarischen« Land – das eigentliche Wesen internationaler Beziehungen verändern kann.

Warum war der Frieden nach dem Ersten Weltkrieg nicht gefestigt? Bei diesem schier grenzenlosen und unzählige Male behandelten Thema möchte ich mich auf wenige Betrachtungen allgemeiner Natur beschränken.

Es ist immer wieder lohnenswert, an der Hellsichtigkeit derer teilzuhaben, die die Ereignisse bereits vorweggenommen haben. Der Versailler Vertrag war nicht durchdacht. Jacques Bainville hat dazu schon 1919 in dem hervorragenden kleinen Buch *Frankreichs Kriegsziel*[13] alles gesagt. Der berühmte Historiker erinnert daran, daß »das Wesen der Politik (darin) besteht, Voraussicht zu üben«. Ihm zufolge erlangt ein Politiker niemals das Format eines Staatsmannes, wenn er einer Ideologie verhaftet bleibt, parteilichem Druck nachgibt oder aber, nachdem er Großes im Krieg vollbracht hat, seinen geistigen Horizont einzig auf den Frieden zumißt. In einer glänzenden Beweisführung legt uns der Autor seine

Hauptthese dar, derzufolge »der Frieden zu milde (ist) für das, was er an Härten enthält«. Tatsächlich hatte er »die deutsche Einheit bewahrt und verstärkt«, wenngleich er in dessen Osten eine deutliche Bresche geschlagen hatte, »an einem besonders empfindlichen Punkt, und völlig außer der Reichweite der Alliierten«, zugunsten von Polen, das viel schwächer und folglich angreifbar war. »Es scheint, daß die Schöpfer des Vertrages geglaubt haben, daß ihnen die Versöhnung des Nationalitätenprinzips mit dem Gleichgewichtsprinzip gelungen sei, da die befreiten Völker des Ostens mit der Aufgabe betraut worden sind, als Gegengewicht gegen die deutsche Masse zu dienen. Hier ist ein Problem der Mechanik durch eine Metapher gelöst worden, durch das Gleichnis vom ›Gürtel‹ oder der ›Barriere‹. Von was ist Deutschland aber ›umgürtet‹ worden? Von einem Rosenkranz aus lauter kleinen Serbien!« Bainville, der über Wilson, Lloyd George und Clemenceau ein unerbittliches Urteil spricht, zeichnet in der Folge das durch die heimliche Absprache zwischen Rußland und Deutschland besiegelte Schicksal Polens, das des tschechoslowakischen Staates (»Anstatt daß er das Deutschtum ›umgürtet‹, wird er vom Deutschtum umgürtet«) und Österreichs, um nur einige zu nennen. Die späteren Ereignisse waren also in dem »schlechten Vertrag«[14] im Kern angelegt, und um ihrer natürlichen Entwicklung Einhalt zu gebieten, hätte es Initiativen bedurft, zu denen die Alliierten sich nie durchringen konnten. »Die Epochen, die uns mit dem zeitlichen Abstand am friedlichsten erscheinen, waren die am wenigsten pazifistischen«, schreibt Kissinger am Anfang seines Buchs über den Wiener Kongreß. »Es sieht so aus, als gelänge es einer Gesellschaft, je mehr sie den Frieden herbeisehnt, um so weniger, die Bedingungen dafür zu schaffen.

Immer wenn der Frieden, definiert als Abwesenheit von Krieg, zum obersten Ziel einer Staatsmacht oder einer Gruppe von Staatsmächten erklärt wurde, war die Weltengemeinschaft ihrem unerbittlichsten Mitglied ausgeliefert. Hatte man sich aber darauf geeinigt, daß bestimmte Prinzipien keinerlei Kompromisse zulassen, konnte, auch wenn der Frieden verhandelt werden mußte, eine auf dem Gleichgewicht der Kräfte beruhende Stabilität zumindest ins Auge gefaßt werden.«

Der Versailler Vertrag war also kein politischer, sondern ein »moralischer Vertrag«, ein Werk, »verfaßt von Bibellesern für Bibelleser«. Bainville zufolge war der Völkerbund lediglich »das irreale Gleichgewicht an Stelle des wirklichen Gleichgewichts.« Wie ist das zu verstehen? »Die *Société des Nations* lehnt einmal das individuelle Gleichgewicht ab, das kein größenmäßiges Mißverhältnis zwischen benachbarten oder Konflikten ausgesetzten Staaten zuläßt. Die *Société des Nations* lehnt ebenso das Gleichgewicht ab, das man das kooperative nennen könnte und das durch Bündniskombinationen gebildet wird. Die *Société des Nations* meint beide Arten des Gleichgewichts überflüssig zu machen, indem sie die Aufgabe übernimmt, die Gerechtigkeit zwischen den Völkern herzustellen, dem Rechte Achtung zu verschaffen und die Interessen in Einklang zu bringen. Von dem Tage ab, an dem Deutschland für würdig erklärt wird, in die *Société des Nations* einzutreten, bedarf nach der Wilsonschen Doktrin der Friede keiner anderen Bürgschaften mehr.«

Eine strenge, aber gerechte Kritik, auch wenn man Bainville den Vorwurf machen kann, daß er nicht die Vorteile erkannt hat, die das Prinzip kollektiver Sicherheit zusätzlich zum Prinzip des Gleichgewichts hätte bieten können – jedoch nur für den Fall, daß es nicht an dessen Stelle getreten wäre, denn die Stabilität eines Gleichgewichts, das von Teilen der betroffenen Parteien als unrechtmäßig betrachtet wird, kann auf Dauer nicht gewährleistet werden. Ein einziger Artikel der Völkerbundakte hatte in den Augen des Historikers »einen klaren und positiven Sinn. Das war der Artikel 10, durch den die Mitglieder sich verpflichteten, untereinander die Unversehrtheit ihres Gebietes und ihre Unabhängigkeit zu schützen und zu verteidigen. Einzig in ihrer Art hat eine mächtige politische Körperschaft, der Senat von Washington, die Kühnheit und den Freimut gehabt, ganz offen zu erklären, daß sie eine solche Last und Pflicht zurückweise. Die Regierungen und Parlamente, die den Artikel 10 angenommen haben, waren nicht aufrichtig und glaubten sich durch eine so weitläufige Verpflichtung nicht ernstlich gebunden, oder sie haben einfach ihre Tragweite nicht überblickt. Der Senat von Washington hat, indem er den Artikel 10 verwarf, eine Illusion zerstört und der Welt damit einen unermeßlichen Dienst erwiesen.«

Wäre dieser Artikel 10 von allen Unterzeichnern ratifiziert worden, hätte er den Völkerbund in ein riesiges Bündnis verwandelt. Er hätte sämtlichen Mitgliedern eine Garantie gegeben, vergleichbar der in den Artikeln 4 und 5 des späteren Atlantikpakts,[15] deren Glaubhaftigkeit im übrigen Gegenstand endloser Debatten ist. Im Zusammenhang mit der Erweiterung des Bündnisses auf zumindest einige Staaten Mittel- und Osteuropas wirft der Artikel 5 ferner – seit dem Untergang des Sowjetimperiums – erneut Probleme auf.

1919 war eine solche Garantie in der Tat vollkommen unrealistisch. Die Illusion bleibt, in geringerem Maße, auch mit der UNO bestehen, denn heutzutage sind Gleichgewicht und kollektive Sicherheit mehr denn je einander ergänzende Bedingungen für die Aufrechterhaltung des Friedens. Was die Zwischenkriegszeit angeht, so waren leider weder Franzosen noch Briten in der Lage, aus dem »unermeßlichen Dienst« des amerikanischen Senats die richtigen Lehren zu ziehen.

Die Folgen

Im Jahr 1919 waren die Vereinigten Staaten für ein dauerhaftes Engagement als Großmacht in Europa noch nicht reif. Die Ablehnung des Versailler Vertrags und damit der Völkerbundakte war größtenteils auf die falsche Vorgehensweise Wilsons zurückzuführen. Sein Nachfolger, der Republikaner Harding, der die »Rückkehr zur Normalität« zum Wahlkampfthema gemacht hatte, verwarf Wilsons Internationalismus, doch nicht etwa zugunsten einer Politik des Gleichgewichts. Er kehrte zur Tradition des Isolationismus zurück. Das hielt Amerika jedoch nicht davon ab, die für die zwanziger Jahre typischen Illusionen zu fördern, als deren Inbegriff der Briand-Kellogg-Pakt zur Kriegsächtung gelten kann.[16] Prompt ließ der Alte Kontinent seinen internen Widersprüchen freien Lauf. Das Zusammenspiel traditioneller Rivalitäten, insbesondere zwischen Frankreich und Großbritannien, führte dazu, daß Deutschland die Bestimmungen des Versailler Vertrags in Frage stellen konnte und bereitete Hitler den Boden. Nicht zuletzt gestaltete sich die europäische Politik auch im Hinblick auf Sowjetrußland schwierig, das die verschiedenen Erwägungen hinsichtlich Deutschlands beeinflußte. Der Rapallovertrag von 1922, der Rußland aus der diplomatischen und politischen Isolation befreite und Deutschland dazu verhalf, zahlreiche Bestimmungen des Versailler Vertrags zu umgehen (indem es beispielsweise auf sowjetischem Gebiet Versuche mit unerlaubten Waffen durchführte), brachte die Alliierten in Verlegenheit.[17] Siebzehn Jahre später wurden die europäischen Demokratien durch den deutsch-sowjetischen Nichtangriffspakt (23. August 1939) in ähnlicher Weise, nur unter anderen Vorzeichen brüskiert, um so mehr, als die UdSSR sich ihnen in der Zwischenzeit - so war zumindest die herrschende Auffassung - im Kampf gegen den Faschismus angeschlossen hatte.[18] Und dennoch hätten sich wirkliche Staatsmänner von keiner dieser Entwicklungen überraschen lassen dürfen.

Das Fehlen einer tragfähigen und kohärenten Sicherheitsstruktur hatte noch weitere Konsequenzen. Zu Beginn der dreißiger Jahre stürzte sich am anderen Ende des eurasischen Kontinents Japan in das imperialistische Abenteuer, ohne dabei auf nennenswerten Widerstand zu stoßen. Die Okkupation der Mandschurei versetzte dem Völkerbund den ersten entscheidenden Schlag.[19] In der UdSSR konnte Stalin seine Diktatur errichten;[20] Abermillionen von Menschen fielen ihm zum Opfer, ohne daß es auch nur im geringsten Anzeichen für ein Eingreifen von außen gegeben hätte. Die freiheitlichen Länder steckten mitten in der Wirtschaftskrise. Im Gegenzug war die kommunistische Ideologie in Europa auf dem Vormarsch. Ein ernstzunehmendes Abrüstungsabkommen hatte unter den damaligen Bedingungen keine Chance. Anfang der zwanziger Jahre lagen die Gründe dafür in der Zurückhaltung der Vereinigten Staaten, in den Unzulänglichkeiten des Völkerbunds und den nicht vorhandenen Kontrollmöglichkeiten über die Abkommen.[21] Bei der Abrüstungskonferenz Anfang der dreißiger Jahre war zweifellos der Nazismus ein ausschlaggebender Faktor. Das endgültige Aus wurde durch Deutschlands Austritt aus dem Völkerbund (19. Oktober 1933) und die Wiederbewaffnung des Landes besiegelt.[22]

All diese Widersprüche, die man als systemimmanent bezeichnen kann, bieten noch keine hinlängliche Erklärung dafür, daß die Katastrophe ihren Lauf nahm. Die Historiker sind sich darüber einig, daß die Wirtschaftskrise das bestehende Ungleichgewicht (beispielsweise durch einen verstärkten Isolationismus auf Seiten der Amerikaner) verschärft und dem Faschismus und Totalitarismus seine Blütezeit beschert hat. In Europa war die Demokratie noch nicht fest genug verankert, um den sich verbreitenden unterschwelligen Ideologien, insbesondere der des kommunistischen Regimes, etwas entgegenzusetzen.[23] Dennoch war Hitlers Aufstieg nicht unaufhaltsam. Viel mehr noch als der Erste Weltkrieg ist der Zweite die Folge wiederholt begangener Irrtümer, aufgrund derer sich Bainvilles Vorhersagen tatsächlich bewahrheitet haben. Der Mangel an Weitsicht und Mut, der sich vor allem bei führenden französischen und englischen Politikern in entscheidenden Situationen wie der deutschen Wiederbewaffnung (1935), der Remilitarisierung des Rheinlands (1936), dem Anschluß von Österreich und dem Sudetenland (1938) und von Böhmen und Mähren (1939)[24] zeigte, hat mehr noch als die systemspezifische Problematik dazu beigetragen, Europa und die Welt in den Abgrund zu treiben. Hitler konnte alles mit denkbar geringem Aufwand durchsetzen. J.-B. Duroselle bemerkt: »Für die 1918 besiegten Deutschen lag darin etwas Erhebendes.«[25] In Italien wandte sich Mussolini – der, wie betont werden muß, aus dem sozialistischen Lager kam – erst im Herbst 1936 im Anschluß an die Äthiopien-Krise an Hitler, nachdem er von Frankreich und Großbritannien verurteilt worden war. Die Machtübernahme in Frankreich durch die Volksfront (Mai 1936) und der Beginn des Spanischen Bürgerkriegs (Juli 1936) stärkten die Solidarität der Diktatoren. Am 1. November 1936 beruft sich der Duce zum ersten Mal auf die Achse Rom-Berlin. Nach und nach konnte das ideologische Chaos überall dort um sich greifen, wo aufgrund gegebener Umstände ein Ungleichgewicht entstanden war, das lokale Krisen in weitverzweigte Tragödien verwandelte, ähnlich wie in der Zeit der Religionskriege. Der tragischste Fall war der Spanische Bürgerkrieg (1936–1939), der vierhunderttausend Opfer forderte und den Spaltungen in ganz Europa Vorschub leistete.

Das Münchner Abkommen gilt im kollektiven Gedächtnis noch immer als das Symbol schlechthin für die Feigheit gegenüber den Diktatoren und wird fälschlicherweise bei den unterschiedlichsten Anlässen herangezogen. Das Münchner Phantom machte die Runde, als Saddam Hussein 1990 Kuweit angriff, und tauchte ab 1991 selbst in manchen Phasen des jugoslawischen Sezessionskriegs auf. Wie dem auch sei, schon die Erinnerung an die tragischen Episoden der Zwischenkriegszeit wirft die Frage nach der Handlungsfähigkeit und der Verantwortlichkeit der Staatsmänner und somit nach ihrer Rolle am Scheideweg der Geschichte auf.

1914 zerbrach Europa an den eigenen Widersprüchen, und der Rest der Welt wurde über die Kolonialmächte in den Strudel hineingezogen. 1939 war der Krieg die Konsequenz einer klar bestimmbaren Reihe von Zusammenhängen, die sich bereits 1919 abzeichneten und von 1933 an unübersehbar waren.

Kapitel II

Auf der Suche nach einem dauerhaften Frieden

Zu Beginn der neunziger Jahre wies die internationale Bühne mehr Parallelen zu den zwanziger Jahren als zur Zeit nach 1945 oder den fünfziger Jahren auf. Zahlreiche Probleme, die 1919 auftauchten und durch den Kalten Krieg ungelöst blieben, traten erneut an die Oberfläche. Dieses Mal aber wurde der Gordische Knoten ohne Waffen durchtrennt. Ein Vergleich beider Situationen ist lohnend, zumal mit dem zeitlichen Abstand von sechs beziehungsweise sieben Jahrzehnten.

Vom verfrühten Völkerbund zur unvollkommenen UNO

Auf den Völkerbund folgte die UNO; sie ging aus den Verhandlungen hervor, die die Vereinigten Staaten während des Zweiten Weltkriegs mit einigen ihrer Verbündeten geführt hatten. Die endgültige Fassung der Satzung wurde am 26. Juni 1945 in San Francisco unterzeichnet. Anders als beim Völkerbund sind in der UNO fast alle Staaten der Erde vertreten oder aber streben eine Mitgliedschaft an.[1] Die Strukturen der Organisation sind jedoch noch immer höchst unzulänglich. Ihre Mitglieder spielen sämtliche Rollen zugleich. Sie sind Täter, Richter und Hüter von Recht und Ordnung. Das System des Sicherheitsrates sieht nur für die fünf Ständigen Mitglieder – die sogenannten Siegermächte des Zweiten Weltkriegs[2] – ein Vetorecht vor, das jedem einzelnen von ihnen die Möglichkeit einräumt, Resolutionen abzulehnen, die seinen Interessen zuwiderlaufen; im Rat des Völkerbunds wurden alle Entscheidungen einstimmig gefällt. Das, was man mit Fug und Recht als Vorstand innerhalb des Sicherheitsrats bezeichnen kann, verleiht der UNO in der Theorie und häufig auch in der Praxis eine Handlungsfähigkeit, die der Völkerbund nie besaß,[3] jedoch um den Preis einer Diskriminierung, in der das tatsächlich bestehende Ungleichgewicht der internationalen Beziehungen zum Ausdruck kommt. Zur Regelung der jeweiligen Angelegenheiten werden Abmachungen getroffen, die mit der Vorstellung von Gerechtigkeit kaum in Einklang zu bringen sind, was der Legitimität, die die Organisation für sich beansprucht, zweifelsohne Abbruch tut.[4] Doch trifft es auch zu, daß die Techniken der »multilateralen Diplomatie« in den letzten fünfzig Jahren dank der UNO enorme Fortschritte gemacht haben.

Einer möglichen Einflußnahme seitens der Ständigen Mitglieder des Sicherheitsrats wird durch den Status, den letzterer ihnen verleiht, entgegengewirkt.[5] Solange die UdSSR noch existierte, war der Zweite Weltkrieg nicht wirklich vorüber. Kein Staat konnte darauf hoffen, in den »Fünferclub« aufgenommen zu werden. Derzeit haben Deutschland und Japan eine so große Bedeutung gewonnen, daß sie ihre Forderung nach einer Aufnahme in die Runde geltend machen können, und tatsächlich kann diese ihre Rolle nur dann erfüllen, wenn alle wichtigen Staaten in ihr vertreten sind. Auch einige große Entwicklungsländer wie Indien oder Brasilien fordern die Mitgliedschaft. Die Veränderungen benötigen Zeit, auf der Ebene der Politik ebenso wie auf der der praktischen Umsetzung. Aber sie sind unumgänglich. Zu den wichtigsten Fragen, die zur Klärung anstehen, zählt die Aufrechterhaltung oder Abschaffung des Vetorechts für die Ständigen Mitglieder des Sicherheitsrats. Diese Frage sorgte bereits in den Jahren 1944 und 1945 für erbitterte Diskussionen.[6]

In der Zeit des Kalten Krieges hielten sich die von der UNO vollbrachten Leistungen in Grenzen, da die beiden sogenannten »Supermächte«, die Vereinigten Staaten und die Sowjetunion, sich häufig gegenseitig blockierten. Zu Beginn dieser Periode verbot sich aufgrund der fundamentalen Verschiedenartigkeit der politischen Systeme und ihrer entsprechenden Zielsetzungen jeder Konsens über ein Kräftegleichgewicht und die im Falle einer Störung einzuhaltenden Spielregeln. Mit anderen Worten: Eine Ordnung, die sich allen Hauptakteuren auf der internationalen Bühne als legitim dargestellt hätte, gab es nicht. Nach Stalins Tod und den sich häufenden wirtschaftlichen und sozialen Niederlagen des Kommunismus verflog der revolutionäre Elan allmählich, und man konnte sich auf die Suche nach einem gemeinsamen Bezugssystem machen. Henry Kissinger, der vom Intellektuellen in die Rolle des Beraters und Außenministers von Richard Nixon und später von Gerald Ford gewechselt war (1968–1976), richtete seine gesamten Anstrengungen auf die Schaffung eines solchen – bilateralen – Bezugssystems, denn etwas anderes kam für den ehemaligen Harvard-Professor und seinen Vorgesetzten nicht in Frage. Das Ergebnis war ein Bündel amerikanisch-sowjetischer Abkommen. Auf unserem Kontinent waren die deutsche Ostpolitik (die von General de Gaulles Politik der »Entspannung, Verständigung und Zusammenarbeit« auf den Weg gebracht worden war) und die Konferenz über Sicherheit und Zusammenarbeit in Europa (KSZE), deren Schlußakte am 1. August 1975 in Helsinki unterzeichnet wurde, vom selben Geist geprägt. Die Akte von Helsinki lieferte dem Kontinent ein Gesamtkonzept, das sich als ausreichend stabil erwies, um auch den Zusammenbruch während der Jahre 1989–1991 aufzufangen. Die KSZE wurde zu einer ständigen Einrichtung und im Dezember 1994 umbenannt in Organisation für Sicherheit und Zusammenarbeit in Europa (OSZE). Ihr Wirken hält einem Vergleich mit dem Wiener Kongreß durchaus stand.

Als die Amerikaner 1950 nach dem Überfall der Truppen Kim Il Sungs in Südkorea intervenierten, war die Rechtmäßigkeit ihres Vorgehens nur aufgrund besonderer Umstände gewahrt. Die Republik Taiwan (Formosa) hatte damals im Sicherheitsrat den Sitz Chinas inne. Um dagegen zu protestieren (Mao Zedong war in Peking gerade an die Macht gekommen), blieb Moskau den Sitzungen fern. Vierzig Jahre später genehmigte die UNO den von den Vereinigten Staaten gegen Saddam Hussein unternommenen Feldzug, der letzteren aus Kuweit vertreiben sollte, nur vor dem Hintergrund der geschwächten Stellung der UdSSR, die kurz vor ihrer Auflösung stand. China war daran gelegen, sich zu enthalten. Bei der 1991 ausgebrochenen jugoslawischen Krise hingegen zeichnete sich auf der Basis von Kapitel VII der Charta der Vereinten Nationen keinerlei Einigung im Sicherheitsrat ab.[7] Es handelte sich um einen Sezessions- und damit um einen Bürgerkrieg, zumindest bis Ende 1991, als die Europäer Kroatien, Slowenien und schließlich auch Bosnien anerkannten. Diese Anerkennung kam verfrüht; es wäre ratsamer gewesen, zunächst ein Gesamtkonzept zu erarbeiten, wie Frankreich und Großbritannien es gewünscht hatten, die sich dann Deutschland beugten.[8] Wie dem auch sei, die juristische Seite des Konflikts war fortan eine andere. Man muß sich darüber im klaren sein, daß im Zögern und Zaudern der »internationalen Gemeinschaft« (ein häufig falscher und trügerischer Begriff) nicht ein kategorisches Versagen der UNO zum Ausdruck kommt, sondern lediglich die Tatsache, daß die internationale und sogar die europäische Ordnung als solche in den Augen der ständigen Mitglieder im Sicherheitsrat nicht bedroht waren. Ein Urteil, das – gleich jedem anderen – in Zukunft noch häufig auf dem Prüfstand stehen wird.

Wie jeder Vorstand kann auch der Sicherheitsrat nur dann erfolgreich arbeiten, wenn sämtliche Mitglieder (zumindest aber die Ständigen) angesichts eines konkreten Problems eine einvernehmliche Lösung anstreben, was letztlich die Frage nach der Legitimität der errichteten Ordnung aufwirft.

Nicht nur sind die UNO-Mitglieder Richter und Parteien zugleich; überdies hat das Sekretariat der Organisation keine eigentliche Exekutivfunktion, die ihm auch keiner der Staaten verleihen kann. Im Falle Kuweits lag das diplomatische und militärische Vorgehen von Anfang bis Ende in den Händen der Vereinigten Staaten. Hätte George Bush nicht schon in einem sehr frühen Stadium seine Entschlossenheit zum Ausdruck gebracht, hätte die Geschichte einen gänzlich anderen Verlauf genommen.

Von Wilsons Ideal, demzufolge die großen Staaten daran gehindert werden sollen, den kleinen ihren Willen aufzuzwingen, sind wir weit entfernt. Innerhalb des Systems der UNO nimmt jeder den Platz ein, den er gemäß seinen Mitteln, seinem Willen, seinem Durchhaltevermögen, aber auch den Umständen entsprechend für sich beanspruchen konnte. Trotz aller Mängel ist die UNO dem Völkerbund dennoch überlegen. Der Gedanke, daß souveräne Staaten sich selbst auf eigenem Territorium nicht in das nächstbeste Abenteuer stürzen können, hat sich allmählich durchgesetzt.

Ordnung und Legitimität

Nach Ende des Kalten Kriegs sind die Unterschiede zwischen den politischen Systemen innerhalb der Mitgliedsstaaten der UNO nach wie vor groß; verglichen mit der Zeit des Völkerbunds aber haben sie sich verringert. Die Essays zur *Zeitgeschichte und Politik* von Paul Valéry galten einem Europa, das sich allem Anschein nach von der Demokratie wegbewegte. Gegenwärtig nähert unser Kontinent sich ihr an. Zwar ist Skepsis geboten, und zwar um so mehr, je weiter man nach Osten blickt. Schon die Slowakei des Wladimir Meciar stellt uns vor Rätsel und gibt manches Mal auch Anlaß zur Sorge. In Rumänien und Bulgarien ist die Gesellschaft aus dem Gleis geraten; sie ist mehr als andere empfänglich für mafiose Versuchungen und demagogische Versprechungen. Rußland hat keinerlei Erfahrung mit Demokratie und Menschenrechten, und es ist nicht ausgeschlossen, daß sich dort die Verhältnisse entwickeln wie ehedem in Südamerika (Bündnis zwischen der Armee und den Wirtschaftspotentaten). In dieser Hinsicht ist Viktor Tschernomyrdin, der ehemalige Apparatschik, der gleichzeitig zum Erdölmagnaten und Premierminister avancierte, weitaus repräsentativer für Rußlands neue Eliten als sein Amtsvorgänger Egor Gaidar. Der postkommunistische Verfall eignet sich nicht als unmittelbare Grundlage für den Aufbau eines liberalen Staates. In den Ländern, in denen der Totalitarismus stark ausgeprägt war, wird die Stabilisierung zwangsläufig mehr dem Zufall überlassen sein. Der Fall Ostdeutschlands, das unter beträchtlichem Kostenaufwand mit dem Westen wiedervereinigt wurde, ist und bleibt einzigartig. Für die übrigen Länder des Ostens sind die Perspektiven mehr oder weniger undurchsichtig. In der Geschichte gibt es keine Bewegung, die gänzlich unumkehrbar wäre. Doch es muß noch einmal gesagt werden: In der gegenwärtigen Lage ist die Tendenz eher vielversprechend. Die Länder, die im Zweiten Weltkrieg besiegt und aufgrund unterschiedlicher Umstände in das freiheitliche Lager aufgenommen wurden (Bundesrepublik Deutschland, Italien, Japan) haben es zu wirtschaftlichem Wohlstand gebracht. Diejenigen, die freiwillig oder gezwungenermaßen in den sowjetischen Einflußbereich gerieten, sind, was Wirtschaft und Freiheit angeht, gescheitert. Das ist auch der eigentliche Grund für die Niederlage des Kommunismus. Die Mehrzahl der Staaten ist sich heute der Vorteile einer wirtschaftlichen Verflechtung bewußt und scheut davor zurück, sich durch illegales oder gar nur allzu normfremdes Verhalten ins Abseits zu stellen.

Hat der Wilsonsche Traum vom dauerhaften Frieden durch die Ausbreitung demokratischer Systeme eine Chance, verwirklicht zu werden? Ganz sicher mehr als in den zwanziger und erst recht den dreißiger Jahren. In der Praxis bleibt das Kriterium für die Demokratie vage genug, um in ihrem Namen eine Vielzahl politischer Systeme zu vereinen. Auf internationaler Ebene stellt sich die Frage, ob man sich auf ein Gesetzeswerk (weitestgehend auf der Grundlage der Allgemeinen Menschenrechtserklärung) wird einigen können, mit dessen Hilfe sich das Postulat von der Souveränität der Staaten überwinden ließe. Die Tendenz dazu ist in dem zwar begrenzten, aber bedeutsamen Rahmen der europäischen Einigung vorhanden.[9] Eine Erweiterung dieser Gemeinschaft auf die vom Kommunismus befreiten Länder Osteuropas wirft insbesondere die Frage nach der Behandlung nationaler Minderheiten auf, welche uns die Geschichte hinterlassen hat.

Präziser formuliert geht es um folgendes: Kann das System der UNO der Rahmen sein, in dem im Namen eines allgemein anerkannten Legitimitätsprinzips die – mutmaßlich stets wachsende – Gruppe demokratischer Länder allen übrigen vorschreiben würde, wie sie entsprechend diesem Prinzip im Falle nicht nur grenzüberschreitender, sondern auch *interner* Konflikte zu verfahren hätten? Diese Ländergemeinschaft müßte natürlich auch über die nötigen Mittel und den Willen verfügen, den von ihr gefällten Entscheidungen den nötigen Respekt zu verschaffen.

Vielleicht weist der jetzt eingeschlagene Weg in diese Richtung. Sicher ist das jedoch nicht. Die Islamisten im Iran, in Ägypten oder Algerien – die im übrigen großzügige Unterstützung bei nicht gerade als demokratisch zu bezeichnenden Staaten finden, die allerdings, wie Saudi-Arabien, eng mit den Westmächten verbunden sind – stehen nicht allein da, wenn es darum geht, den Neoimperialismus der Vereinigten Staaten und Europas anzuprangern.

Bei der Debatte über den »Kampf der Kulturen«[10] stößt man auf ein politisch-philosophisches Problem grundsätzlicher Art: Gibt es gegenwärtig oder wird es in Zukunft ein *universales* Normensystem geben, auf dem man die Legitimität des künftigen internationalen Rechts gründen könnte? Jemand wie Francis Fukuyama bejaht diese Frage.[11] Aus ostasiatischer Sicht aber stellt sie sich bereits ganz anders dar. Wie bei der alten Auseinandersetzung zwischen Liberalismus und Sozialismus (und in seiner zugespitzten Form des Kommunismus), liegt die Schwierigkeit auch hier in der Bedeutung der Unterscheidung zwischen individuellen und kollektiven Werten.[12]

Der Westen predigt unentwegt Demokratie und Menschenrechte. Auf diesem Gebiet kommt es zwischen Amerikanern und Franzosen aufgrund der Gemeinsamkeiten in ihrer Geschichte zu Rivalitäten.[13] Von asiatischen Intellektuellen wird der universelle Charakter bestimmter Prinzipien nicht geleugnet. Doch ist ihnen bewußt, daß der Totalitarismus im 20. Jahrhundert eine Erfindung der Europäer war.[14] Viele sind der Ansicht, daß ein Vormarsch in Sachen Demokratie nur durch wirtschaftlichen und sozialen Fortschritt gelingen kann, der wiederum in erster Linie von einer »guten Regierung« abhängig ist.

Dieser Gedanke, der sich überdies aus der westlichen Philosophie herleitet, stimmt mit manchen Aspekten der konfuzianischen, hinduistischen und sogar islamischen Tradition überein.

Eine »gute Regierung« zeichnet sich dadurch aus, daß sie Bildung, wirtschaftlicher Entwicklung, sozialer Gerechtigkeit und Stabilität nach innen (insbesondere in Staaten mit mehreren Ethnien) und nach außen einen hohen Stellenwert einräumt. Die Verantwortlichen an der Spitze des Staates sollen aufgrund ihrer Kompetenzen und ihrer Fähigkeit zu regieren ausgewählt werden und nicht etwa, weil es ihnen gelingt, eine Volksmenge oder eine Versammlung in ihren Bann zu schlagen. Natürlich ist es schwierig, auf allen Gebieten zugleich Erfolg zu haben. Eine durchaus erwähnenswerte Ausnahme stellt vielleicht Singapur dar. In multiethnischen Staaten (in Asien der Normalfall), in denen Armut herrscht, führt das Fehlen einer starken, wenn nicht sogar autoritären Regierung zwangsläufig zu verstärkten Rivalitäten der einzelnen Volksgruppen.

Über diese richtigen, aber defensiven Betrachtungen hinaus machen Asiaten – und nicht nur Islamisten – geltend, daß Länder, die vom Individualismus ausgezehrt sind und deren Wertesystem verkümmert, für die Rolle des Lehrmeisters mit erhobenem Zeigefinger denkbar ungeeignet sind. Häufig angeführt werden die Auflösung der Familie (die durch die Rechtsentwicklung wenn nicht gefördert, so zumindest gebilligt wird), der Anstieg von Kriminalität und Drogenkonsum und die geringe Bereitschaft zu Solidarität, insbesondere in den Vereinigten Staaten. Wir werden daran erinnert, daß sich die politischen Führungskräfte den Respekt ihrer Völker erst verdienen müssen. Man muß wohl oder übel eingestehen, daß diese Bedingung in westlichen Demokratien, in denen die gewählten Volksvertreter häufig und manchmal auch zu unrecht auf Mißachtung stoßen, nur in den seltensten Fällen erfüllt ist. Läuft die »Krise der Politik«, die beidseitig des Atlantiks um sich greift, nicht Gefahr, die Demokratie selbst in Frage zu stellen, zumindest die Art von Demokratie, wie wir sie praktizieren?

Als allgemeines Prinzip ist die Demokratie die beste aller möglichen Grundregeln, doch wenn diejenigen, denen sie Macht verleiht, die nötige Fähigkeit zu regieren vermissen lassen, drängen sich Fragen auf. Aus diesem Blickwinkel aber stellt sich gerade die Situation in Japan nicht gerade rosig dar. Nach dem Krieg führte das Land der Aufgehenden Sonne unter dem Druck der Amerikaner ein politisches System westlichen Typs bei sich ein. Die große politische Stabilität (fünfundvierzig Jahre lang war ein und dieselbe Partei an der Macht), die Leistungsfähigkeit von Bürokratie und Unternehmern, das Konsensstreben des japanischen Volkes, seine ethnische Homogenität – eine Seltenheit in diesen Breiten – sind eine Erklärung dafür, warum die Schwäche der politischen Klasse so lange folgenlos blieb. Infolge der Instabilität, die seit 1992 herrscht – als die japanische Wirtschaft zudem einen Sättigungspunkt erreicht hatte –, ist das politische System zum Wandel gezwungen. Wir erleben, daß die Notwendigkeit strenger Reformen einen breiten Konsens findet. Die Anpassungsfähigkeit dieses Landes, in dem die Erde unentwegt bebt und dessen Tempel seit Jahrhunderten alle zwanzig Jahre wieder aufgebaut werden, ist dennoch beeindruckend.

Mit Kritik uns gegenüber jedenfalls halten Asiaten nicht länger zurück. Nicht nur im Bereich der Wirtschaft sollten die Abendländer eine »strukturelle Anpassung« in Angriff nehmen, sondern auch in der Politik.

Das mächtiger werdende Asien zeigt immer weniger Nachsicht gegenüber der Arroganz des Westens, die eben nicht auf unsere Gene, sondern auf unsere Position zurückzuführen ist. Reisenden und Geschäftsleuten ist es nicht entgangen, wie sehr sich die nach dem Krieg ehrfürchtigen Japaner in den letzten zwanzig Jahren gewandelt haben. Seit dem Fall der Mauer wird wieder Deutsch gelernt, ein Indiz unter vielen dafür, daß die asiatischen Kulturen sich mit der Zeit wieder einen Namen machen werden. Vielleicht irrte Paul Valéry: Nicht alle Zivilisationen sind sterblich. Oder andersherum: Sollten manche nicht vielleicht die Fähigkeit zur Wiedergeburt besitzen? Noch wissen wir es nicht. Die europäische Zivilisation aber könnte im kommenden Jahrhundert vor harten Bewährungsproben stehen. Eventuell werden wir – und dieses Mal zu unserem Nachteil – die traumatische Erfahrung kultureller Relativität machen. Auf ein demutsvolles Verhalten sind wir in keiner Weise eingestellt. Dafür ist es höchste Zeit, und es gilt, das Richtige zu tun: Uns nicht gegen, sondern mit diesen Völkern zu wappnen, die wir eine Zeitlang mehr oder weniger dominiert haben und die bald auf einer Stufe mit uns stehen werden.

Alles spricht dafür, daß an der Schwelle zum dritten Jahrtausend Asiens Aufstieg das bedeutendste Phänomen auf dem Globus darstellt. Im vorletzten Kapitel dieses Buches werde ich darauf zurückkommen. Es ist nicht ausgeschlossen, daß der politische und wirtschaftliche und in der Folge vielleicht auch kulturelle Schwerpunkt unseres Planeten sich auf andere Zivilisationen verlagert. Für uns Abendländer kommt eine Welthauptstadt in China oder Japan – das Pendant zu New York, London oder Paris – nicht in Frage. Wir können uns eine Welt, in der China die mächtigste Großmacht wäre und alle Staatsoberhäupter in regelmäßigen Abständen zur Verbotenen Stadt pilgern müßten, wie sie heute ins Weiße Haus nach Washington pilgern, kaum vorstellen. Trotz ihrer Erfahrung mit Rassenunterschieden können sich die Amerikaner, die in diesem Jahrhundert auf einen langanhaltenden Aufstieg zurückblicken dürfen, mit einer solchen Perspektive noch weniger anfreunden als die Europäer. Dabei ist sie nicht vollkommen abwegig, auch wenn der Zeitpunkt dafür noch lange aussteht.

Widersprüchliches

Die Debatte über den Kampf der Kulturen führt uns auch zurück auf die alte Frage: Was ist die Nation? Bekanntlich gab Renan in einer Vorlesung an der Sorbonne am 12. März 1882 darauf folgende Antwort: »Eine Nation ist eine Seele, ein spirituelles Prinzip. Diese

Seele, dieses spirituelle Prinzip setzt sich zusammen aus zwei Dingen, die in Wirklichkeit eins sind. Das eine ist die Vergangenheit, das andere die Gegenwart. Das eine ist die Teilhabe an einem großen Vermächtnis verschiedenster Erinnerungen; das andere ist das gegenseitige Einvernehmen, der Wunsch, gemeinsam zu leben, der Wille, das gemeinschaftliche Erbe zur Geltung zu bringen.« Die wahre Nation im Sinne Renans bildet sich im Laufe der Zeit. Eine Bevölkerung, die geeint erscheint, geht häufig aus einer bewegten Vergangenheit hervor, und die Kriege früherer Zeiten festigen heute bestehende Bindungen. Selbst die Vereinigten Staaten mit ihrem *melting pot* haben einen Sezessionskrieg hinter sich. Frankreich wäre nie entstanden, wenn das »Recht der Völker, über sich selbst zu bestimmen« oder das Nationalitätsprinzip sich bereits den Kapetingern aufgedrängt hätte.[15]

Verfechter der Menschenrechte steigen für diese Ideen nicht selten in den Ring und machen sich sogar für die Unabhängigkeit der »Poldawier« stark.[16] Doch ihre Grundsätze halten weder der Theorie noch der Praxis stand. Der Theorie nicht, weil die Grundlagen der abendländischen politischen Philosophie zumindest seit dem Zeitalter der Aufklärung im wesentlichen auf das Individuum ausgerichtet sind, während die Vorstellung vom Volk eine kollektive ist. Dieser Schwierigkeit und den sich daraus ergebenden Spitzfindigkeiten nicht nur juristischer Natur kann man sich nicht entziehen. Vor einigen Jahren hat Frankreich im Verlauf einer kurzen, aber sehr emotionalen Debatte über das »korsische Volk« entsprechende Erfahrungen gemacht.[17] Und in der Praxis stößt die Verwirklichung der Bedingungen, unter denen das »Selbstbestimmungsrecht der Völker« oder das Nationalitätsprinzip angewendet werden soll, meistens wegen der Verflochtenheit der Gesellschaft und bestimmter Interessen auf unzählige Hindernisse. Das wird im Falle Bosniens auf tragische Weise deutlich.

In der Realität internationaler Politik, die einem Kampf gleichkommt, wendet jeder ungeniert die Prinzipien an, die ihm zu einem bestimmten Zeitpunkt geeignet erscheinen, um die eigene Sache in der Öffentlichkeit zu vertreten, ähnlich den Diplomaten, die sich das internationale Recht zu ihren Zwecken zunutze machen.[18] Dieser Maxime folgend, könnte man Großserbien durch das Selbstbestimmungsrecht der Völker rechtfertigen und die kroatische Offensive in der Krajina im Sommer 1995 verurteilen. Da aber der Westen seinerzeit das Ziel verfolgte, dem durch die Ausbreitung der bosnischen Serben entstandenen Ungleichgewicht etwas entgegenzusetzen, lag das Hauptaugenmerk in dem Fall auf der Einhaltung der Grenzen von 1991.[19]

In Wirklichkeit können weder das Prinzip der uneingeschränkten Souveränität der Staaten auf eigenem Territorium noch das Selbstbestimmungsrecht der Völker die Probleme der Minderheiten regeln, in denen man heutzutage den Niederschlag des einen oder anderen Aspekts beim Zusammenprall der Zivilisationen zu erkennen glaubt. Diese Probleme drohen jedoch gleich den Migrationsströmen zuzunehmen. Stellvertretend sei der Anteil der moslemischen Bevölkerung in Frankreich genannt. Es ist allgemein bekannt, daß unsere gesamte politische Tradition den Begriff der Minderheit ablehnt, insofern er auch auf uns selbst Anwendung finden könnte.[20]

In den Schwellenländern werden autoritäre Systeme dank der Verbreitung liberalen Gedankenguts, dank wirtschaftlichen Wohlstands und der Öffnung nach außen immer entbehrlicher für die Stabilität und den inneren Zusammenhalt sein. Diese »demokratische Tendenz« findet sich allem Anschein nach nicht nur in ethnisch homogenen Ländern wie Taiwan oder Südkorea bestätigt. Die Frage ist, ob – wie das Beispiel Indiens und gegenwärtig Südafrikas hoffen lassen – alle multiethnischen Staaten diesem Weg folgen können. Auf unserem eigenen Kontinent folgt der Plan Balladur dieser Zielsetzung; er gilt als Pakt für die Stabilität in Europa und beruht auf vergleichbaren Vorstellungen.[21]

Ist eine Entwicklung des internationalen Rechts dahingehend denkbar, daß die Legitimität mancher »autoritärer« Systeme anerkannt wird, ihnen gleichzeitig aber Grenzen gesetzt werden, die von Fall zu Fall neu zu überprüfen wären? Etwas in der Art vollzieht sich gegenwärtig in Europa. Die Türkei ist bestrebt, in sämtlichen Gremien der westlichen Gemeinschaft vertreten zu sein. Sie ist Gründungsmitglied des Europarates. Gegenwärtig sind ihre Möglichkeiten zur Demokratisierung durch die ethnische Heterogenität, die vor allem auf dem Kurdenproblem beruht, und das Unbehagen aufgrund der ungelösten Frage ihrer Identität beeinträchtigt. Ihre westlichen Partner wollen ein Land, um dessen geopolitische Bedeutung insbesondere auf dem Balkan sie seit Jahrhunderten wissen und das sie vom kaukasischen und levantinischen Chaos abschirmt, nicht destabilisieren. Aber die Türkei muß der Niederschlagung der Autonomisten ein Ende setzen und nach neuen Formen für eine innere Ordnung suchen, die die Aussöhnung der Bevölkerung herbeiführen könnten. Sie sollten sich weitestgehend auf das Gründungsprinzip der türkischen Republik stützen – die Vereinbarkeit von Islam, Demokratie und Weltlichkeit. Andernfalls besteht das Risiko, daß die Türkei sich isoliert. Eine gewiß äußerst schwierige Aufgabe, denn die Gefahr der Machtübernahme durch revolutionäre Regimes, die ihrem Wesen nach der bestehenden Ordnung ihre Legitimität aberkennen und zu Extremen neigen, darf keinesfalls unterschätzt werden. Wie dem auch sei, nur durch allmähliche Annäherung (das Englische verwendet dafür die sehr passende Umschreibung *trials and errors*) und die Kraft des Faktischen wird sich das internationale Recht, wie jedes juristische Gefüge, nach und nach wandeln.

Aus all dem wird ersichtlich, daß die Wilsonsche Idealvorstellung von Demokratie bestenfalls langsam zum Zuge kommen wird. Damit sie sich erfüllt, müßte sich eine internationale Zivilgesellschaft bilden, die in einer stetig wachsenden Anzahl von Ländern das »Weltbürgerrecht«, wie Kant es nannte, das Recht des »Erdendorfes« als legitim einführt und durchsetzt – zumindest aber ein Interventionsrecht, das bei Verstößen gegen weltweit anerkannte und von der Menschenrechtserklärung hergeleitete Prinzipien angewendet würde.

Was auch immer die westlichen Verfechter von Demokratie und Menschenrechten, die ihren Standpunkt leider nur allzuoft nach subjektiven Maßstäben wählen und sich, bewußt oder unbewußt, zum Sprachrohr von Interessenverbänden machen, davon halten mögen – eine Zivilgesellschaft dieser Art gibt es gegenwärtig nicht. Das »Erdendorf« bleibt ein Mythos. Bisweilen beeinflussen sich manche Staaten gegenseitig, wenn es um die Bildung der öffentlichen Meinung geht, zumal, wenn überstaatliche Organisationen, die über mächtige Medienstützpunkte verfügen, dazu verleiten. Das war beispielsweise bei der Welle von Feindseligkeiten der Fall, die durch die letzte Reihe der französischen Atomversuche ausgelöst wurde. Und dennoch gibt es eine »öffentliche Weltmeinung« genausowenig wie eine »internationale Gemeinschaft«.

Verglichen mit dem Völkerbund und überhaupt jeder Ordnung seit dem 18. Jahrhundert im vorrevolutionären Europa besitzt das System der UNO weitaus mehr Legitimität. Der Weg hin zu uneingeschränkter Legitimität ist jedoch noch weit. In der Praxis erweist es sich bei den meisten Konflikten als schwierig, wenn nicht gar unmöglich, die Verantwortung eindeutig festzumachen, und solange die Folgen eines solchen Konflikts begrenzt sind, können sich die Mitgliedsstaaten des Sicherheitsrates nur auf Resolutionen allgemeiner Natur einigen. Mit Kapitel VII der Charta der Vereinten Nationen läßt sich nicht wie mit einem mathematischen Lehrsatz verfahren, nicht einmal, wenn es um Saddam Husseins Angriff auf Kuweit geht, und erst recht nicht im Fall des jugoslawischen Kriegs. So erklären sich auch die fließenden Übergänge von humanitärer Mission zu friedenschaffenden oder friedensichernden Einsätzen. Unter keinen Umständen darf eine humanitäre Mission in den Konflikt selbst eingreifen, sondern nur Abhilfe für bestimmte Folgen schaffen. Die älteste und unverdächtigste humanitäre Organisation, das Internationale Rote Kreuz, hat nur deshalb so lange überlebt, weil sie nie gegen das oberste Gebot absoluter Neutralität verstoßen hat. Friedenschaffende Maßnahmen sind ein kriegerischer Akt, wenn dieser Frieden aufgezwungen und nicht durch Verhandlungen zwischen den betroffenen Parteien erzielt wird. Friedensichernde Maßnahmen hingegen haben nur dann Sinn, wenn der zu erhaltende Frieden bereits besteht. Genauso komplex verhält es sich mit den Sanktionen als Strafe für einen Staat, der der Nichteinhaltung einer Resolution des Sicherheitsrates beschuldigt wird. Es gibt keine unabhängige gerichtliche Instanz, die unmißverständlich über die jeweilige Verantwortung zu befinden hätte, kein »Strafgesetzbuch«, mit dessen Hilfe sich ein Strafmaß bestimmen ließe, keine Polizei, die mit der Strafanwendung betraut wäre. Nicht ohne Grund haben die Araber stets die Ohnmacht der UNO bei der tatsächlichen Umsetzung der berühmten Resolution 242 beklagt, die am 22. November 1967 einstimmig vom Sicherheitsrat verabschiedet worden war und den Abzug der israelischen Truppen aus den seit dem Sechstagekrieg besetzten Gebieten forderte. All diese Widersprüchlichkeiten sind beim jugoslawischen Krieg noch einmal klar zu Tage getreten.

Dennoch wäre es überzogen - wenngleich viele dazu neigen -, daraus den Schluß zu ziehen, die Vereinten Nationen seien gescheitert. Die oberste Zielsetzung eines Sicherheitssystems ist nicht moralischer Natur, selbst wenn die Legitimität des Systems in der Tat auf moralischen Grundsätzen fußt; sie ist politisch. Es gilt zu verhindern, daß Konflikte auf andere Länder übergreifen und sich bis zur Gefahr eines allgemeinen Krieges ausweiten. Es gilt, die Stabilität der bestehenden Ordnung aufrechtzuhalten, nicht um Veränderungen zu verhindern, sondern im Gegenteil einen friedlichen Wandel zu ermöglichen.

Gleichgewicht

Im vorangegangenen Kapitel habe ich darzulegen versucht, daß kollektive Sicherheit und das Gleichgewicht der Kräfte als einander ergänzende Prinzipien zu verstehen sind.

Nach dem Kalten Krieg haben sich die Dinge so gefügt, daß die weitere Entwicklung in erster Linie von den Entscheidungen der Vereinigten Staaten abhängen wird, die im Laufe dieses Jahrhunderts zur weltweit größten Supermacht aufgestiegen sind.

Beschreibt man die US-amerikanische Außenpolitik als einen Wechsel zwischen Interventionismus und Isolationismus, zwischen Kreuzzug und Selbstbesinnung, so ist das nicht gerade originell. Im Fall der Beziehungen zwischen den Vereinigten Staaten und Europa wird man von beiden Warten aus jedoch schwerlich zu ein und demselben Schluß kommen. Bei der Unternehmung Woodrow Wilsons in den Jahren 1918–1919 handelte es sich in der Tat um einen Kreuzzug, den Wilson aufgeben mußte und den auch Warren Harding ablehnte. 1945 ging Franklin Roosevelt mit ähnlichen Vorstellungen an die Friedensproblematik heran. Er scheiterte, weil er weder die Persönlichkeit Stalins noch das Wesen des sowjetischen Regimes durchschaute.[22] Nach ihm führte Harry Truman das Land in ein Bündnis, dessen Bedeutung stets von all seinen Nachfolgern bekräftigt wurde und dessen Stabilität von entscheidendem Einfluß für den Niedergang der UdSSR und des Kommunismus war.[23]

Allein auf der Basis dieser beiden Erfahrungen ließ sich keine Vorhersage über das Verhalten der Amerikaner nach dem Umsturz von 1989–1991 treffen. Eigentlich ist man mit einer Situation dritten Typs konfrontiert: weder Kreuzzug noch Rückzug. Die Vereinigten Staaten wollen weiterhin in Europa präsent sein, was für sie mit beträchtlichen Interessen verbunden ist, nicht aber bei sämtlichen eventuell auftretenden Schwierigkeiten in der Verantwortung stehen. Es wäre ihnen jedoch auch nicht recht, würden die Europäer ihre Angelegenheiten selbst regeln, ohne die Amerikaner in ihre Entscheidungen miteinzubeziehen, weil sie möglicherweise eines Tages mit deren Konsequenzen konfrontiert wären. Um diese Fragen geht es bei der seit 1991 geführten Debatte über die Zukunft des atlantischen Bündnisses und, in einem größeren Kontext, über die neue »Architektur« der europäischen Sicherheit. In diesem Zusammenhang war auch viel von einem radikalen Orientierungswechsel der Vereinigten Staaten in Richtung Asien die Rede. Legt man die kommenden hundert Jahre zugrunde, wäre das auch durchaus nicht verwunderlich. Es ist nur natürlich, daß die Vereinigten Staaten ihr Interesse nach Ende des Kalten Kriegs auf einen Teil der Erde richten, dessen Wirtschaft sich in vollem Aufschwung befindet.

Für die Europäer und insbesondere für die aus der Europäischen Gemeinschaft hervorgegangene Europäische Union sind diese Entwicklungen von großer Bedeutung. Unsere Gemeinschaft, die während und zum großen Teil auch wegen des Kalten Kriegs entstand (fast wäre man versucht zu sagen: *dank ihm*), muß jetzt lernen, sich von der amerikanischen Vormundschaft zu befreien, ohne dabei die enge Beziehung zum großen Bruder aufzugeben, und ihre Zukunft selbst in die Hand zu nehmen. Die alte Debatte, die die Franzosen eine Ewigkeit lang in zwei Lager spaltete – die Entscheidung zwischen einem *europäischen* und einem *atlantischen Europa* –, muß überwunden werden. Die Gemeinschaft, die es auszubauen und zu stärken gilt, wird nur als europäische *und* atlantische Union existieren können, da eine Loslösung der Vereinigten Staaten viel eher als ihre Einbindung dazu führen könnte, eine noch größere Spaltung der Europäer zu bewirken. Allerdings stellt sich die Frage des amerikanischen Engagements in Europa, wenn man den Vergleich zwischen 1919 und 1991 aufgreifen will, unter gänzlich anderen Vorzeichen, und zwar vor allem deswegen, weil der Kalte Krieg Institutionen hervorgebracht hat, deren Schicksal das politische

Geschehen ganz unmittelbar beeinflußt. Die bedeutendste ist natürlich die NATO, deren Fortbestand selbst die Russen wünschen (wenn auch nur unter bestimmten Bedingungen), da sie in ihr einen Stabilitätsfaktor sehen.

Ich habe bereits angedeutet, inwiefern nach dem Ersten Weltkrieg aufgrund alter Rivalitäten und dem Ränkespiel der europäischen Großmächte Chancen für den Frieden vertan wurden. Wie sieht es nun aber nach dem Fall der UdSSR aus? Der entscheidende Punkt ist, daß die von Aristide Briand erträumte europäische Gemeinschaft mittlerweile als konkretes Gebilde existiert, das auf zwei einander ergänzenden Prinzipien beruht: Demokratie und soziale Marktwirtschaft.[24] Ersteres entspricht dem Wilsonschen Ideal, das in der Nachkriegswirklichkeit seinen Niederschlag gefunden hat, und von letzterem war zu Zeiten des Völkerbunds noch nicht die Rede. Erst seit dem Marshall-Plan gibt es ein Bewußtsein dafür, welche Bedeutung die Wirtschaft für die Sicherheit hat.[25] Mochten die anfänglichen Vorstellungen von der europäischen Einigung auch romantisch verklärt anmuten, so vollzog sich der Aufbau der Gemeinschaft in der Nachkriegszeit doch auf einem sehr konkreten Fundament (angefangen bei der Europäischen Gemeinschaft für Kohle und Stahl, der Montanunion) und mit Hilfe von Institutionen, die allein durch ihre Existenz den Lauf der Dinge veränderten.[26] Im Zentrum dieses Aufbaus steht die deutsch-französische Versöhnung. Sie beruht auf der Demokratisierung der 1949 gegründeten BRD, deren Verfassung bei der Wiedervereinigung von 1990 als Modell diente, sowie dem Willen beider Länder, die Verständigung zu fördern. Dieser Wille ist seither stets aufs neue bekräftigt worden. Man kann behaupten, daß die »deutsch-französische Achse« den Antrieb für Europa oder umgekehrt der europäische

Aufbau den Antrieb für die deutsch-französischen Beziehungen darstellt. Nach dem Zusammenbruch des Kommunismus hat Deutschland bewußt auf sämtliche Gebietsansprüche verzichtet, die es einst erhoben hätte. Es hat mit aller Entschiedenheit seinen Platz unter dem »europäischen Dach« eingenommen, wie Kanzler Kohl es formuliert. Und es hat mit all seinen Nachbarn Abkommen unterzeichnet, namentlich mit Polen, und die Oder-Neiße-Linie als Grenze zwischen den beiden Ländern anerkannt.[27] Stellt sich das »deutsche Problem«, das zwei Weltkriegen zugrunde lag, nicht länger? Die Antwort auf diese entscheidende Frage ist untrennbar mit der Frage nach der Zukunft der europäischen Gemeinschaft verbunden.

In der Geschichte ist kein Fortschritt unumkehrbar. Die europäischen Demokratien haben die nationalistischen Automatismen ihrer Vergangenheit noch nicht vollständig hinter sich gelassen. Frankreich und Großbritannien steht bisweilen der Sinn nach undurchsichtigen Spielereien, auch wenn sie sich im Zuge der Umwälzungen von 1989–1991 einander genähert haben. Frankreich schwankt noch immer zwischen der Vorstellung von einem Europa der Staaten, wie General de Gaulle es pries, und dem supranationalen Europa Jean Monnets und Robert Schumans.

Großbritannien hingegen hängt nach wie vor an der alten Politik des Gleichgewichts auf dem Kontinent, dem es gleichwohl weiterhin fremd bleibt. Deutschland, das umständehalber jahrzehntelang zur Zurückhaltung gezwungen war, spricht nicht unbedingt immer die Sprache, die seinen mehr oder weniger verdrängten Absichten oder Handlungen entspricht.[28] Und Italien wird von Strömungen heimgesucht, die manchmal an die Zeiten Mussolinis erinnern. In Belgien schließlich sind die Gräben breiter geworden. Die europäische Gemeinschaft muß, wie das Meer aus der Sicht Paul Valérys, immer aufs neue beginnen.

Eine weitere wichtige Frage stellt sich durch das Verschwinden des »Eisernen Vorhangs« und die damit verbundene Problematik der Erweiterung der Gemeinschaft. Diese betrifft zunächst die wirtschaftlich entwickelten Länder, die aus verschiedenen Gründen bislang keinen Beitritt wünschten,[29] und in einem weiteren Schritt (zu dem beim Gipfel in Amsterdam zunächst für drei Staaten der Anstoß gegeben wurde) die vom Kommunismus befreiten europäischen Staaten des Ostens, angefangen bei Polen und der Tschechischen Republik, deren Eingliederung zur Vervollständigung des deutsch-französischen Versöhnungswerks unverzichtbar ist. Wie kann man Länder, die wirtschaftlich und sozial derart unterschiedlich sind, in der europäischen Union zusammenfassen und eine ursprünglich von sechs Staaten gegründete Gemeinschaft, der mittlerweile fünfzehn Länder angehören und deren Mitgliederzahl weiter steigen wird, funktionstüchtig halten? Die Schwierigkeiten sind beachtlich, und zu ihrer Überwindung wird viel Phantasie und politischer Wille nötig sein. Der Schlüssel zur Lösung liegt bei den drei wichtigsten Ländern der Gemeinschaft, Deutschland, Frankreich und Großbritannien; sie müssen ihr europäisches Engagement auf eine neue Basis stellen und damit auf ihren traditionellen Balanceakt verzichten.

Die europäische Einigung ist nicht unumkehrbar. Aber sie hat bereits jetzt allein wegen der vielfältigen Netze sich überschneidender Interessen, die im Laufe von vierzig Jahren entstanden sind, einen Punkt erreicht, an dem die Entflechtung sich zwangsläufig über einen gewissen Zeitraum erstrecken würde.[30] Jedenfalls besteht für den europäischen Kontinent unmittelbar keine Gefahr, die vergleichbar wäre mit den Perspektiven der dreißiger Jahre. Natürlich bleibt die große Unbekannte, die russische Föderation, dicht gefolgt von den Unwägbarkeiten auf dem Balkan. In diesen Regionen sind mittelfristig etliche Möglichkeiten denkbar. Die beiden extremen Hypothesen – Rückkehr zu einem totalitären Regime in Moskau oder, im Gegenteil, ein chaotischer Zerfall Rußlands – sind nicht die wahrscheinlichsten. In dieser Spanne sind zahlreiche Konstellationen vorstellbar, die von einer Teilbereiche umfassenden Ordnung bis hin zum partiellen Chaos reichen. Unter dem Gesichtspunkt der Stabilität für Europa als Ganzes wird viel von der Fähigkeit des Westens abhängen, ein militärisches Gleichgewicht mit Rußland aufrechtzuerhalten; gleichzeitig sollte Rußland Mitglied in einem gemeinsamen Sicherheitssystem sein, das von beiden Seiten als rechtmäßig anerkannt wird und mit dem der Vereinten Nationen natürlich in Einklang stehen muß. Nur wenn diese Bedingung erfüllt ist, kann die durch den Zusammenbruch des Kommunismus entstandene Instabilität überwunden werden. Darauf zielt auch der am 27. Mai 1997 in Paris unterzeichnete Gründungsakt zwischen Rußland und der NATO. Äußerst bemerkenswert und ermutigend ist in dem Zusammenhang die Tatsache, daß Rußland einer Mission der OSZE in Tschetschenien zugestimmt hat, nach Maßgabe des internationalen Rechts also eine innere Angelegenheit betreffend. Die jugoslawische Tragödie aber war ein Warnsignal. Unter den bestehenden Organisationen – die europäische Gemeinschaft und auch die OSZE eingeschlossen – gab es nicht eine, die imstande gewesen wäre, sie einzudämmen, und zwar aufgrund der Meinungsverschiedenheiten zwischen den Mitgliedern. Die Vereinigten Staaten, die sich lange Zeit entweder herausgehalten oder widersprüchlich agiert hatten, entschlossen sich im Laufe des Sommers 1995 zum Eingreifen, um nicht zu Beginn des Präsidentschaftswahlkampfes in eine undurchschaubare Situation zu geraten; dies um so mehr, als das atlantische Bündnis einen vorschnellen Rückzug der UNPROFOR wegen fehlender Übereinstimmung im westlichen Lager sicherlich nicht überlebt hätte. Und prompt erntete Washington die diplomatischen Lorbeeren. Hier allerdings müssen die Europäer die Verantwortung bei sich selbst suchen. Bleibt zu hoffen, daß sie aus den Vorgängen ihre Lehren ziehen und ein wirksames außen- und sicherheitspolitisches Konzept entwickeln, um in Zukunft ein vergleichbares Fiasko schon im Ansatz abzuwenden.

Während des Kalten Krieges haben die Supermächte gelernt, sich mit der Rüstungsproblematik auseinanderzusetzen. Dabei zeigten sie deutlich weniger Ehrgeiz als bei den Projekten zur »allgemeinen und vollständigen Abrüstung« der Zwischenkriegszeit, doch waren sie dafür effizienter. Die Methoden der Verifikation beispielsweise konnten mit Hilfe der Technik deutlich verbessert werden. Durch die Kontrolle über die nuklearen Waffensysteme der alten Supermächte, durch die Begrenzung konventioneller Rüstung in Europa und die Durchführung gemeinsamer Manöver sowie »vertrauensbildender Maßnahmen« wurden wertvolle Erfahrungen gesammelt. Seit dem Atomwaffensperrvertrag, der 1968 unterzeichnet und im Mai 1995 auf unbefristete Zeit verlängert wurde, ist die Kontrolle über nukleare Rüstung äußerst streng geworden. Die in dem Vertrag getroffene Unterscheidung zwischen Ländern mit und ohne Atomwaffenbesitz bringt bisweilen heikle politische und juristische Probleme mit sich. So haben erstere sich beispielsweise verpflichtet, letztere bei der friedlichen

Nutzung der Kernenergie zu unterstützen; letztere fordern, die Anwendung der Kernwaffen dürfe sich niemals gegen sie richten und verlangen entsprechende Garantien. Natürlich muß die Strategie der atomwaffenbesitzenden Länder im Einklang mit ihren internationalen Verpflichtungen insgesamt stehen. Wer sich in Frankreich für den Nicht-Ausschluß der Anwendung von Atomwaffen gegen Länder ausspricht, die die Nuklearwaffe nicht besitzen, ignoriert einen entscheidenden Punkt. Man könnte noch an weitere Beispiele für den Mechanismus der Rüstungskontrolle erinnern (chemische Waffen, Marschflugkörper etc.), doch möchte ich an dieser Stelle nicht weiter auf die technischen Details eingehen.[31] Unbedingt erwähnenswert ist jedoch die Annahme des Vertrags zum uneingeschränkten Verbot von Nuklearversuchen durch 158 Länder im September 1996. In diesem Zusammenhang sei noch einmal darauf hingewiesen, daß das internationale Recht als Ausdruck bestimmter Machtverhältnisse diesbezüglich nicht eindeutig ist und deswegen auch keinen Anspruch auf Allgemeingültigkeit erheben kann. Zum jetzigen Zeitpunkt sind die fünf ständigen Mitglieder des Sicherheitsrates auch die größten Rüstungsproduzenten und -händler, und sie bestimmen auch weitestgehend das geltende Recht. Dabei erhalten sie ihr gemeinsames Monopol aufrecht und sorgen gleichzeitig für die nötige Konkurrenz untereinander.

Das Gleichgewicht der Kräfte ist nicht nur eine politisch-militärische, sondern auch eine wirtschaftliche Angelegenheit. Das ist seit der großen Wirtschaftskrise in der Zwischenkriegszeit allgemein bekannt.

Mit diesem politisch-historischen Debakel hat die Krise der ausgehenden achtziger und beginnenden neunziger Jahre bei aller Härte nicht einmal entfernte

Gemeinsamkeiten. Sie führte ansatzweise zu einer Umverteilung der Kräfteverhältnisse auf dem Globus, barg jedoch nicht das unmittelbare Risiko politischer Eruptionen in sich. Und auch auf wirtschaftlichem Gebiet haben die großen Demokratien gelernt, sich eine zwar verbesserungswürdige, aber dennoch grundlegende Struktur zu schaffen. An diesem Werk der Institutionalisierung einer kollektiven wirtschaftlichen Sicherheit muß mit ebensoviel Einsatz weitergearbeitet werden, wie es in politischen und militärischen Belangen der Fall ist.[32]

Außerhalb Europas gibt es verglichen mit den dreißiger Jahren zum jetzigen Zeitpunkt auch keine Anzeichen für ein größeres Ungleichgewicht. Japans Wechsel zur Demokratie nach der Katastrophe von 1945 scheint von Dauer zu sein. Das Land verfügt mittlerweile über Kapazitäten, die ihm eine schnelle Aufrüstung ermöglichen würden, doch beschränkt es seine Verteidigungsanstrengungen weiterhin, und seine Verfassung verbietet ihm noch immer jedwede direkte Einmischung. Zwar ist eine Rückkehr zu einem virulenten Nationalismus denkbar, allerdings nur vor dem Hintergrund erheblicher Störfaktoren; die wären beispielsweise gegeben, wenn China sich angriffslustiger zeigen würde und gleichzeitig ein wirtschaftlicher Bruch mit den Vereinigten Staaten bevorstünde. Welche Richtung China letztlich einschlagen wird, das zur Zeit – wie ganz Asien überhaupt – damit beschäftigt ist, den materiellen Fortschritt sicherzustellen, wird sich erst allmählich abzeichnen. Unterdessen haben Washington und Tokio im April 1996 ihr Militärbündnis bekräftigt und ihre Zusammenarbeit im Bereich der Sicherheit neu definiert. Auch wenn die Vereinigten Staaten Japan dazu ermutigen, mehr regionale Verantwortung zu übernehmen, sind sie doch noch immer das

Zünglein an der Waage, wenn es um das Gleichgewicht in Ostasien geht, und mit ihrer Hilfe werden dort erste Schritte für eine regionale Sicherheitspolitik unternommen.[33]

Die Grossen und die anderen

Seit jeher besteht die Welt aus großen und aus kleinen Mächten, wobei die kleinen als Wetteinsatz der großen fungieren, die deren Rivalitäten schüren und manchmal auch deren Kriege heraufbeschwören. Diese ungleichen und konfliktgeladenen Beziehungen, die einst vornehmlich unter benachbarten Staaten herrschten, haben sich durch die Entwicklung des Handels und der Transportwege mittlerweile über die ganze Erde ausgeweitet. Auslöser war die Kolonialisierung. Im 19. Jahrhundert dachte noch niemand daran, das Selbstbestimmungsrecht der Völker auf solche Gegenden anzuwenden, denen man die vermeintlichen Segnungen der einzig wahren Zivilisation zuteil werden ließ. Die nationalistische Ideologie aber erfaßte zwangsläufig alle Völker, die im europäischen Bannkreis standen. Die Widersprüche traten im Ersten Weltkrieg zutage, als beispielsweise England mit zunehmenden Versprechungen gegenüber den Arabern aufwartete, um diese zur Revolte gegen die Osmanen zu bewegen. Lord Balfour, damals Hausherr im Foreign Office, hinderte das nicht daran, am 2. November 1917 die berühmte Erklärung abzugeben, derzufolge sein Land, dessen Truppen auf dem Vormarsch nach Jerusalem waren, nach Ende der Kampfhandlungen »in Palästina die Errichtung einer Heimstätte für das jüdische Volk« befürworten würde. So kann es in der

Geschichte passieren, daß zwei unabhängige ursächliche Zusammenhänge gemeinsam zum Tragen kommen. Die Balfour-Erklärung knüpfte an eine lange Kette von Ereignissen an, die die Geschichte des Antisemitismus in Europa fortschrieben und in die sich zuletzt die Pogrome in Rußland und die Dreyfus-Affäre in Frankreich reihten.

In der Zeit zwischen den beiden Kriegen gelang es den Siegermächten von 1918 trotz ihrer Schwächung, die brüchigen Kolonialstrukturen einigermaßen aufrechtzuerhalten und im Rahmen von Völkerbundmandaten sogar die Nachwirkungen der sich auflösenden Weltreiche in den Griff zu bekommen. Doch war die Legitimität dieser Strukturen unweigerlich angegriffen. Großbritannien verlor die Kontrolle in Palästina, insbesondere nach Hitlers Machtergreifung und dem sich daran anschließenden Zustrom von Juden. Der Haß der Araber wuchs, und als die Engländer der Zuwanderung Einhalt gebieten wollten, wandten sich terroristische jüdische Organisationen gegen den Mandatsträger.

Der Zweite Weltkrieg versetzte dem alten Herrschaftssystem den Gnadenstoß. Die Engländer wollten sich vor allem möglichst schnell von ihren Verpflichtungen befreien, auch wenn sie sich damit im Hinblick auf die Folgen ihres Rückzugs aus der Verantwortung stahlen, so beispielsweise im Falle des Bürgerkriegs, der 1947 die Teilung der Indischen Union herbeiführte. Die Franzosen hingegen mochten sich nur schwerlich mit dem Untergang ihres Kolonialreichs abfinden und nahmen zwei lange Kriege in Indochina (1947–1954) und in Algerien (1955–1962) in Kauf. Der erste zog sich, nachdem der Kalte Krieg eingesetzt und der Kommunismus in China den Sieg davongetragen hatte, durch das Eingreifen der Amerikaner bis 1975 hin. Und er gewann eine weltpolitische Dimension. Erst mit dem Tod Salazars und der Revolution der Nelken (1974) ging die Kolonialzeit zu Ende. Zumindest in Europa, denn das russische Imperium, das sich hinter der Fassade der Sowjetunion verbarg, zerfiel erst nach deren Auflösung. Es ist kein Zufall, daß das Ende der kolonialen Ära mit dem Beginn einer Epoche zusammenfällt, in der dank des technischen Fortschritts und der wachsenden wirtschaftlichen Verflechtungen die direkte Kontrolle über Rohstoffvorkommen zur Beherrschung der Handelsnetze hinfällig ist – dennoch haben die erdölproduzierenden Staaten, namentlich im Nahen und Mittleren Osten, ihre geopolitische Bedeutung längst noch nicht eingebüßt.[34]

Mittlerweile hatten sich die Widersprüche gerade in diesem Teil der Welt auf dramatische Weise verfestigt. Wie konnte man nach dem nationalsozialistischen Genozid am jüdischen Volk einen Anspruch darauf erheben, die Einwanderung nach Palästina zu unterbinden? Die Affäre der *Exodus* im Sommer 1947, deren Passagiere an Bord anderer Schiffe nach Deutschland zurückgebracht worden waren, hatte einen Proteststurm entfacht. Großbritannien war überfordert gewesen und hatte das Problem auf die gänzlich unvorbereitete UNO abgewälzt. Am 29. November 1947 hatte diese einen Plan zur Teilung Palästinas verabschiedet, der aus geopolitischer Sicht unsinnig war (der hebräische Staat sollte aus drei separaten Teilen bestehen) und für die Araber nicht hinnehmbar. Diese hatten gleich nach dem Abzug der Engländer einen Krieg ausgerufen und wurden besiegt, mit dem Ergebnis, daß das neue, nunmehr ungeteilte israelische Territorium sich bis 1949 um ein Drittel vergrößerte. Von dem Zeitpunkt an stellte sich das quälende Problem der palästinensischen Flüchtlinge.

Der israelisch-arabische Konflikt ist von der Dekolonisierung nicht zu trennen. Zum einen wegen der geopolitisch bedeutsamen Ölvorkommen, zum anderen – und das ist entscheidend –, weil die Wiedererrichtung Isreals als Gelobtes Land aus Sicht der Juden eine historisch gerechte Sache war, ungeachtet einer neunzehn Jahrhunderte währenden »Unterbrechung«. In ihren Augen war es die Reparation, die Europa, das kollektiv für den Antisemitismus und die Shoa verantwortlich war, ihnen schuldete, ohne dadurch die für unsere Zivilisation schändlichste Spur des 20. Jahrhunderts auslöschen zu können.[35] Die Araber aber betrachteten Palästina als ihr Land. Die Absicht des Westens, sich eines Teils davon zu bemächtigen, um eigene Probleme auszuräumen, kam von ihrer Warte aus einem Angriff gleich, der ebenso schwer wog wie seinerzeit die Errichtung des Königreichs von Jerusalem. Dem Staat Israel sagten sie ein gleiches Schicksal voraus. Man hatte es also mit zwei allem Anschein nach unvereinbaren Rechtsansprüchen zu tun. Vier blutige Konflikte – der Krieg von 1948–1949, der israelisch-ägyptische Konflikt von 1956, der Sechs-Tage-Krieg im Juni 1967 und der Jom-Kippur-Krieg im Oktober 1973 – hatten keine Lösung gebracht. Jedesmal waren die Araber besiegt worden – 1973 in allen Ehren –, doch hatten sie den Glauben an ihre Sache bewahrt, um so mehr, da sie sich von einem Teil der Welt immer besser verstanden fühlten: Nach 1967 hatte sich Frankreich, das sein Kolonialreich verloren hatte und vom Westen enttäuscht war, der arabischen Welt angenähert.

An anderer Stelle werde ich noch darauf eingehen, inwiefern die Rivalität zwischen den Supermächten insgesamt dazu führte, daß sie sich auf Umwegen miteinander maßen, und zwar in der »Dritten Welt«. Alfred

Sauvy prägte diesen Begriff 1952 als Umschreibung für die Länder, die weder zu den industrialisierten Demokratien noch zum sowjetischen Imperium zählten. Auch wenn die Bezeichnung heute oft fälschlich gebraucht wird, bleibt sie doch mit der Wirklichkeit des Kalten Krieges verbunden. Übereinstimmungen hatte es in dieser »Dritten Welt« – die ein buntes Gemisch sämtlicher Ideologien aufwies, die seit dem 19. Jahrhundert in Umlauf waren – im Grunde stets nur an der Oberfläche gegeben. In ihr wurden etliche ehemalige Kolonien oder Länder zusammengefaßt, die mit dem Westen im Konflikt standen, weswegen die UdSSR dort ihren Einfluß geltend zu machen versuchte; so wurde man noch lange nach der portugiesischen Revolution Zeuge so widersinniger Phänomene wie beispielsweise des kubanischen Einsatzes in Ostafrika, bei dem Moskau die Fäden in der Hand hielt. Während der düstersten Jahre des Maoismus erlebte man auch, wie in Afrika und anderswo die Konkurrenz zwischen den beiden großen kommunistischen Staaten wuchs.

Im Grunde konnte keine der durch den Rückzug Europas geschlagenen Wunden heilen, solange der Kalte Krieg andauerte. Bestenfalls verständigten sich die Supermächte darüber, wie sich eine Eskalation, vornehmlich im Nahen und Mittleren Osten, vermeiden ließ. Das trifft auf den israelisch-arabischen Konflikt zu, gilt beispielsweise aber auch für den langen Krieg zwischen Irak und Iran (1980–1988). Damals sorgten Washington und Moskau dafür, daß keiner der beiden Kontrahenten eine deutliche Übermacht über den Gegner gewann. Um den Preis gewaltiger Anstrengungen konnte die amerikanische Diplomatie in dieser Region jedoch Pluspunkte verbuchen. Am spektakulärsten war das Abkommen von Camp David im September 1978, welches zur Aufnahme diplomatischer Beziehungen zwischen Israel und Ägypten führte, gleichzeitig aber auch viele Fragen offenließ, wie schließlich die Tragödien im Libanon zeigten.

Das änderte sich, als Michail Gorbatschow an die Macht kam, und mit dem Ende der UdSSR überstürzten sich die Ereignisse. Dazu seien zwei markante Beispiele erwähnt: die Versöhnung in Südafrika, die 1994 mit der Errichtung eines multiethnischen Systems ihren Höhepunkt fand, und das israelisch-palästinensische Abkommen von 1993. Die Verleihung des Nobelpreises an Persönlichkeiten wie Nelson Mandela und Yassir Arafat ist symbolisch für die Wende in der Geschichte. Es ist gegenwärtig durchaus vorstellbar, daß der afrikanische Kontinent sich von seiner Südspitze aus regeneriert, während in Nordafrika noch Ruhe einkehren muß. Desgleichen ist die Aussicht auf eine friedliche Koexistenz zwischen dem hebräischen Staat und den arabischen Ländern, auf die die politische Liberalisierung der Region und eine echte wirtschaftliche Integration folgen könnten, nicht nur denkbar, sondern vielleicht sogar realistisch.

Der Niedergang der kommunistischen Ideologie und der wirtschaftliche Erfolg mancher Länder in Ostasien – und seit den achtziger Jahren auch in Lateinamerika (angefangen bei Chile) –, aber auch in Indien und anderswo, haben die »Dritte Welt« gespalten. Beschönigungen stehen in der postkommunistischen Ära nicht mehr im Kurs, und so muß man zumindest unterscheiden zwischen *Schwellenländern*, die sich tatsächlich entwickeln, *ungenügend entwickelten Ländern*, bei denen ein gewisses Potential vorhanden ist, das sich aber aus verschiedenen Gründen nicht in Wachstum niederschlägt, und *unterentwickelten Ländern*, deren unzureichendes Potential nach menschlichem Ermessen auf absehbare Zeit zwangsläufig zu Stagnation oder Rückschritt führen muß.[36] Wie jede Klassifizierung ist auch diese anfechtbar. Indien, Brasilien oder China, aber auch Polen oder die Tschechische Republik und in naher Zukunft Rußland würde ich ohne weiteres der ersten Kategorie zuordnen; den Iran, den Irak, Algerien, Nordkorea, Kuba, Exjugoslawien der zweiten und Bangladesch, Mosambik oder die Dominikanische Republik der dritten. Zur Bewertung Ägyptens oder Zaires beispielsweise müßte man hingegen näher untersuchen, was unter dem Begriff »Potential« zu verstehen ist; das würde im Rahmen dieser Abhandlung jedoch zu weit führen.

In den Schwellenländern ist eine »demokratische Tendenz« zu beobachten, die ich im Zusammenhang mit Asien bereits erwähnt habe und die sich beispielsweise auch in Lateinamerika abzeichnet, wo die wichtigsten Staaten der atomaren Versuchung widerstanden und sich bestimmte Spannungen – stellvertretend seien die zwischen Chile und Argentinien genannt – in Wohlgefallen aufgelöst haben. Wer hätte es vor zehn Jahren für möglich gehalten, daß die Hälfte des in Argentinien verbrauchten Stroms einmal in Chile produziert würde und der Verteidigungsminister in Buenos Aires sich in erster Linie eine Beschäftigung für seine Truppen würde ausdenken müssen?

Die Grundtendenz des internationalen Systems und der daraus abgeleiteten Legitimität – vorbehaltlich der zuvor genannten Einschränkungen – müßte darin bestehen, die allmähliche Eingliederung der Schwellenländer zu fördern, zu denen Rußland ebenso wie trotz seiner Vielschichtigkeit vermutlich auch China zu zählen wäre. Unter geopolitischen Gesichtspunkten werfen die Länder der zweiten und die auf der Schwelle zur dritten Kategorie die größten Schwierigkeiten auf. Sie sind anfällig für Bürger- oder Nationalitätenkriege, Diktaturen, Staatsterrorismus, außenpolitisches Abenteurertum. Sie laufen Gefahr, sich unter Mißachtung der internationalen Ordnung einer revolutionären Perspektive zu verschreiben. Und sie verfügen über ein Potential und können somit realen Schaden verursachen. An dieser Stelle möchte ich an das berühmte Gesetz Tocquevilles erinnern, für dessen Richtigkeit unzählige Beispiele sprechen: Systeme, die in Auflösung begriffen sind, werden häufig dann durch Revolutionen hinweggefegt, wenn sie Reformen zu ihrer Erhaltung durchführen. Aus dem Zeitraum der letzten zwanzig Jahre lassen sich unter anderem der Iran, Algerien und selbstverständlich die UdSSR als Beispiele anführen. Das kollektive Sicherheitssystem und das ihm zugrundeliegende Gleichgewicht müssen stabil genug sein, um die Auswirkungen von Bürger- oder Nationalitätenkriegen (zum Beispiel der algerische Bürgerkrieg oder der jugoslawische Sezessionskrieg) aufzufangen und Unruhestifter (wie Saddam Hussein im Jahr 1990) in die Schranken zu weisen. Sie sollten jedoch auch in der Lage sein, Staaten, die sich auf Abwegen befinden, bei ihrer Wiedereingliederung zu unterstützen, ohne gegen die Grundprinzipien zu verstoßen, auf denen die Legitimität des Systems beruht. Ein schwieriges, doch nicht unmögliches Unterfangen. Einst war dies das anerkannte Ziel der Entspannungspolitik zwischen Ost und West. Heute ist es Gegenstand der Verhandlungen zwischen den Vereinigten Staaten und Nordkorea – an denen seit September 1997 auch China und Südkorea teilnehmen –, da niemand daran gelegen sein kann, daß diese letzte Bastion des Kommunismus mit einem Donnerschlag untergeht. Ähnlich verhält es sich mit dem Irak, der nicht zwangsläufig als verloren gelten sollte, genausowenig wie die islamischen Staaten nicht Aussätzigen gleich gemieden werden dürfen.

Was ist der Fundamentalismus anderes als eine Ersatzideologie, ein Linderungsmittel nach so viel Frustrationen, Mißerfolgen und Erniedrigungen? Die amerikanische Politik der »doppelten Eindämmung« gegenüber Bagdad und Teheran ist demnach kein Allheilmittel. Wäre es nicht besser, auch hier die Entspannung zu suchen und somit die im israelisch-arabischen Friedensprozeß eröffnete Perspektive für den Nahen Osten fortzuschreiben?

Die unterentwickelten Länder, die naturgemäß über kein Potential verfügen, können auch nur geringen Schaden bewirken, und von den Krisen, die sie heimsuchen, bleibt die internationale Ordnung unbehelligt. Und dennoch: Als beispielsweise Frankreich im Sommer 1994 (nach der Mandatsübertragung durch die UNO) beschloß, in Ruanda zu intervenieren, geschah dies weder ausschließlich noch hauptsächlich um des Prestiges oder der Medienwirksamkeit willen, sondern vielmehr aufgrund eines umfassenden Konzepts als Teil der französischen Afrika-Politik, die auf kurz- und langfristigen Überlegungen fußt und in denen der Nachbarschaftseffekt von entscheidender Bedeutung ist. Die »internationale Gemeinschaft« als Gemeinschaft der Staaten, deren Stimme im Verbund der Nationen, wie die UNO ihn repräsentiert, am meisten zählt, hat großes Interesse daran, dem ausbrechenden Chaos bei den *Verdammten der Erde*[37] entgegenzuwirken.

In der Tat gilt es, Ursachen und Folgen der allmählichen, aber massiven Bevölkerungsabwanderungen und die sich abzeichnende internationale Ausbreitung des

Drogen- und Waffenhandels (darunter auch atomarer Waffen) und anderer krimineller Aktivitäten ebenso zu bekämpfen wie das erneut auftauchende Phänomen der Piraterie. Von den kommunikativen Möglichkeiten, durch die das ausgehende Jahrhundert gekennzeichnet ist, profitieren nicht zuletzt auch Kriminelle. Bei der Wahl ihrer Standorte gehen terroristische Organisationen nicht anders vor als multinationale Konzerne.

Die Geschichte, insbesondere die des 20. Jahrhunderts, hat gezeigt, wie schwierig es ist, den Frieden zu erhalten, und zwar überall auf der Erde, auch in den angeblich »zivilisiertesten« Regionen. Sollten es die Afrikaner besser machen als vor ihnen die Europäer? An einer augenfälligen Wahrheit vermögen auch solidarische Anstrengungen, die unter dem humanitären Gesichtspunkt ausgesprochen ermutigend sind, nichts zu ändern: Die Öffentlichkeit der wohlhabenden Staaten ereifert sich, wenn über den heimischen Bildschirm plötzlich Dramen aus einer anderen Welt über sie hereinbrechen; tatsächlich aber nimmt sie nur wenig Anteil oder aber macht, wenn sie nicht unmittelbar betroffen ist oder nicht genügend klar wird, was eigentlich auf dem Spiel steht (etwa bei chiliastischen Befürchtungen hinsichtlich des Einfalls barbarischer Horden ...) keine ausreichenden und vor allem keine *dauerhaften* Anstrengungen, die zur Wiedergewinnung und sogar Erhaltung des Friedens erforderlich wären. Sobald die Fernsehzuschauer ihre von Natur aus flüchtige Aufmerksamkeit auf Ruanda richten, haben sie Somalia, Afghanistan oder Kambodscha, wo die Greueltaten nach wie vor kein Ende nehmen, bereits vergessen ...

Und doch liegt es im wohlverstandenen allgemeinen Interesse, wenn die »internationale Gemeinschaft« einen aktiven Beitrag zur Stabilisierung der ärmsten Länder leistet, sofern dieser sich nicht nur auf medienwirksame Gesten beschränkt, in denen sich manche – wenngleich aus teils noblen Beweggründen – gefallen.

Das Programm der Friedensarchitekten

Wie sieht die Frage der Sicherheit am Ende des 20. Jahrhunderts in der Praxis aus? An erster Stelle gilt es, weltweit das UNO-System (insbesondere die Zusammensetzung und Funktionsweise des Sicherheitsrates) zu übernehmen und zwischen den größten Mächten als Garanten dieses Systems ein Gleichgewicht herzustellen und zu festigen.[38] An zweiter Stelle muß für jedes geopolitisch bedeutsame Gefüge (zum Beispiel das vereinte Europa, der Mittlere Osten oder Ostasien) eine Sicherheitsstruktur geschaffen werden, die einerseits aus einer autonomen Instanz besteht – deren Legitimität sich allerdings aus der der UNO ableitet und deren Hauptakteure nur solche Staaten umfaßt, die von der regionalen Stabilität unmittelbar betroffen sind – und andererseits aus einem lokalen Gleichgewicht. Vorbei ist die Zeit von Kolonialordnung, ständigen Mandaten und Einflußsphären. Es ist also nicht hinnehmbar, daß sich für die postsowjetischen Probleme Georgiens oder Tadschikistans einzig Rußland für zuständig hält oder die Vereinigten Staaten in Haiti oder Frankreich im Tschad nach Belieben schalten und walten können. Eine Sicherheitsstruktur aber, bei der sämtliche Streitfälle gleich welchen Ranges der UNO unterstellt würden, wäre, wie man nur allzugut weiß, zum Scheitern verurteilt. Wie auch bei der Europäischen Union muß das Subsidiaritätsprinzip angewendet werden, das zwei Aspekte beinhaltet. Der negative Aspekt besteht darin, daß die machthabenden Instanzen, insbesondere die UNO, sich regionalen Vereinbarungen, die dem internationalen System insgesamt oder den wesentlichen Interessen anderer Länder keinerlei Schaden zufügen, nicht entgegenstellen können. Der positive Aspekt: Jede Instanz ist dazu angehalten, schwächere Beteiligte zu motivieren, sie zu unterstützen und, wenn nötig, auch an deren Stelle zu treten.[39]

Ein solches Programm ließe sich ohne weiteres in wenige Worte fassen. Seine Umsetzung aber erfordert einen enormen Durchsetzungswillen seitens aller Beteiligten.

Kapitel III

Eiszeit

Will man die heutige Welt richtig begreifen, muß man sich auf die Spuren ihrer unmittelbaren Ursprünge und mithin des »Kalten Kriegs« begeben.[1] Wir verwenden diesen Begriff hier im weitesten Sinne; er umfaßt somit die Zeit vom Ende Nazideutschlands bis zum Untergang der Sowjetunion. Ohne einen solchen Rückblick ließe sich unser institutionelles Erbe ebensowenig verstehen wie ethnische – oder, wenn man so will, die Gemeinschaft betreffende – und territoriale Probleme, die sich aus dem Verschwinden des Sowjetimperiums ergeben, sowie das Gefüge kollektiver Verhaltensweisen ganz allgemein, die weitestgehend von unserer jüngsten Vergangenheit geprägt sind.

Das eigenartige Bündnis

Die UdSSR und Amerika waren wider Willen in den Krieg eingetreten. Hitler hatte Sowjetrußland am 22. Juni 1941 überfallen (Unternehmen Barbarossa) und den Vereinigten Staaten den Krieg erklärt (11. Dezember 1941), wenige Tage nach dem Überraschungsangriff der Japaner auf die amerikanische Pazifikflotte (7. Dezember). Damit ging die Ära des europäischen Europa zu Ende, und die Zeit der Supermächte wurde eingeläutet.

In der Absicht, die Achsenmächte zu besiegen, gingen die Vereinigten Staaten, Großbritannien (von Juni 1940 bis Ende 1941 die einzige Gegenmacht zu Hitler) und die UdSSR ein eigenartiges Bündnis ein. Roosevelt, Churchill und Stalin sollten in den entscheidenden Jahren im Rampenlicht stehen.

Eigenartig war das Bündnis deshalb, weil es zwei Demokratien und eine Großmacht umfaßte, die ebenso totalitär war wie das Regime, das es niederzuschlagen galt. Davon aber wollten die Westmächte nichts wissen. In Wahrheit hatten sie keine Wahl. Hellsichtig hätten sie sehr wohl sein können. Bis kurz vor seinem Tod (12. April 1945) glaubte Roosevelt an die Möglichkeit »normaler« Beziehungen zu Stalin. Jean Laloy hat der Vision des Präsidenten einen längeren Passus gewidmet, den in ganzer Länge zu zitieren sich lohnt: »Nach Roosevelts Vorstellungen sollte eine internationale Organisation den künftigen Frieden garantieren. Diese Organisation sollte zwar aus einer Versammlung und aus verschiedenen Ausschüssen oder Komitees bestehen, tatsächlich jedoch von den drei Siegermächten (und China unter Chiang Kai-shek) geleitet werden. Der Organisation würde die Aufgabe zukommen, wie eine Polizei über die internationale Sicherheit zu wachen. Keine Rückkehr also zum Völkerbund und seiner Machtlosigkeit! Die Feinde dürften sich nach ihrer Niederlage nicht wieder bewaffnen, die anderen Staaten bräuchten keine großen Armeen mehr. Das Vierer-Direktorium (möglicherweise unter Beteiligung Frankreichs) sollte über die Festigung des Friedens wachen. Kolonien, Mandatsgebiete und Territorien unter der Kontrolle einer fremden Macht sollten unter internationaler Aufsicht (Trusteeship) nach und nach in die Unabhängigkeit gelangen. Dies würde den Frieden noch sicherer machen. Durch eine ganze Reihe von Abkommen sollten die internationalen Wirtschaftsbeziehungen auf eine neue Basis gestellt und die Freiheit des Welthandels gewährleistet werden. Roosevelt wollte unter allen Umständen verhindern, wie der frühere US-Präsident Woodrow Wilson nach dem Ersten Weltkrieg zu scheitern. Die Beziehungen zwischen den Staaten würden auf völlig neuen Grundlagen ruhen, ständige Institutionen sollten möglichst noch vor Kriegsende geschaffen werden. Die Vereinigten Staaten würden einen entscheidenden Platz in der Weltpolitik einnehmen. Die Siegermächte, allen voran die USA und die UdSSR, sollten als die Hauptverantwortlichen für die künftige Entwicklung weiterhin einvernehmlich zusammenarbeiten. In diesem Programm verwoben sich Idealismus und Pragmatismus, doch es fehlte jedes Verständnis für den Charakter und die Absichten des mächtigen Verbündeten im Osten.«[2]

Was wollte Stalin? Der Herrscher über Rußland, der sich von Hitler 1941 hinters Licht hatte führen lassen und um ein Haar alles verloren hätte, brauchte Roosevelt, so wie dieser ihn brauchte. Im Vordergrund ihrer Beziehungen stand in den Jahren 1942–1944 die Frage nach der Aufstellung einer zweiten Front; dazu kam es jedoch erst bei der Landung in der Normandie (Unternehmen Overlord). 1943 waren die Beziehungen äußerst gespannt. »Die Russen machten immer häufiger beleidigende Anspielungen auf die zweite Front oder das langsame Vorankommen des Feldzugs in Tunesien. Am 8. März erklärte der amerikanische Botschafter in Moskau, Stanley, den Korrespondenten der amerikanischen Presse, Rußland erhalte ungeheure Mengen an Material aus den Vereinigten Staaten, das Volk aber sei darüber nicht informiert, weil seine Führer mit allen Mitteln glauben machten, Rußland kämpfe allein.«[3] Auf die kommunistische Ideologie durfte kein Schatten fallen. Stalin dachte über den Krieg hinaus. Er glaubte, daß Amerika, wenn Hitler erst besiegt wäre, früher oder später weichen und ein riesiges Trümmerfeld zurücklassen würde, wie geschaffen für die Ausbreitung des Kommunismus über den gesamten europäischen Kontinent.

Im Gegensatz zu der moralisierenden Vision Roosevelts war der Plan von Stalin – wie der von Hitler, den man bezwingen wollte, auch – rein geopolitischer Natur. Zu seiner Durchsetzung brachte der Diktator seine Figuren in Stellung. In Stalins Ansatz kam Polen und Deutschland große Bedeutung zu. Polen hatte man vor dem Ersten Weltkrieg zwischen Rußland, Deutschland und Österreich aufgeteilt.[4] Nach dem Zusammenbruch der drei Großmächte konnte es sich 1919 unter der Führung von Jósef Pilsudski erneut konstituieren. Es hatte gegen die Deutschen, die Ukrainer und die Russen kämpfen müssen. Ende 1919 legte eine im Zuge der Friedensverhandlungen gegründete »Kommission für polnische Angelegenheiten« die Ostgrenze des neuen Staates entlang der sogenannten »Curzon-Linie« fest. In der Folge aber war es den Polen (mit Unterstützung Frankreichs) gelungen, sich von den Sowjets zu lösen. Von der Curzon-Linie war keine Rede mehr. Im Abkommen von Riga (12. März 1921) einigte man sich auf eine Grenze einhundertfünfzig Kilometer weiter östlich.[5]

Am 1. September 1939 begann der Zweite Weltkrieg mit dem deutschen Angriff auf Polen. Am 17. September stürmten die Sowjets den Osten des leidgeprüften Landes. Die Armeen beider Diktatoren trafen sich auf der im Zusatzprotokoll des Paktes zwischen Molotow und Ribbentrop vereinbarten Linie. Nach Juni 1941 hielt Deutschland das gesamte Territorium besetzt. Stalin gedachte es sich zurückzuholen. Jean Laloy schreibt: »Für dieses so schändlich erworbene und so schnell verlorene Gebiet forderte Stalin ab Juli 1941 Ersatz von den

Verbündeten und bald auch von Polen.«[6] Der Herrscher über die UdSSR wollte die Ostgrenze Polens bis zur Curzon-Linie zurückschieben. Dieses Ziel verfolgte er ohne Unterlaß. Indem er Roosevelt und Churchill immer mehr Zugeständnisse abverlangte, konnte er sich dann anläßlich der Krimkonferenz (4.-11. Februar 1945) das gesamte Land einverleiben. Seine Verbündeten merkten es nicht auf Anhieb, denn der Plan war gut kaschiert. In Jalta plante man eine Regierung der nationalen Einheit für Polen, die – unter Beteiligung einiger Vertreter des prowestlichen Londoner Komitees – aus dem prosowjetischen Lubliner Komitee hervorgehen sollte.[7] Für einen späteren Zeitpunkt waren Wahlen für eine demokratische Regierung vorgesehen. Stalin berief sich auf die von ihm geschaffenen Tatsachen und brachte die Geschichte auf seinen Kurs. Im großen und ganzen hatte er sein eigentliches Ziel bereits im Februar 1945 erreicht, ohne daß seine Verbündeten sich dessen wirklich bewußt waren: den direkten Zugang zu Deutschland.[8]

Jalta: Mythos und Realität

Die polnische Frage gibt Anlaß zu einem Exkurs über die Krimkonferenz. Der verbreitete Mythos, in Jalta sei ein Abkommen bezüglich einzelner Einflußbereiche zustande gekommen – woran man aufgrund der Äußerungen von General de Gaulle insbesondere in Frankreich glaubte –, hält den Tatsachen nicht stand. Einzig zum Zeitpunkt der Reise des britischen Premierministers nach Moskau im Oktober 1944 stand eine Teilung zur Debatte. Damals setzten Churchill und Stalin auf die Balkan-Karte. Vom britischen Premier ist ein Bericht über die Absprachen erhalten, der ihm nicht gerade zur Ehre gereicht. Doch sind die zeitlichen Umstände zu berücksichtigen. So heißt es bei Churchill: »Da der Zeitpunkt mir günstig erschien, beschloß ich, die Dinge beim Namen zu nennen: Lassen Sie uns die Balkan-Frage zu einem Schluß bringen. Ihre Armeen stehen in Rumänien und Bulgarien. Wir haben dort Interessen, Aufgaben, Agenten. Wegen ein paar Einzelheiten sollten wir keine Mißverständnisse zwischen uns aufkommen lassen. Nehmen wir einmal Großbritannien und Rußland: Was hielten Sie davon, wenn Sie in Rumänien eine Vormachtstellung von 90 Prozent hätten, uns 90 Prozent, sagen wir, in Griechenland überließen und wir in Jugoslawien fifty-fifty machen?«[9] All das war in Wirklichkeit sehr vage.[10] Vielleicht war dieses »Balkan-Abkommen« im Hinblick auf Griechenland von Bedeutung, aber selbst das ist nicht sicher. Roosevelt wollte den Premierminister nicht für sich sprechen lassen. Schon die Vorstellung von einer Aufteilung in Einflußsphären stand in krassem Widerspruch zur amerikanischen Philosophie.[11] »Kein Text und kein Abkommen«, so Jean Laloy, »sieht auch nur zwischen den Zeilen eine Herrschaft des Marxismus-Leninismus im Osten und der freiheitlichen Demokratien im Westen vor. Zweifellos verteidigten die Westalliierten in Jalta ihre Position nicht standhaft genug. Doch sie gaben der Sowjetunion keineswegs einen Freibrief für den Mißbrauch der Macht in den sowjetisch besetzten Gebieten, der nach 1945 zu ernsten Spannungen, nach 1947 zum Abbruch der Beziehungen zwischen dem Westen und der UdSSR und 1948 zum Bruch zwischen den jugoslawischen Kommunisten und dem kommunistischen Regime in Moskau geführt hat.«[12]

Jalta markiert lediglich einen entscheidenden Moment innerhalb einer Tendenz, die sich erst nach der Wende der amerikanischen Politik 1947 umkehren sollte. »Zu oft wird vergessen«, so erneut Jean Laloy, »daß die Teilung Europas seit 1944–45 bestand und daß sie unausgewogen war: Die UdSSR beherrschte Ost- und Mitteleuropa und hatte durch die westlichen kommunistischen Parteien ein Standbein im übrigen Europa, vor allem in Frankreich und Italien. Ein Gegengewicht fehlte. Die mehr oder weniger liberalen Parteien in den Staaten im sowjetischen Machtbereich wurden schnell in eine von Kommunisten beherrschte ›Volksfront‹ eingereiht. In den eisigen Gebieten im Osten und den von der Vereisung bedrohten Gebieten im Westen galt zweierlei Maß. Das Spiel stand ungleich.«[13]

Häufig zitiert wird ein Kommentar Stalins, der durch den jugoslawischen Kommunisten Milovan Djilas überliefert ist: »Dieser Krieg ist nicht wie frühere; wer ein Gebiet okkupiert, setzt dort in dem Maße, wie seine Armee vordringt, auch sein eigenes System durch. Anders kann es gar nicht sein.«[14] Diese Feststellung hatte Thukydides allerdings schon lange vor dem Moskauer Tyrannen getroffen. Djilas' Zitat beweist, daß über die Absichten des Diktators keinerlei Zweifel bestehen konnten. In Wahrheit hatte er seinen Stil bereits zu Beginn des Krieges mit der Invasion Polens und 1940 dann mit der Annexion der Baltischen Staaten, Bessarabiens und der Nord-Bukowina zu erkennen gegeben.[15]

Die unmittelbaren Folgen des Sieges

Die Landkarte, die sich 1944–45 vom eurasischen Kontinent abzeichnete, resultierte aus dem Verhältnis zwischen den militärischen Kräften und den dahinterstehenden Bestrebungen. In der zweiten Hälfte des Jahres 1944 hatte die UdSSR in Rumänien, Finnland, Bulgarien und Ungarn vollendete Tatsachen geschaffen.[16] Der Tschechoslowakei hatte sie sich inzwischen »angenähert«.[17] Was Asien betraf, hatte Roosevelt in Jalta sämtliche Forderungen Stalins angenommen, die in der Hauptsache den Nordteil der Sachalin-Insel, die Kurilen, Dalian und Port Arthur an der chinesischen Küste und ferner die Bestätigung des Status der mongolischen Volksrepublik betrafen. Im Gegenzug hatte Stalin sich verpflichtet, zu gegebener Zeit den Angriff auf Japan zu eröffnen. Der amerikanische Präsident war sich nicht sicher, ob ihm die Atombombe rechtzeitig zur Verfügung stehen würde und hegte vielleicht überhaupt Zweifel hinsichtlich ihres Einsatzes. Möglicherweise wäre er auf die sowjetische Unterstützung angewiesen, um Japan zur Kapitulation zu zwingen. Tatsächlich sollten die Ereignisse einen anderen Lauf nehmen; die Gunst der Stunde gehörte Stalin. Am 8. August 1945, zwei Tage nach der Atomexplosion in Hiroshima und einen Tag vor dem Bombenabwurf über Nagasaki, schritt er zur Tat. In rasendem Tempo steuerten die sowjetischen Truppen auf die Mandschurei zu und drangen in Korea und den Südteil Sachalins ein. Am 12. August, achtundvierzig Stunden vor dem japanischen Kapitulationsersuchen, hielten die Russen bereits Nordkorea besetzt. Sie hatten keine Zeit verloren …

An der letzten Kampffront entschied die Schnelligkeit der einzelnen Armeen über das Schicksal Berlins. Die Sowjets, die sich mehr als irgendjemand sonst über die politische Bedeutung dieses Trumpfes im klaren waren, fielen in die Hauptstadt des Reichs ein. Um ihn nicht zu verstimmen, ließ Roosevelt Stalin gewähren und bemühte sich in der Endphase des Krieges eher darum, die amerikanischen Verluste gering zu halten. Aus eben diesen Gründen nahmen die Vereinigten Staaten auch davon Abstand, die Tschechoslowakei zu befreien, die in ihrer Reichweite lag, und zogen rasch aus Sachsen und Thüringen ab, die auf diese Weise später Teil der DDR wurden.[18]

In Teheran (November 1943) hatte sich Stalin dem Vorhaben Churchills widersetzt. Dieser wollte gleichzeitig zur geplanten Landung in der Normandie eine Operation auf dem Balkan einleiten. Stalin zufolge mußte man direkt auf das Zentrum Deutschlands zusteuern, und der Balkan bot dafür keinen günstigen Zugang. Vor allem aber zählte, was tunlichst verschwiegen wurde: Die zweite Front wurde zwar als notwendig erachtet, doch sollte sie die sowjetischen Truppen nicht von der Besetzung derjenigen Gebiete abhalten, auf die der rote Diktator bereits ein Auge geworfen hatte.

Eines steht fest: Die Alliierten haben, teils, weil die Gefahr eines Separatfriedens zwischen der UdSSR und Deutschland sie nicht mehr losließ, teils aufgrund ihrer Fehleinschätzung des kommunistischen Regimes und der tatsächlich von Stalin verfolgten Ziele mitangesehen, wie die Grundlagen für die spätere Teilung Europas gelegt wurden. 1945 reichte der Einfluß der UdSSR über die Elbe hinaus fast von der Nordsee bis zur Adria. Zu Jalta hat Anthony Eden ein bewegendes Zeugnis hinterlassen. Am 4. Januar 1945 hält er folgendes in seinem Tagebuch fest: »Ich habe große Angst, daß die Konferenz ein Durcheinander wird und keine wirklichen Abmachungen getroffen werden. Stalin ist der einzige von den dreien, der wirklich weiß, was er will; er verhandelt unerbittlich. Der Premierminister läßt sich in diesen Angelegenheiten von seinen Eingebungen leiten. Und Roosevelt bleibt vage und ist neidisch auf die beiden anderen.«[19]

Zum Zeitpunkt der Kapitulation des Dritten Reichs bestand zwischen den Alliierten keinerlei Abkommen Deutschland betreffend. Im Januar 1943 hatte Roosevelt in Casablanca das Prinzip der »bedingungslosen Kapitulation des Feindes« verkündet. Vielleicht wurde durch seine Worte manchen deutschen Widerstandskämpfern gegen Hitler der Mut genommen. Vor allem aber führte das Schweigen der Angelsachsen bezüglich des künftigen Deutschlands zu einem Vakuum im Herzen Europas. Jean Laloy sieht darin den Ursprung für die Bedingungen, unter denen das Land später geteilt wurde.[20] In Teheran hatte jeder der drei großen Protagonisten seine eigene Vorstellung von der Aufteilung des Reiches vorgetragen. Roosevelt dachte an fünf, Churchill an drei Staaten. Im Monat zuvor hatte Stalin von seinen Alliierten die Zustimmung zu dem für ihn damals dringendsten Bestreben erhalten: Es wurde beschlossen, daß es nach der Kapitulation zumindest einige Monate lang keine deutsche Zentralregierung geben würde. Aus zwei Gründen war dieser Punkt für den Diktator von großem Interesse. Zum einen mißtraute er seinen Bundesgenossen mehr als diese ihm. Er hatte die Befürchtung, die Anglo-Amerikaner könnten sich im letzten Moment vielleicht doch mit einem der Generäle verbünden. Zum anderen durfte er hoffen, daß seine Strategie für Osteuropa – die auf eine Übergangsphase folgende Errichtung eines kommunistischen Systems – sich auch auf Deutschland anwenden ließe. Das erklärt auch, warum Stalin für die Kapitulationsurkunde in Jalta nur die *mögliche* Aufteilung Deutschlands forderte und erneut bekräftigte, daß die Bildung einer neuen deutschen Regierung unmittelbar nach Ende der Kampfhandlungen verhindert werden müsse.

Diese Prämissen bestimmten den Fortgang der Ereignisse. Deutschland erhielt keine nationale Regierung und wurde besetzt. Das Land wurde in vier Besatzungszonen aufgeteilt, die je einer Siegernation zugeordnet waren.[21] Die vier Siegermächte übten gemeinsam die Regierungsgewalt aus.

Auf der Potsdamer Konferenz (17. Juli – 2. August 1945) wurden nur noch die Garantien für vollendete Tatsachen geschaffen, darunter auch die Grenzen Polens (die Oder-Neiße-Linie im Westen und die Curzon-Linie im Osten). Das neue Polen umfaßte demnach Pommern und Schlesien; der UdSSR trat es all seine ukrainischen und weißrussischen Gebiete ab. Insgesamt blieben dem Land 310.000 von ursprünglich 388.000 Quadratkilometern. Diese von den Westmächten als provisorisch betrachteten Bestimmungen zogen die Vertreibung von zwei Millionen Deutschen nach sich.

In der Zwischenzeit hatte die UdSSR ihre deutsche Zone kurzerhand strukturiert und alles von dort abgezogen, was im weitesten Sinne zu den Reparationsleistungen gezählt werden konnte, deren Prinzip auf der Krimkonferenz vereinbart worden war. Im Sommer 1945 war die Teilung Europas eine Realität, in die sich Stalins Verbündete, denen allmählich die Augen aufgingen, mit Bitternis fügten. Am 5. März prägte der aus dem Amt vertriebene Churchill eine Formulierung, die unmittelbar Berühmtheit erlangte und auf lange Zeit eine treffende Beschreibung der neuen Weltlage war. An jenem Tag sprach er in einer Rede in Fulton (Missouri) von dem »Eisernen Vorhang, der von Stettin an der Ostsee bis Triest an der Adria auf unseren Kontinent niedergegangen ist«.

Ich möchte ein letztes Mal Jean Laloy zitieren, der das Problem, das durch Jalta aufgeworfen wurde, so feinsinnig skizziert hat: »Bei flüchtiger Lektüre spricht aus dem

Abschlußkommuniqué von Jalta scheinbar völlige Übereinstimmung zwischen den großen Drei: *Deutschland* sollte nach dem Zusammenbruch nicht nur der Kontrolle, sondern auch der Regierungsgewalt der Siegermächte unterliegen. Nach Entwaffung, Umerziehung und Demokratisierung sollte Deutschland den angerichteten Schaden wiedergutmachen. Eine internationale Konferenz sollte die Charta der Vereinten Nationen ausarbeiten. Die Vereinten Nationen würden künftig eine isolationistische Politik der *Vereinigten Staaten* verhindern und der *UdSSR* ein Forum zur Zusammenarbeit mit der nicht-kommunistischen Welt eröffnen. Die *befreiten europäischen Staaten* sollten mit Hilfe der drei Mächte demokratische Institutionen und repräsentative Regierungssysteme errichten. In *Polen* sollte eine Koalitionsregierung gebildet werden und sobald wie möglich freie Wahlen durchführen. In *Jugoslawien* sollten die von der Widerstandsbewegung erlassenen gesetzlichen Bestimmungen durch eine verfassungsgebende Versammlung ratifiziert werden. *Frankreich* erhielt eine Besatzungszone und wurde Mitglied des Kontrollrats in Berlin. Schließlich sollten regelmäßig *Außenministertreffen* stattfinden, um die Zusammenarbeit der Regierungen zu gewährleisten. Wer hätte gegen ein solches Programm etwas einwenden können?«[22]

Osteuropa

Um zu begreifen, was wirklich vor sich ging, hätte man das Wesen des stalinistischen Regimes durchschauen müssen, so wie man im Jahr 1933 auch die Tragweite der in *Mein Kampf* offenbarten Absichten hätte erkennen können. Anfang 1945 aber waren hellsichtige Geister rar. Das kommunistische System war für breite Bevölkerungsschichten in Europa ausgesprochen anziehend. Die UdSSR wurde wegen ihres Widerstands und ihres siegreichen Kampfes gegen den Nationalsozialismus gefeiert. Zahlreiche europäische Intellektuelle, namentlich aus Frankreich, glaubten an die Überlegenheit des sowjetischen Wirtschaftsmodells und versicherten Stalin ihrer Sympathie. Erst durch die Niederschlagung des Budapester Aufstands durch sowjetische Truppen im Jahr 1956 gingen ihnen die Augen auf. Einige Jahre später war es dann der Maoismus, der vor allem in Frankreich eine starke Faszination ausübte. Das schlug sich sogar in der Mode nieder. Die Folgen aber waren vergleichsweise unbedeutend. Die Nachsicht gegenüber dem kommunistischen Regime hielt bis in die siebziger Jahre vor, bis zum Triumph Solschenizyns. Raymond Arons unerbittlicher Kampf gegen den Marxismus-Leninismus erklärt, warum er im intellektuellen Leben Frankreichs bis zu seinen letzten Lebensjahren eine gewisse Außenseiterposition einnahm.[23] Etliche Dutzend Millionen Westeuropäer und ein Teil ihrer Eliten tragen die Verantwortung für das, was man symbolisch als das Scheitern Jaltas bezeichnen kann.

In Anlehnung an die Analyse des Historikers Hugh Seton-Watson[24] faßt Jacques Rupnik die drei Phasen der Machtübernahme der Kommunisten in Osteuropa wie folgt zusammen:

»Die erste (Phase) ist eine echte Koalition; mehrere politische Parteien (die ein Programm der sogenannten Einheitsfront verbindet) rivalisieren um die Macht. Presse- und Versammlungsfreiheit werden respektiert, wenngleich sie durch den sowjetischen Faktor und natürlich durch die kommunistische Einflußnahme auf

Schlüsselministerien wie das der Verteidigung oder des Innern stark eingeschränkt sind. In Bulgarien und Rumänien hielt diese Phase einige Monate vor; in Ungarn bis zum Frühjahr 1947, in der Tschechoslowakei bis zum Februar 1948.

Die zweite Phase ist die der Pseudo-Koalition. Zwar sind Nicht-Kommunisten noch immer in der Regierung, doch verdanken sie ihren Posten weniger einer mächtigen Partei als vielmehr ihrer Unterwerfung unter die Kommunisten. Polen und Jugoslawien, die die erste Etappe übersprungen hatten, verweilten nur kurze Zeit in der zweiten. Diese Phase endete überall im Anschluß an die Versammlung der Kominform in Szklarska Poreba im September 1947.[25]

Die dritte und letzte Phase umfaßt die Bildung eines monolithischen kommunistischen Regimes: Jedwede Opposition wird unterdrückt, ihre Vertreter werden verhaftet oder ins Exil getrieben. Bei den Sozialisten werden Säuberungsaktionen durchgeführt, bevor man sie zwingt, sich mit der kommunistischen Partei zusammenzuschließen.[26] Der Staatsstreich in der Tschechoslowakei im Februar 1948 war der brutalste Übergang von der ersten zur dritten Phase.«

Zu Beginn des Krieges waren Rumänien, Bulgarien, Ungarn, die Tschechoslowakei, Polen, Finnland, Österreich, aber auch Spanien und Italien Freunde, Verbündete oder die Beute Nazideutschlands. Unter den Genannten fielen die ersten fünf Stalin zu. Weil in Finnland – gemessen an seinem strategischen Nutzen – der Widerstand zu groß war, blieb ihm nach dem Sieg der UdSSR das Schicksal Rumäniens und Bulgariens erspart. Was das von Hitler 1938 annektierte Österreich angeht, so hatten sich die drei Großmächte in Teheran auf das Prinzip seiner Unabhängigkeit geeinigt. Stalin konnte im

Hinblick auf dieses Land keine anderen Forderungen geltend machen. Die österreichische Republik wurde im Dezember desselben Jahres wiederhergestellt. Allerdings blieb das Land weiterhin besetzt, auch hier entsprechend den von den siegreichen Armeen eingenommenen Gebieten. Erst zwei Jahre nach dem Tod Stalins unterzeichnete die UdSSR den Friedensvertrag, mit dem die tatsächliche Unabhängigkeit und Neutralität Österreichs anerkannt (15. Mai 1955) und der Rückzug der alliierten Besatzungstruppen gebilligt wurde (Oktober 1955).[27] Spanien, das durch seine Randlage, aber auch durch Francos vorsichtiges Taktieren geschützt war, blieb bis zu dessen Tod (20. November 1975) isoliert. Italien wurde von den Westmächten befreit; es wurde auf lange Zeit die Heimat der größten kommunistischen Partei im freien Europa.[28]

Im kommunistischen Lager, das sich zu Beginn des Kalten Krieges gebildet hatte, stellt Jugoslawien den eigenartigsten Fall dar. Dem Kroaten Josip Broz, genannt Tito, die große Persönlichkeit im Widerstand gegen die Nazis, gelang es, das totgeweihte jugoslawische Modell am Leben zu halten. Als einziger kommunistischer Führer Europas, der eine eigene Legitimität für sich beanspruchte, wagte er Stalin Paroli zu bieten und wurde dafür 1948 von der Kominform wegen »Abweichlertums« verurteilt. Durch Jugoslawien kam es also zur ersten Spaltung innerhalb der kommunistischen Internationale.[29] In der gesamten Zeit des Kalten Kriegs blieb Jugoslawien die am wenigsten totalitäre und die vom Westen am meisten geachtete Volksdemokratie. Nur ein einziger kommunistischer Vorsitzender konkurrierte eine Zeitlang mit Marschall Tito in dessen Bilderbuchrolle als Vertreter eines unabhängigen Kommunismus: er hieß Nicolae Ceausescu.

Kapitel IV

Das neue Bündnis

Das lange Telegramm

Anfang 1946 war für Amerika die Zeit gekommen, gegenüber der UdSSR eine Strategie zu entwickeln. Endlich gewannen die Verantwortlichen in Washington Klarheit über die Realität des Kommunismus. George Kennan, ein intimer Kenner der europäischen Szene, nutzte die Abwesenheit seines Vorgesetzten Averell Harriman, der Nummer Zwei in der amerikanischen Botschaft der Sowjetunion, um das State Department über das Wesen des Stalin-Regimes aufzuklären. Zu diesem Zweck brachte er ein Telegramm von ungewöhnlicher Länge – etwa achttausend Worte – auf den Weg, in dem er die Welt aus der Sicht Moskaus beschrieb und Stalins Vorhaben und die zwei Ebenen seiner Umsetzung erläuterte (die zwischenstaatlichen Beziehungen und das Netz der kommunistischen Parteien und der ihnen zugeordneten Organisationen). Daraus zog der Verfasser allgemeine Schlußfolgerungen für die amerikanische Politik.[1]

Drei Gedanken beherrschen den strategischen Teil von Kennans Text. Erstens stellt er fest, daß die Sowjets vor allem vorsichtig seien. Im Gegensatz zu Hitler setze Stalin nicht alles auf eine Karte: er begnüge sich damit, ohnehin einsturzgefährdete Mauern zu Fall zu bringen.[2] Zweitens werde das sowjetische System aufgrund seiner ungeheuren Defizite immer größere Schwierigkeiten haben, sich zu halten; seine Schwächung aber werde sich auch nach dem Tod seines Begründers noch lange hinziehen. Drittens »gleicht der Kommunismus einem Parasiten, der sich von totem Gewebe ernährt«; das beste Mittel, die UdSSR in Schach zu halten (das Wort *containment*, gemeinhin mit »Eindämmung« übersetzt, wird hier bereits verwendet) bestehe also darin, die eigene und die Gesellschaft befreundeter Staaten zu stärken. Der Beobachter schließt, indem er seiner Überzeugung von der Möglichkeit einer friedlichen Lösung des sowjetischen Problems Nachdruck verleiht.

Das Telegramm, das am 22. Februar 1946 nach Washington abging, erregte ein Aufsehen, wie es keinem Text dieser Art je zuteil geworden war. Es kam genau zum rechten Zeitpunkt. In seinen Memoiren erläutert Kennan dies hellsichtig: »Sechs Monate früher wäre dieselbe Aufzeichnung im Außenministerium vermutlich auf hochgezogene Augenbrauen und abfällig geschürzte Lippen getroffen. Sechs Monate später wäre sie schon überflüssig gewesen – ein Bekehrungsversuch an jemand, der schon glaubte.«[3] Das »lange Telegramm« brachte das sowjetische Problem auf den Punkt und lieferte einen strategischen Ansatz gerade zu dem Zeitpunkt, als man danach Ausschau hielt.[4] Nicht selten gestaltet sich das Schicksal der Menschen auf diese Weise. Entscheidend ist die richtige Aktion im richtigen Augenblick. Zu diesem universellen Thema finden sich übrigens auch bei Kardinal de Retz und Clausewitz schöne Passagen.

Ein weiteres Jahr sollte vergehen, bis die Vereinigten Staaten eine eindeutige strategische Position bezogen. Die Gelegenheit dazu bot die am 24. Februar 1947 getroffene Entscheidung der Briten, aus Kostengründen Truppen aus Griechenland abzuziehen. In dem vom Bürgerkrieg verwüsteten Land hatte London vierzigtausend Mann stationiert, die der rechtmäßigen Regierung gegen die von Bulgarien, Jugoslawien und Albanien unterstützten kommunistischen Widerständler Hilfe leisten sollten. Gleichzeitig übte Stalin im Hinblick auf den Durchlaß am Schwarzen Meer und bestimmte Grenzfragen Druck auf die Türkei aus.[5] Truman beschloß, die Engländer abzulösen. Am 12. März 1947 gab er seine Entscheidung im Kongreß bekannt. Der nachfolgende Auszug aus seiner Rede enthält den Kern der »Truman-Doktrin«:

»Ich glaube, daß die Politik der Vereinigten Staaten darin bestehen muß, alle freien Völker zu unterstützen, die sich Unterjochungsversuchen durch bewaffnete Minderheiten oder auswärtigem Druck widersetzen. Ich glaube, daß wir allen freien Völkern helfen müssen, das eigene Schicksal entsprechend ihrem eigenen Weg zu gestalten.« In Wahrheit ging der Präsident der Vereinigten Staaten über die Unterstützung der Griechen und Türken weit hinaus. Er verkündete eine universelle Politik des Widerstands gegen die kommunistischen Aspirationen.[6]

Der Marshall-Plan

Anfang 1947 wurde deutlich, daß es den europäischen Volkswirtschaften nicht gelingen würde, sich aus eigener Kraft zu erholen. Dies war der größte Risikofaktor für die Ausbreitung des Kommunismus. General Marshall, ehemaliger Generalstabschef der amerikanischen Truppen in China und nunmehr Außenminister, erkannte, daß »der Patient zugrunde ging, während die Ärzte sich beratschlagten«. Er hielt es für notwendig, eine großangelegte Initiative zu starten, zu deren Umsetzung er in weiser Voraussicht nur die besten verfügbaren Kapazitäten berief. Hauptakteur dieser Arbeit war zweifelsohne George Kennan, der aufgrund seines »langen Telegramms« zum Leiter von Marshalls Policy Planning Staff ernannt wurde.[7] So kam es zu dem berühmten Marshall-Plan, dessen durchschlagender Erfolg keineswegs von vornherein absehbar war. Die wirtschaftliche Logik gab auch den Ausschlag dafür, daß die Angelsachsen – als sie nicht länger an die Möglichkeit glaubten, ihre Gespräche mit den Russen bezüglich der Zukunft des Landes wieder in Gang bringen zu können – in ihren Besatzungszonen in Deutschland den wirtschaftlichen Zusammenschluß herbeiführten, mit der schwer errungenen Zustimmung der Franzosen.

Der Marshall-Plan beruhte auf wenigen simplen Annahmen, darunter vor allem der Unterscheidung zwischen einer kurz- und einer mittelfristigen Aufgabe. Kurzfristig galt es, die europäischen Länder aus ihren Versorgungsengpässen zu befreien. Mittelfristig bestand die Aufgabe darin, die durch den Krieg erschütterten Wirtschafts- und Sozialstrukturen neu zu gestalten. Dabei waren sich die Begründer des Marshall-Plans darüber im klaren, daß die Problematik eine gänzlich andere war als die des Aufschwungs in unterentwickelten Ländern.[8] Das erste Ziel war leicht zu erreichen; was aber war zur Verwirklichung des zweiten zu tun? Die Berater des Außenministers schätzten die Situation richtig ein: Die europäischen Länder mußten sich auf ein koordiniertes Sanierungsprogramm einigen, während die Rolle der Vereinigten Staaten sich darauf beschränkte, dessen Umsetzung in der Anfangsphase zu unterstützen. Sie waren auch der Ansicht, daß ein solches Programm aus taktischen Gründen allen Europäern und der UdSSR präsentiert werden mußte. Mit anderen Worten: Würde es zu einer Spaltung in Europa kommen, sollte dies nicht das Werk Washingtons, sondern Moskaus sein. Und so kam es auch.

Am 5. Juni 1943 hielt General Marshall seine berühmte Ansprache in Harvard. Am 22. September wurde auf der »Konferenz für wirtschaftliche Zusammenarbeit« in Paris, an der sechzehn Staaten teilnahmen, die auf das amerikanische Angebot eingegangen waren,[9] eine Bilanz vorgelegt, die über den gemeinsamen Bedarf Auskunft gab, und für die Jahre 1948–1952 ein Wiederaufbauprogramm verabschiedet.[10] Am 16. April 1948 wurde die Europäische Organisation für wirtschaftliche Zusammenarbeit (OEEC) gegründet, deren Aufgabe darin bestand, die von den Amerikanern zugesagte Unterstützung im Rahmen des Wiederaufbauprogramms zu verteilen.[11]

Die Sowjetunion konterte am 25. Januar 1949 mit der Bildung eines Rates für gegenseitige Wirtschaftshilfe (RGW oder COMECON) gemeinsam mit ihren Satellitenstaaten. Dieser Rat zog keine wirkliche Änderung der wirtschaftlichen Beziehungen zwischen den betroffenen Ländern nach sich, da es sich in erster Linie um bilaterale Beziehungen zwischen Moskau und seinen Vasallen handelte.

Der Marshall-Plan ist Ausdruck einer liberalen Wirtschaftsgesinnung, die im Jahr 1944 bereits zur Gründung des Internationalen Währungsfonds geführt hatte. Parallel dazu wurde am 1. Januar 1948 das Allgemeine Zoll- und Handelsabkommen unterzeichnet, in seiner englischen Abkürzung GATT (General Agreement on Tariffs and Trade).[12] Auf diese Weise entstanden die Hauptinstitutionen für wirtschaftliche Zusammenarbeit zwischen den marktwirtschaftlich orientierten Demokratien, deren Erfolg, wie man im nachhinein behaupten kann, beachtlich war.

Die Bundesrepublik Deutschland

Derart also war die Lage, als die Vereinigten Staaten, Großbritannien und Frankreich die Gründung der Bundesrepublik Deutschland beschlossen. Vom 23. Februar bis zum 6. März und erneut vom 28. April bis zum 1. Juni 1948 berieten die drei Länder sich in London. Trotz der französischen Vorbehalte einigten sie sich auf den wirtschaftlichen Zusammenschluß der von ihnen besetzten Zonen und auf die Einführung einer neuen Währung, die Deutsche Mark, die am 20. Juni in Umlauf gebracht wurde. Für den 1. September wurde der Parlamentarische Rat als verfassunggebende Versammlung einberufen.

Dessen Arbeit mündete am 8. Mai 1949 in das Grundgesetz, die Verfassung der BRD, und die Abhaltung allgemeiner Wahlen am 14. August. Am 15. September wurde Konrad Adenauer vom Bundestag mit einer Stimme Mehrheit zum Kanzler gewählt. Der ehemalige Kölner Bürgermeister war dreiundsiebzig Jahre alt. Erst im Oktober 1963 legte er sein Amt nieder, das fortan Ludwig Erhard innehatte.

Am 7. Oktober 1949 wandelte die UdSSR ihre Zone um zur »Deutschen Demokratischen Republik«, einem zentralistischen Staat nach sowjetischem Muster, als Gegenstück zu der wirklich demokratischen und föderalen Bundesrepublik.

Der Erfolg der westlichen Strategie war beeindruckend. Oft ist das deutsche »Wirtschaftswunder« Gegenstand höhnischer Bemerkungen gewesen. Wie auch beim Marshall-Plan mag eine oberflächliche Analyse der Ursachen zu vorschnellen und fragwürdigen Schlußfolgerungen für andere Situationen geführt haben, so zum Beispiel anläßlich der deutschen Wiedervereinigung im Jahr 1990.

In Wirklichkeit hat kein Wunder stattgefunden. Ein Kenner der deutschen Nachkriegsökonomie, Alan Kramer, stellt seinem Buch zu diesem Thema[13] folgendes voran: »Ende des Zweiten Weltkriegs zeigte die deutsche Wirtschaft alle Anzeichen der Zerstörung. Kaum zehn Jahre später jedoch hatte Westdeutschland nicht nur sein Vorkriegsniveau wieder erreicht, sondern bei den entscheidenden Wirtschaftsindikatoren überrundet. Ausländische Beobachter führten dieses ›Wunder‹ auf die den Deutschen angeborene Fähigkeit zu arbeiten, auf glückliche Umstände und den Marshall-Plan zurück. Auch die in der modernen Wirtschaftsgeschichte üblichen Standardwerke beschränkten sich auf derlei vereinfachende Erklärungen. Das vorliegende Buch zeigt, daß die deutsche Wirtschaft am Ende des Kriegs vollkommen gesund war und ihre industriellen Kapazitäten sich beträchtlich erhöht hatten. Dank der reichlich vorhandenen qualifizierten Arbeitskräfte, zu denen ein unaufhörlicher Strom von Immigranten aus Osteuropa noch hinzukam, und auch dank der Politik der englischen und amerikanischen Militärregierungen vereinte Westdeutschland sämtliche Bedingungen für Wachstum, was erklärt, wie es seine heute praktisch uneinnehmbare Position erlangt hat.«

Alan Kramer legt besonderen Wert darauf, die Währungsreform zu entmythifizieren; ihre Rolle war gewiß von Bedeutung, nicht aber allein ausschlaggebend und jedenfalls nicht das Werk der Deutschen (vor allem Erhard betrachtete sie als seinen Verdienst), sondern, dem Autor zufolge, ausschließlich das der Amerikaner.[14]

Bereits in den dreißiger Jahren hatte es in Deutschland ein Wunder gegeben, das in Wirklichkeit keines war. Es muß daran erinnert werden, daß Hitlers erste Erfolge größtenteils auf der wirtschaftlichen Bilanz seiner Regierung beruhten. Dazu bemerkt der Historiker John Keegan[15]: »Seine Wirtschaftspolitik fußte nicht auf einer Theorie, und schon gar nicht auf der keynesianischen; vielmehr reduzierte sie sich auf ein Programm des Haushaltsdefizits und staatlich garantierter öffentlicher und industrieller Investitionen, das von Keynes begrüßt worden wäre. All dies ging einher mit einer wohlkalkulierten Zerschlagung der gewerkschaftlichen Bewegungen und der Ausräumung sämtlicher Beschränkungen der Arbeitsmobilität, deren Auswirkungen für die Beschäftigung sich als spektakulär erwiesen: Zwischen Januar 1933 und Dezember 1934 ging die Zahl der Arbeitslosen um mehr als die Hälfte zurück, etliche unter den drei Millionen Arbeitslosen fanden eine Beschäftigung beim Bau des großartigen Autobahnnetzes, dem ersten äußerlichen Symbol für das Wirtschaftswunder der Nazis.«

Das erste deutsche »Wirtschaftswunder« nahm Keynes in gewissem Sinne vorweg, wenngleich es auf einer liberalen Auffassung von der Mobilität der Arbeit beruhte. Das zweite war eindeutig liberal, obwohl seine keynesianische Komponente immer wichtiger wurde. Die BRD mauserte sich zum Vorkämpfer der sozialen Marktwirtschaft. Werner Abelhauser, ein weiterer Kenner der deutschen Wirtschaftsgeschichte, hatte durchaus Recht, als er schrieb: »Die Geschichte der Bundesrepublik Deutschland ist in erster Linie die ihrer Wirtschaftsgeschichte.«[16] Vielleicht geht diese Einschätzung noch weiter. Die Macht Preußens, Nazideutschlands und des demokratischen Deutschlands beruhte stets auf der wirtschaftlichen Leistungsfähigkeit. Das trifft auch auf Japan zu. Demgegenüber hat es Frankreich am nötigen Elan hinsichtlich wirtschaftlicher Aktivitäten immer gemangelt, worunter die Handlungsfähigkeit nach außen auch stets gelitten hat.

George Kennan und die Initiatoren des Marshall-Plans haben ihre Wette gewonnen. Sie einzugehen, war den Vereinigten Staaten durch eine Einschätzung nahegelegt worden, die General Marshall am 1. Oktober 1947 in folgende Worte gefaßt hatte: »Europas Wiederaufbau wäre die wirksamste Schranke für den sowjetischen Imperialismus, die Ruine Europas böte die ersehnte Gelegenheit für eine Eroberung von innen.« Aus eben diesen Gründen ist das wirtschaftliche und soziale Scheitern des Sowjetsystems auch die bedeutendste Ursache für seine spätere Auflösung. Nicht von ungefähr entstand der Kalte Krieg als Resultat des Zusammenpralls zweier gänzlich verschiedener Systeme.

Die NATO

In den Jahren 1947–1949 war nichts davon absehbar. Wie aber reagierten die Sowjets, als die Amerikaner ihre Strategie aus der Taufe hoben? Sie waren erwartungsgemäß ungehalten. Die Antwort auf den Marshall-Plan war die Gründung des Kominform. Auf das sowjetische Veto zum Beitritt der Tschechoslowakei zu diesem Plan folgte der Prager Umsturz (25. Februar 1948). Vermutlich aber hätte er in jedem Fall stattgefunden. Mit der Berliner Blockade schien Moskau die Londoner Konferenz der drei Westmächte über die Zukunft Deutschlands zu kontern. Sie wurde nach Einführung der D-Mark noch verschärft. Washington wirkte ihr durch die Schaffung einer Luftbrücke entgegen, die bis Juni 1949 aufrechterhalten wurde. Die Entschlossenheit der Amerikaner und ihre technische Meisterleistung zwangen die Sowjets schließlich zur Aufgabe. Es war die erste Kraftprobe zwischen Ost und West; ihr Verlauf und ihr Ausgang gaben eher jenen Recht, die wie Kennan davon ausgingen, daß die Sowjets um keinen Preis einen Krieg riskieren wollten. Diese Annahme verliert auch durch den Korea-Krieg, in dem es zu keiner direkten Konfrontation kam, nicht ihre Gültigkeit. Erst 1979 in der Krise mit Afghanistan brachte die UdSSR ihre Streitmächte zum Einsatz, in einem Gebiet, das vom Ausgang des Zweiten Weltkriegs unberührt war. Die Politik Stalins und seiner Nachfolger bestand darin, den Gegner an die Wand zu drücken.

Anfang 1948 aber machte sich in Westeuropa Angst vor einem Krieg breit. Die Gründung des Kominform, der Prager Putsch, die Berliner Blockade und die revolutionären Aktivitäten der kommunistischen Parteien Frankreichs und Italiens lösten ein Gefühl der Panik aus.[17] Bis dahin verbarg sich hinter dem Konzept des *Containment*, auf das die amerikanischen Entscheidungen zurückgingen, in erster Linie eine politische und nicht eine militärische Idee. Dies war nicht zuletzt die Überzeugung George Kennans, der im Juni 1947 in der Zeitschrift *Foreign Affairs* einen Artikel veröffentlicht hatte, der sofort große Beachtung fand: »The Sources of Soviet conduct«. Wirklich ausschlaggebend ist jedoch nur, was der Leser darin verstehen *will*. Das vom Direktor des Policy Planning Staff entwickelte Konzept des

Containment wurde entgegen der Absicht seines Urhebers militärisch ausgelegt. Letzterer war, wie bereits erwähnt, der Überzeugung, daß die UdSSR keineswegs vorhatte, neue Territorien einzunehmen, sondern ihr Imperium mit rein politischen Mitteln auszudehnen gedachte; von dieser Überzeugung rückte er auch nicht ab. Aus dem Namen und der Funktion des Autors, die sich hinter dem Buchstaben X verbargen und der Öffentlichkeit nicht lange vorenthalten blieben, schlossen die Kommentatoren auf die angeblich wahre amerikanische Strategie, innerhalb derer die Truman-Doktrin nur ein Bestandteil wäre.

Tatsächlich entsprach die Idee zu einem Verteidigungsbündnis, das gegen die Absichten der UdSSR wappnen sollte, dem Zeitgeist. Angesichts der verhärteten Position Moskaus nahm sie im darauffolgenden Jahr konkretere Formen an und führte 1949 zur Unterzeichnung des Atlantikpaktes. Im Januar 1948 entwarfen die Briten ein Verteidigungsbündnis mit Frankreich und den Benelux-Staaten. Daraus entstand das Brüsseler Abkommen, das am 17. März des darauffolgenden Jahres unterzeichnet wurde. Es sah den automatischen Beistand im Fall des Angriffs auf einen der Mitgliedsstaaten innerhalb Europas und Konsultationen im Falle von außereuropäischen Auseinandersetzungen oder einer von Deutschland ausgehenden Bedrohung vor. Genannt wurde also Deutschland, gemeint war indes die UdSSR. Von Beginn an stellte sich die Frage einer Beteiligung der Vereinigten Staaten. Am 11. Juni verabschiedete der Senat die »Vanderberg-Resolution«. Sie ermächtigte die Regierung in Washington dazu, in Friedenszeiten außerhalb des amerikanischen Kontinents Bündnisse einzugehen. Dies war ein entscheidender Wendepunkt für die amerikanische Politik.

Das Projekt zum Atlantikpakt wurde nach Trumans Wiederwahl in die Wege geleitet und im März des darauffolgenden Jahres zum Abschluß gebracht. Am 4. April 1949 wurde das Abkommen in der amerikanischen Hauptstadt unterzeichnet. Trotz seiner vagen Formulierungen[18] und einer damals noch fehlenden Organisation leiteten Kommunisten und Neutralisten eine erbitterte Gegenoffensive ein, die im Appell von Stockholm vom 19. März 1950 ihren Niederschlag fand. Die Ratifizierung des Paktes, der am 24. August 1949 in Kraft trat, konnte dadurch allerdings nicht verhindert werden.[19]

Anfang 1950 erreichte die ideologische Konfrontation ihren Höhepunkt. Es war die Ära McCarthys und der »Hexenjagd« in den Vereinigten Staaten. Der Kalte Krieg gipfelte im Koreakrieg. Am 25. Juni 1950 überschritten die Armeen Kim Il Sungs den 38. Breitengrad und fielen in Südkorea ein. Der Diktator von Pjöngjang hätte nicht agieren können, ohne grünes Licht von Stalin zu haben. Im vorangegangenen Oktober war in Peking Mao Zedong an die Macht gekommen. Nun standen dem Kommunismus in Ostasien Tür und Tor offen. Wenige Monate zuvor, am 23. September 1949, hatte Präsident Truman verkündet, die amerikanischen Sicherheitsdienste hätten eine Atomexplosion in der UdSSR registriert. Viele damalige Beobachter sahen einen dritten Weltkrieg heraufziehen. Die Anhänger eines vornehmlich oder ausschließlich politischen Ansatzes für die Politik des *Containment* fanden kein Gehör mehr.

In dieser Situation beschlossen die Amerikaner, dem atlantischen Bündnis eine Struktur zu verleihen, die aus seiner dazugehörigen Organisation (North Atlantic Treaty Organization) eine tatsächliche politische und militärische Institution für regionale Sicherheit machen sollte, wie es sie in der Geschichte bis dato nicht gegeben hatte. Darin eingebunden war eine militärische Organisation.

Ihr Leiter, der den eindrucksvollen Titel des Obersten Befehlshabers der Alliierten Streitkräfte in Europa trug, war General Dwight Eisenhower. Mit seinem Nimbus als Befreier des alten Kontinents oder zumindest seines westlichen Teils war Ike, wie der ehemalige Chef der Operation *Overlord* unter Eingeweihten hieß, der wichtigste Baumeister des neuen Bündnisses. Seine Wahl zum Präsidenten der Vereinigten Staaten im November 1952 mußte natürlich Folgen für dessen spätere Ausrichtung haben. Von da an stand ein amerikanisches Eingreifen im Falle eines sowjetischen Angriffs in Europa praktisch außer Frage. Dies war eine wesentliche Veränderung im Vergleich zu den Bedingungen, die während der beiden Weltkriege herrschten.

In dieser neuen Lage übten die Amerikaner Druck auf die Europäer aus, damit diese aufrüsteten. Infolge der herrschenden wirtschaftlichen und gesellschaftlichen Gegebenheiten stand dadurch sofort die Frage der deutschen Wiederbewaffnung zur Debatte, auf deren Konsequenzen ich später noch zu sprechen kommen werde.

Dennoch wurden die politischen Konstellationen des Kalten Krieges durch die Entwicklungen zu Beginn der fünfziger Jahre nicht grundlegend verändert. Eisenhower hatte seine Wahlkampagne mit dem Thema der unzureichenden *Containment*-Politik bestritten und die Doktrin des *roll back* befürwortet: Der Kommunismus mußte in seiner Ausbreitung nicht nur gebremst, sondern in seinen Grenzen auf die sowjetische Basis »zurückgerollt« werden. Trumans Nachfolger und sein mächtiger Außenminister, der Anwalt John Foster Dulles, mußten ihren Ehrgeiz jedoch bald zurücknehmen und im großen und ganzen mit der Politik Trumans fortfahren.

Auf asiatischer Seite

Wenden wir uns jetzt dem anderen Ende des eurasischen Kontinents zu. In welchem Tempo Stalin seine Truppen im August 1945 in der Mandschurei und in Nordkorea stationierte, wurde bereits erwähnt. Nach dem Atombombenabwurf auf Hiroshima und Nagasaki erklärte Japan gemäß den Forderungen des Ultimatums der Vereinigten Staaten, Großbritanniens und Chinas vom 26. Juli seine bedingungslose Kapitulation. Die deutsche und die japanische Situation unterscheiden sich jedoch in zwei elementaren Punkten voneinander. Zum einen ließen sich in Deutschland vier Besatzungsmächte nieder, in Japan hingegen war es nur eine. Konkret bedeutete das im Fall Japans, daß General MacArthur als Prokonsul Quartier bezog und sich auch als solcher gebärdete. Die Frage nach einer Teilung des Landes der Aufgehenden Sonne stellte sich niemals. Auf kurze Sicht hing das Schicksal des Archipels einzig von den Vereinigten Staaten von Amerika ab. In der Folge akzeptierten die Siegermächte das Festhalten an Kaiser Hirohito, mit der alleinigen Maßgabe, daß seine Autorität und die der Staatsregierung dem Obersten Befehlshaber der alliierten Streitmächte unterstellt würden. Zu dem politischen Vakuum, das Deutschland zwischen 1945 und 1949 erlebte, gab es in Japan, das in der Person von Shigeru Joshida (1878–1967) sehr schnell seinen Adenauer fand, keine Parallele. Joshida hatte seinen Botschafterposten in London 1939 als Zeichen des Protests gegen die imperialistische Politik Tokios aufgegeben. Diese Haltung sicherte ihm nach 1945 die Sympathie MacArthurs. Er wurde Mitglied im Kabinett, das gleich im Anschluß an die Kampfhandlungen vom Prinzen Norihiko Higashikuni gebildet worden war, und wurde Vorsitzender der

Liberal-Demokratischen Partei. Von Mai 1946 bis Mai 1947 und erneut von Oktober 1948 bis Dezember 1954 war er Premierminister und spielte in entscheidenden Momenten eine wichtige Rolle.

In den Jahren 1946–1947 war die Situation in Europa und Asien gleichermaßen blockiert. Die Sowjets hatten den Kommunisten in der Mandschurei und in Nordkorea, wo Kim Il Sung sich nach seiner Ankunft in Stalins Panzerwagen als Herrscher niederließ, das Terrain geebnet. Die Mandschurei wurde im Frühjahr 1946 de facto ein autonomer kommunistischer Staat. Im Mai und September 1948 kam es zur Bildung der beiden koreanischen Staaten Südkorea – unter der Führung von Syngman Rhee – und Nordkorea unter Kim Il Sung. In diesen Ländern nahm die Geschichte einen ähnlichen Verlauf wie in Osteuropa.

China, das nach außen hin der nationalistischen Regierung Chiang Kai-sheks unterstand, hatte die Mandschurei und die Insel Formosa (Taiwan) im Prinzip zurückerobert. Doch der Bürgerkrieg tobte, denn der Führer der Nationalisten wurde von Amerika und Mao Zedong von der UdSSR unterstützt. Das Zögern der Amerikaner, die unter den Nationalisten herrschende Korruption und Maos Geschick führten den Sieg der Kommunisten herbei, der bereits 1948 vorhersehbar war. Am 1. Oktober 1949 wurde die Volksrepublik China in Peking proklamiert.

Für die Amerikaner stellte sich somit gleich zu Beginn des Kalten Krieges die Frage nach der Gestaltung ihrer *Containment*-Politik in Ostasien. Mit den Philippinen besaßen sie einen gesicherten Stützpunkt. Doch angesichts der sich abzeichnenden Entwicklungen war diese Basis ungenügend. Der Ausgangspunkt mußte eindeutig in Japan liegen. Stalins Truppen hatten hier nicht Fuß fassen können. Die katastrophale Lage aber, in der sich das Land noch Anfang 1948 befand, rückte einen lokalen Sieg der Kommunisten durchaus in den Bereich des Möglichen. MacArthurs Politik orientierte sich mehr an dem Gedanken, der letztlich hinter dem Marshall-Plan stand. Es galt nunmehr, Japans Wiederaufbau zu fördern und das Land soweit zu stärken, daß es gegen jeden Umsturzversuch von innen gewappnet wäre. Gleichzeitig wurde der Plan für einen separaten Friedensvertrag mit den Amerikanern auf den Weg gebracht. Am 1. Juni 1950 erklärte sich Joshidas Regierung mit dem Vorhaben einverstanden, unter der Bedingung, daß Japan gegen eine mögliche sowjetische Aggression oder einen kommunistischen Aufstand verteidigt würde.

Welche Rolle spielten die Vorbereitungen zu einem amerikanisch-japanischen Vertrag im Hinblick auf den Koreakrieg? Nach der damaligen Ansicht George Kennans waren sie entscheidend; in seinen Memoiren mildert er seinen Standpunkt ab: »Mir ist nicht bekannt, ob es irgend jemanden in Washington außer mir je in den Sinn gekommen ist, daß unser Entschluß, eine separate Friedensregelung mit Japan zu treffen, die zugleich die Stationierung amerikanischer Truppen in Japan auf unbefristete Zeit vorsah, in Zusammenhang stehen könnte mit dem sowjetischen Entschluß, das Signal für den Bürgerkrieg in Korea zu geben.«[20] Das Ergebnis jedenfalls war das Gegenteil von dem, was Stalin sich wünschen konnte.

Am 25. Juni 1950 überschritten die nordkoreanischen Truppen den 38. Breitengrad; dabei kam ihnen zugute, daß die amerikanischen Streitkräfte die Halbinsel zuvor praktisch vollständig evakuiert hatten. Präsident Truman traf unverzüglich die folgenschwere Entscheidung, Südkorea zur Seite zu stehen.[21] Nach der Blockade Berlins war das die zweite Kraftprobe im Kalten Krieg. Dieses Mal wollten die Vereinigten Staaten, anders als im Fall der Beschwichtigungspolitik der Jahre 1936–1939, nicht in eine Situation geraten, in der es bei einer Folge von Zugeständnissen bliebe. Am Anfang stand der Überfall Nordkoreas, das fast die gesamte Halbinsel einnahm. Im September gingen die amerikanischen Streitkräfte von ihrem Stützpunkt Pusan aus zu einer Gegenoffensive über. Rasch eroberten sie die verlorenen Gebiete zurück, und im Oktober stellte sich die Frage der Überschreitung des 38. Breitengrades. MacArthur zögerte nicht und provozierte damit Chinas Intervention am 16. Oktober. Am Jahresende kam es zum Stellungskrieg am 38. Breitengrad. Truman erwog den Einsatz der Atombombe gegen die Chinesen. Insbesondere unter dem Einfluß seiner europäischen Verbündeten wollte er jedoch das Risiko eines dritten Weltkriegs nicht eingehen. Am 4. Januar 1951 mußte Seoul geräumt werden. Im März drohte MacArthur ohne Rücksprache mit dem Präsidenten der Vereinigten Staaten die Bombardierung der chinesischen Stützpunkte in der Mandschurei an. Der Prokonsul war zu weit gegangen. Am 10. April wurde er von Truman seines Postens enthoben und durch General Ridgway ersetzt. Diese Entscheidung brachte eine gewisse Entspannung. Am 23. Juni 1951 sprach der sowjetische UN-Gesandte Jakow Malik zum ersten Mal von »der Möglichkeit einer friedlichen Koexistenz des sozialistischen und des kapitalistischen Herrschaftssystems«. Der Koreakrieg ging unentschieden aus, jedoch um den Preis gewaltiger Opfer. Erst im Sommer 1953 kam es zu einem Waffenstillstandsabkommen (Panmunjom), an das sich die Unterzeichnung eines Beistandspakts zwischen den Vereinigten Staaten und Südkorea unmittelbar anschloß (7. August 1953).

Der Ausbruch des Koreakriegs war ausschlaggebend dafür, daß die rein politische Auslegung der Politik des *Containment* definitiv der Vergangenheit angehörte. Er veranlaßte die Amerikaner vor allem auch dazu, den Friedensvertrag mit den Japanern endgültig abzuschließen. Zu seiner Ratifizierung berief Washington am 20. Juli 1951 eine Konferenz ein, die sich Anfang September in San Francisco versammelte. Die UdSSR hatte sich zu einer Teilnahme bereit erklärt. Doch verweigerte sie unter den zweiundfünfzig anwesenden Staaten mit Polen und der Tschechoslowakei als einzigen Staaten die Unterzeichnung. Am darauffolgenden Tag schlossen die Vereinigten Staaten einen Sicherheitsvertrag mit Japan. »Japan, das über keine eigenen Verteidigungsmittel verfügt, hat den Wunsch nach einer vorläufigen Stationierung amerikanischer Truppen auf seinem und dem angrenzenden Staatsgebiet geäußert. Die Amerikaner geben der Hoffnung Ausdruck, daß Japan schrittweise für die eigene Verteidigung aufkommen wird, von der Offensivwaffen allerdings ausgeschlossen sind.«[22] Wie wir bereits gesehen haben, suchte die amerikanische Regierung seinerzeit gemeinsam mit ihren europäischen Verbündeten nach Mitteln und Wegen, um die Bundesrepublik Deutschland in das neue Bündnis zu integrieren. Wie so oft in der Geschichte wurden aus den Feinden von gestern die Freunde von heute.

Von nun an ruhte das militärische Aufgebot Amerikas in Ostasien auf den Schultern Japans, Südkoreas, den Philippinen, mit denen am 30. August 1951 ein Abkommen geschlossen wurde, und Formosa, wohin Chiang Kai-shek sich nach dem Sieg Maos zurückgezogen hatte. Daneben war am 1. September, gleichfalls in San Francisco, ein kollektives Sicherheitsbündnis zwischen Australien, Neuseeland und den Vereinigten Staaten besiegelt worden (ANZUS-Pakt). Ab Juni 1950 hatte sich ferner eine Wende im Vietnamkrieg abgezeichnet. Für Washington handelte es sich nicht länger um einen Kolonialkrieg; hier entschied sich vieles, was mit dem großen ideologischen Konflikt zusammenhing. So beschlossen die Amerikaner, den Franzosen Hilfe zu leisten, und gerieten auf diese Weise in ein Räderwerk, durch das sie in der Folge viel weiter involviert wurden, als sie es je für möglich gehalten hätten.

Die amerikanische Japan-Politik gilt als einer der großen Erfolge der Nachkriegszeit. Der demokratische Wandel konnte hier, wie in Westdeutschland auch, erfolgreich vollzogen werden. Der durchschlagende wirtschaftliche Erfolg der Japaner war der Auslöser dafür, daß die »neuen industrialisierten Länder«, wie sie später genannt wurden, nachziehen konnten. Vierzig Jahre nach Hiroshima und Nagasaki war das Land der Aufgehenden Sonne zur zweiten Weltwirtschaftsmacht avanciert. Vermutlich schickt es sich gerade dazu an, nach eigenen Spielregeln zu handeln. Über einen Zeitraum von mindestens vier Jahrzehnten ist es als treuer Verbündeter der Vereinigten Staaten aufgetreten. Es hat sich das »internationalistische« Modell in ernster Absicht zu eigen gemacht. Die Zukunft aber ist, wie immer in der Geschichte, noch ungewiß.

Kapitel V

Eine europäische Union

Wie nahm die Europäische Union Gestalt an? Wie entwickelte sie sich bis zum Fall der UdSSR? Und wie stellt sich ihre Zukunft an der Schwelle zum 21. Jahrhundert dar?[1]

Eine geniale Flucht nach vorn

Es war bereits die Rede von der in der Zwischenkriegszeit aufgekommenen Idee einer europäischen Union, die sich von dem imperialen Traum eines Karl des Großen oder eines Napoleon unterschied und stattdessen auf einem freien Bund der europäischen Nationalstaaten beruhte. Diese Idee konkretisierte sich mit dem Projekt von Aristide Briand; der Diplomat Alexis Léger – in der Literatur bekannt unter dem Namen Saint-John Perse – faßte es in Worte und prägte damit einen Teil der in der künftigen Gemeinschaft geltenden Begriffe.[2]

Die politische Lage des Jahres 1930 erwies sich jedoch als denkbar ungünstig für die Umsetzung eines solchen Projekts. Hierzu fehlte der nötige Druck – und später war er wiederum zu stark. Oder besser gesagt: Die Bedrohung ging dann vom Herzen Europas aus, so daß das Heilmittel einer Union jeder Grundlage entbehrte.

Ende der vierziger Jahre war der Zeitpunkt gekommen, um die Idee wieder aufzugreifen. Wie in den Schweizer Kantonen im 13. Jahrhundert, kam der Druck eindeutig von außen. Die Eidgenossenschaft ging aus dem Bundesbrief hervor, den die Waldstätten, die drei Talschaften Uri, Schwyz und Unterwalden im August 1291, unmittelbar nach dem Tod Rudolf von Habsburgs, unterzeichneten. Dieser hatte den drei Landgemeinden ihre vormals erworbenen Rechte belassen, so daß sie über wirkliche Autonomie verfügten. Nichts garantierte ihnen jedoch, daß der künftige Herrscher sich ebenso tolerant zeigen würde. Der in lateinischer Sprache abgefaßte Pakt läßt sich folgendermaßen zusammenfassen: Die Einwohner von Uri, Schwyz und Unterwalden versichern sich im Falle eines Angriffs der gegenseitigen Unterstützung; sie erklären, kein Urteil eines fremden Richters anzuerkennen; sie verpflichten sich, ihre Streitigkeiten nicht mit kriegerischen Mitteln, sondern mit Hilfe von Schlichtern zu beheben; sie tun ihre Absicht kund, Verbrecher, Brandstifter und Diebe zu bestrafen. Der Bundesbrief wurde »für die Ewigkeit« geschlossen. Den Unterzeichnern ging es nicht darum, einen neuen Staat zu gründen. Bei der schweizerischen Eidgenossenschaft, wie wir sie heute kennen, handelt es sich in Wirklichkeit um eine Föderation, die erst 1848 eine Verfassung erhielt.

Im Westeuropa der Nachkriegszeit hieß der gefürchtete Imperator Stalin. Im Gegensatz zu den Eidgenossen des Jahres 1291 fanden die Europäer nicht die Kraft zu reagieren; sie waren erschöpft. Der Kommunismus bedrohte sie nicht nur von außen; er stellte auch eine innere Gefahr dar. Der entscheidende Impuls kam von den Vereinigten Staaten, die mit Hilfe des Marshall-Plans und der OEEC erste Strukturen schufen, die naturgemäß eher atlantisch als europäisch ausgerichtet waren. Auch die militärische Verteidigungsorganisation ging auf die Amerikaner zurück. Das Brüsseler Abkommen vom 17. März 1948 zwischen Frankreich, Großbritannien und den drei Beneluxstaaten war lediglich das Sprungbrett für den Nordatlantikpakt.

Im Mai 1948 versammelten sich verschiedene Bewegungen, die die Schaffung einer europäischen Union befürworteten, zu einem Kongreß in Den Haag. Schon hier zeichneten sich gewisse Differenzen zwischen den Anhängern eines engen Bündnisses und denen eines losen Staatenbundes sowie zwischen großen und kleinen Ländern ab, die in der Geschichte der Union immer wieder auftreten sollten. Der erstgenannte Konflikt, der damals die größere Rolle spielte, tat sich vor allem zwischen Großbritannien, dem jede supranationale Initiative widerstrebte, und den Ländern des »Kontinents« auf. Immerhin ging aus diesem Kongreß in Den Haag eine grundsätzlich europäische, wenn auch nicht gemeinschaftliche Institution hervor, der Europarat, dessen Statut am 5. Mai 1949 unterzeichnet wurde und der sich zu einer ersten Sitzung am 8. August desselben Jahres in Straßburg einfand. Aufgrund der englischen Haltung wurden die Kompetenzen des Europarates – bei dem es sich in erster Linie um eine parlamentarische Versammlung handelt – stark eingegrenzt. Die Erfahrung hat gezeigt, daß für ihn die Menschenrechte und die Förderung der gesamteuropäischen Sichtweise die Schwerpunkte bilden.[3] Dennoch spielte er bei der wirtschaftlichen und politischen Einigung des Kontinents keine unmittelbar ausschlaggebende Rolle.

Von Beginn an stand der Aufbau einer europäischen Gemeinschaft in Zusammenhang mit der britischen Frage. Nicht zufällig sprach sich Churchill wenige Monate nach seiner Fultoner Rede über den »Eisernen Vorhang« in Zürich für die Gründung der Vereinigten Staaten von Europa aus (19. September 1946), innerhalb derer ein deutsch-französisches Bündnis der Dreh- und Angelpunkt wäre. »Der erste Schritt zu einer Wiederbelebung der europäischen Familie muß das Bündnis zwischen Frankreich und Deutschland sein (...). Ohne die geistige Größe Frankreichs und Deutschlands wird es keine Erneuerung in Europa geben.« Das Wesentliche war gesagt. In Churchills geopolitischer Vorstellung aber sollten die Vereinigten Staaten Europas ihren Platz neben den Vereinigten Staaten von Amerika und neben dem britischen Empire finden. Daß sein eigenes Land dazugehören könnte, lag außerhalb der Erwägungen des großen Mannes, auch wenn er am 16. Juni 1940 den »Zusammenschluß« Englands mit Frankreich vorgeschlagen hatte. Beim Kongreß in Den Haag billigte er nurmehr die Perspektive, daß Großbritannien innerhalb eines Staatenbundes mit den Ländern des Festlands seinen Platz erhalten würde. Insgesamt darf die zweideutige Haltung, die Großbritannien von Anfang an gegenüber der Europäischen Union einnahm, nicht verwundern. Diese Zwiespältigkeit liegt im historischen Erbe der Insel begründet, die noch im 19. Jahrhundert die Welt beherrschte, und ferner in ihren vielschichtigen Beziehungen zu dem flügge gewordenen Nachfahren, den Vereinigten Staaten, die mittlerweile in Europa die entscheidende Rolle spielten.

In der Politik sind die großen Entwürfe noch seltener als in der Wissenschaft oder den Künsten. Im Falle Jean Monnets, der im April 1950 Robert Schuman seine Idee unterbreitete, kann man allerdings von einer Erleuchtung sprechen. Laut Robert Toulemon handelte es sich um »eine geniale Flucht nach vorn. Wenn man Deutschland das Ruhrgebiet schon zurückgeben mußte, warum sollte man ihm dann nicht vorschlagen, die Kohle- und Stahlproduktion beider Länder in einem ›Pool‹ zusammenzulegen und einer gemeinsamen obersten Aufsichtsbehörde zu unterstellen? Auf diese Weise könnte man mehrere Ziele gleichzeitig erreichen. Die Kontrolle über das Ruhrgebiet bliebe bestehen. Das Ruhrgebiet und Lothringen würden sich zu beider Vorteil gegenseitig ergänzen. Man könnte ein außerordentliches Zeichen der Versöhnung setzen. Und schließlich würde der Grundstein für die konkrete Schaffung Europas in einem Bereich gelegt, der das Kernstück der Kriegsindustrie darstellte: Kohle und Stahl.«[4] Die Organisation sollte anderen europäischen Ländern offenstehen. Das Genie Monnets lag Maurice Duverger zufolge »darin, daß er ausgehend von Kohle und Stahl ein Modell für die künftige Gemeinschaft ersann und Frankreich und Deutschland bei dieser Initiative gleichberechtigt nebeneinanderstellte«[5]. Mit der Wahl der Bereiche Kohle und Stahl, zweier zentraler Produktionsfaktoren beim Wiederaufbau, wurden der Aspekt der Zweckmäßigkeit, der das Vorhaben auf Anhieb sinnvoll erscheinen ließ, und der Bescheidenheit, der es trotz seines revolutionären Charakters politisch realisierbar machte, geschickt miteinander kombiniert. Maurice Duverger hebt ferner hervor, daß der Begriff der »Hohen Behörde« ein deutlicher Hinweis auf den überstaatlichen Charakter der Organisation war – weswegen Großbritannien dieser auch fern blieb. Jean Monnet liefert dazu eine scharfsinnige Beobachtung: »Die Engländer lehnen es ab, sich mit den bislang noch nicht umgesetzten Plänen zu befassen. Aber täuschen Sie sich nicht: Sobald sich der Zug in Bewegung setzt, springen sie auf.« Tatächlich hat Großbritannien stets Anstrengungen unternommen, die Entwicklung eines supranationalen Europa zunächst von außen und später auch von innen zu blockieren.

Die europäische Union wurde am 9. Mai 1950 mit

einer Erklärung von Robert Schuman nach der Idee von Jean Monnet aus der Taufe gehoben. Der Vertrag über die Europäische Gemeinschaft für Kohle und Stahl (EGKS) wurde am 18. April 1951 in Paris von den sechs Mitgliedsstaaten Frankreich, der Bundesrepublik Deutschland, Italien und den drei Benelux-Ländern unterzeichnet.[6] Der Erfolg des Unternehmens ist in erster Linie zwei weiteren außergewöhnlichen Persönlichkeiten zu verdanken, Alcide De Gasperi und vor allem Konrad Adenauer. Die Gründung der EGKS und der aus ihr hervorgegangenen Europäischen Gemeinschaft ist etwas Einzigartiges. Weder in der Vergangenheit noch in der Gegenwart hat es Bündnisse oder Zusammenschlüsse gegeben, deren Modell mit dem ihren vergleichbar wäre. Deswegen ist bei Maurice Duverger von »Neoföderalismus« die Rede – mit dem übrigens auch Nachteile verbunden sind: Die Strukturen, die sich im Laufe der Zeit herausbilden, besitzen nicht die Unmißverständlichkeit von Grundgesetzen oder Verfassungen, die das politische Leben der Nationalstaaten regeln. Daher rührt auch das »demokratische Defizit« zum Zeitpunkt der Ratifizierung des Maastricht-Vertrags, auf das wir später noch zu sprechen kommen werden. Und darauf geht nicht zuletzt die Legitimationskrise zurück, unter der die Europäische Union litt, als sich bei der Auflösung der UdSSR ausdrücklich die Frage nach der Zukunft der EU stellte.

Jean Monnet und mit ihm die Staatsmänner, die seine Vorstellungen nutzbar zu machen vermochten, legten den Grundstein zu einem im wahrsten Sinne europäischen Projekt, das untrennbar mit der wirtschaftlichen und militärischen Struktur der »freien« – und angesichts der stalinistischen Bedrohung unter dem Schutz der Vereinigten Staaten stehenden – europäischen Welt verbunden war. Dabei sei dahingestellt, daß die EGKS historisch betrachtet schon bald mit Schwierigkeiten zu kämpfen hatte, als auf den Kohlemangel die Überproduktion folgte, insbesondere wegen der Konkurrenz durch Erdöl und eine billigere Kohleproduktion in der Dritten Welt. Die Institution, der Jean Monnet zur Entstehung verhalf, ist über ihre eigentliche Zielsetzung hinaus ihrer wichtigsten Rolle als Ausgangspunkt eines europäischen Neoföderalismus gerecht geworden.

Die Zerreissprobe der Europäischen Verteidigungsgemeinschaft

Wenige Wochen nach Robert Schumans Erklärung brach der Koreakrieg aus. Noch im September forderte Washington den Wiederaufbau einer deutschen Armee. Amerika wollte die Waffen liefern, die Europäer hingegen sollten die Truppen stellen. Damals gab es die Doktrin der »massiven Vergeltung« noch nicht, derzufolge die Sicherheit Westeuropas einzig in der »Abschreckung« lag, der Perspektive also, im Falle eines gegnerischen Angriffs Atombomben gegen den Feind einzusetzen. Im übrigen wurde die Doktrin in dieser schlichten Form nie umgesetzt. 1950 war eine Bombardierung der UdSSR nur per Luftwaffe möglich. Zu diesem Zweck wurden sichere Stützpunkte in der Nähe des sowjetischen Territoriums benötigt.[7] Darüber hinaus mußte man in der Lage sein, die sowjetische Luftabwehr mit hoher Erfolgswahrscheinlichkeit zu umgehen. Außerdem verfügte Stalin seit dem Jahr zuvor selbst über die Atombombe. So war das Problem der Verteidigung Europas bereits damals komplex und ging weit über die simple

Frage hinaus, ob die Vereinigten Staaten zum sofortigen Einsatz einer Waffe bereit wären, über deren »absoluten« Charakter trotz der Erfahrung mit Japan noch Unklarheit herrschte.[8]

Frankreich war mit der deutschen Wiederbewaffnung nicht einverstanden. Um die Schwierigkeit zu umgehen, schlug Paris im Oktober 1950 vor, die Philosophie des Schuman-Plans auch auf den militärischen Bereich anzuwenden. Diese Idee ging erneut auf Jean Monnet zurück; René Pleven, damaliger französischer Regierungschef, schloß sich ihr an. In diesem Fall aber erwies sich der Gründervater Europas als nicht ganz so genial, zweifelsohne, weil er mit politisch-militärischen Fragen kaum vertraut war. Der politische Erfolg der EGKS beruhte auf ihrem konkreten und relativ schlichten Ansatz, auf der Schaffung von »faktischer Solidarität« auf dem Weg zu einem klar umrissenen Ziel. Die Europäische Verteidigungsgemeinschaft (EVG) dagegen nahm sich mit großer Gebärde der politisch sensibelsten Materie überhaupt an. Das Projekt, das am 27. Mai 1952 unterzeichnet wurde, ließ so wichtige Fragen wie die politische Führung der Armeen und die Kommandoabläufe im dunkeln. Nach erbitterten ideologisch-politischen Schlachten, die sich über zwei Jahre erstreckten, lehnte die französische Nationalversammlung den Vertrag am 30. August 1954 ab. Noch immer ist umstritten, wer im einzelnen die Verantwortung für das Scheitern der letzten Kompromißversuche zwischen Frankreich und seinen Partnern trägt.[9]

In der Zwischenzeit war Stalin gestorben und eine gewisse Entspannung eingekehrt. Admiral Redford hatte aufbauend auf die Konzepte des sofortigen Gegenschlags und der massiven Vergeltung eine Strategie entwickelt. Nach dem Scheitern der EVG kam es zu einer schnellen

Lösung in der Frage der deutschen Remilitarisierung; ihr lag ein Vorschlag des britischen Außenministers Anthony Eden zugrunde, der von Pierre Mendès France aufgegriffen wurde. Man ließ die Westunion von 1948 wiederaufleben, die in eine Westeuropäische Union (WEU) umgewandelt wurde, in die man Deutschland und Italien integrierte.[10] Deutschland erhielt volle Souveränität und damit das Recht zur Wiederaufrüstung, jedoch mit der Auflage, keine atomaren, biologischen oder chemischen Waffen herzustellen. Das wiedervereinigte Deutschland erneuerte diese Verpflichtung mit dem sogenannten »2+4-Vertrag«, der am 12. September 1990 in Moskau unterzeichnet wurde.[11] Frankreich dagegen stürzte sich in das nukleare Abenteuer, noch bevor General de Gaulle erneut an die Macht kam. Diese Politik machte es ihm leichter, Deutschlands Wiederaufstieg und alle damit verbundenen Konsequenzen hinzunehmen.

Die Pariser Verträge, die die Modalitäten für die deutsche Wiederaufrüstung festlegten, wurden am 23. Oktober 1954 unterzeichnet. Am 9. Mai 1955 wurde Deutschland als fünfzehntes Mitglied in die Atlantische Allianz aufgenommen. Fünf Tage später gründete die UdSSR als Gegenreaktion den Warschauer Pakt, ein Imitat der NATO, in dem sich Polen, die Tschechoslowakei, Ungarn, die Deutsche Demokratische Republik, Bulgarien, Rumänien und Albanien um die imperiale Macht versammelten. Unbeschadet dieser Ereignisse fand am darauffolgenden Tag die Unterzeichnung des Staatsvertrags statt, durch den die Militärbesatzung Österreichs beendet wurde. Im Gegenzug verpflichtete sich Österreich zur Neutralität und zum Verzicht auf jedwedes politische oder wirtschaftliche Bündnis mit Deutschland. All dies macht hinlänglich deutlich, daß zu dem Zeitpunkt, da die EVG zu Grabe getragen wurde, ein gänzlich anderes Klima herrschte als bei deren Einführung.

Diejenigen, die »umgefallen« waren, wie man es nannte, betrachteten die Abstimmung vom 30. August 1954 als Dolchstoß Frankreichs, den es Europa gleich einem Vater seinem Kind versetzte. Viele sind noch heute der Ansicht, daß der Aufbau der Gemeinschaft viel schneller vonstatten gegangen wäre, hätte man den Vertrag zur EVG ratifiziert. Die Geschichte gleicht einem unendlich sich verästelnden Baum, dem – mit einer einzigen Ausnahme – rein virtuelle Zweige entwachsen. Der Versuchung, darüber zu spekulieren, was hätte gewesen sein können, sei widerstanden.

Fest steht, daß sich der Europäischen Gemeinschaft bis zum Zeitpunkt der Agonie der UdSSR jede ernsthafte Beschäftigung mit militärischen Fragen verbot. Durch den Vertrag von Maastricht kam es erneut zu einer zaghaften Hinwendung zur WEU. Diese hatte bis dato ebensowenig bewirkt wie ihre Vorgängerin, die Westunion. Seit Maastricht plant man, sie im Rahmen einer »mit der Politik der Atlantischen Allianz zu vereinbarenden Verteidigungspolitik« schrittweise zum militärischen Zweig der Europäischen Union zu machen. Neben diesem institutionellen Entwurf zeichnet sich in den neunziger Jahren auch eine neue Form einer Europäischen Verteidigungsgemeinschaft auf der Grundlage einer konkreten und diskreten deutsch-französischen Kooperation ab. Aus dem deutsch-französischen Korps ist das Eurokorps geworden. Vierzig Jahre nach dem Scheitern der EVG kommt in der erneuten Beschäftigung mit Verteidigungsfragen eine Methode zum Einsatz, die der Philosophie Jean Monnets sehr viel näher ist, als es der Versuch im Jahr 1950 war, die Struktur der EGKS mechanisch auf andere Bereiche zu übertragen.

Das Scheitern der EVG brachte die europäische Integration nicht zu Fall; doch führte es zu einer Weichenstellung, die der wirtschaftlichen vor der politischen, der konföderalen vor der föderalen Ausrichtung den Vorzug gab. Im Juni 1955 wurde der Prozeß anläßlich der Konferenz von Messina erneut in Gang gesetzt. Der Belgier Paul Henri Spaak war mit dem Vorsitz einer Expertengruppe betraut, die von Juli 1955 bis April 1956 tagte. Sie suchte nach einem Mittelweg zwischen den konträren supranationalen und zwischenstaatlichen Tendenzen. Am Ende waren zwei neue Zusammenschlüsse entstanden, die Europäische Wirtschaftsgemeinschaft (EWG) und die Europäische Atomgemeinschaft (EURATOM). Die entsprechenden Verträge wurden am 25. März 1957 nicht ohne Vorbehalte von der Sechsergemeinschaft unterzeichnet. In Frankreich stieß das Projekt des Gemeinsamen Marktes auf den Widerstand eines Großteils der Eliten, insbesondere auf den der Arbeitgeberschaft und des gehobenen Dienstes.[12] Zu den Gegnern zählten auch so namhafte Männer wie der hellsichtige Pierre Mendès France. Ohne den Druck von außen wären die Verträge von Rom nicht ratifiziert worden. 1956 war das Jahr der Suezkrise und des Budapester Aufstands. Vielleicht spielte auch der Algerienkrieg indirekt eine Rolle, indem er die Aufmerksamkeit mancher Politiker, die die Wirtschaftsgemeinschaft ablehnten, auf sich zog.

Mit dem Vertrag zum Gemeinsamen Markt wurde eine Zollunion ins Leben gerufen. Trotz zahlreicher Rückschläge war sie von beispiellosem Erfolg. Die Zollunion lief 1968 noch vor dem vorgesehenen Ende aus. Euratom hingegen war ein Mißerfolg, da alle Fragen der Nuklearbewaffnung sehr bald auf ein französisch-amerikanisches Duell hinausliefen. Unter den drei Gemeinschaften, deren Organe durch den Vertrag vom 8. April 1965 zusammengelegt wurden (die parlamentarische Versammlung und der Gerichtshof waren von Beginn an übergeordnete Institutionen gewesen), entpuppte sich der Gemeinsame Markt als die Kardinalfrage bei der Schaffung der Europäischen Gemeinschaft. Schrittweise erweiterte sich der Aktionsradius der Organisation, die von nun an mit Fug und Recht als die Gemeinschaft bezeichnet wird, auf Drittländer (Beitrittsabkommen) und neue Bereiche, darunter vor allem die Währung und die Koordinierung der Wirtschaftspolitik (Barre-Plan von 1969, Einführung der »Währungsschlange« 1972 und des Europäischen Währungssystems 1979).

Nichts davon ließ sich indes ohne Mühen realisieren. Ab 1970 kam mit der Annahme des Davignon-Berichts erneut die politische Dimension ins Spiel, die seit der EVG-Angelegenheit im Abseits gestanden hatte. Eine politische Zusammenarbeit ergab sich zunächst am Rande, nicht aber innerhalb der Gemeinschaften. Sie konnte dank der Bildung des Europäischen Rats im Dezember 1974 allmählich in ein Gesamtkonzept zur europäischen Union integriert werden, dessen wichtigste Teilziele die Einheitliche Europäische Akte (EEA) von 1986 und der Maastricht-Vertrag von 1992 (1997 überarbeitet) sind.

Es mag zutreffen, daß die »Politische Zusammenarbeit« noch keine beeindruckenden Resultate gezeitigt hat. Immerhin aber hat sie Unstimmigkeiten zwischen den europäischen Staaten, die vormals größere Krisen nach sich gezogen hätten, verringern oder wenigstens eindämmen können. Das war der Fall, als es um den Nahen Osten oder im Anschluß an den Zerfall des Kommunismus um Osteuropa und Jugoslawien ging.

Mit der Einheitlichen Akte, die weitestgehend das Werk von Jacques Delors ist, soll der Gedanke des Gemeinsamen Marktes konsequent weiterverfolgt werden. Artikel 13 des Vertrags besagt: »Der Binnenmarkt umfaßt einen Raum ohne Binnengrenzen, in dem der freie Verkehr von Waren, Personen, Dienstleistungen und Kapital (...) gewährleistet ist«. Ihre Bezeichnung verdankt die Einheitliche Akte dem Umstand, daß in ihr sämtliche Gründungstexte der drei Gemeinschaften und die Europäische Politische Zusammenarbeit (EPZ), die nie Bestandteil der Verträge war, zu einem kohärenten Ganzen zusammengefaßt sind. Sie sieht vor, daß die Harmonisierung der Rechtsvorschriften künftig mit qualifizierter Mehrheit vom Ministerrat verabschiedet wird. Sechs Jahre später folgte der Vertrag über die Europäische Union, auch Maastricht-Vertrag genannt, der dem Willen von Präsident Mitterrand und Bundeskanzler Kohl entsprang, die Schaffung Europas nach dem Umsturz von 1989–1991 in festere Bahnen zu lenken. Indem er die föderale Bestimmung der Union bekräftigt und einen anspruchsvollen Rahmen für »eine Gemeinsame Außen- und Sicherheitspolitik« (GASP) sowie für die Schaffung einer gemeinsamen Währung innerhalb der Gemeinschaft absteckt, geht er verglichen mit der Einheitlichen Akte noch einen Schritt weiter.

Zum gleichen Zeitpunkt wurde eine Legitimationskrise manifest, deren Ursachen sich nur nachvollziehen lassen, wenn man die Strukturen der Gemeinschaft einmal genauer betrachtet.

Aus institutioneller Sicht ist der Gemeinsame Markt aus der EGKS hervorgegangen. Die neue Kommission war nicht so mächtig wie die Hohe Behörde. Als der Föderalismus infolge der EVG-Krise einen Rückschlag erlitt, fand sich der Ministerrat (häufig schlicht »Rat«, jetzt auch »Rat der europäischen Union« genannt) aufgewertet. Maurice Duverger bemerkt, daß »der Rat die Regierung ist, die die administrativen Entscheidungen sowie Entscheidungen betreffend die Ausführung – von denen sie manche auf die Kommission übertragen kann – fällt, und gleichzeitig eine der beiden Gesetzeskammern bildet, deren zweite von den gewählten Abgeordneten der Länderparlamente gestellt wird«.[13] Die Kommission hat im Grunde das Monopol für die Gesetzesinitiative. Seit dem Maastricht-Vertrag jedoch kann die Mehrheit der Abgeordneten im Europäischen Parlament »die Kommission ersuchen, jeden geeigneten Vorschlag« über »Fragen, die die Ausarbeitung eines gemeinschaftlichen Gesetzes erforderlich zu machen scheinen, vorzulegen«. Im Falle einer Ablehnung kann – allerdings nur unter schwierigen Bedingungen – ein Mißtrauensantrag an die Kommission ergehen. Sie hat auch Exekutivfunktion, die sie jedoch nur mit Billigung des Rates ausüben kann. Neben der Kommission, dem Rat und dem Europäischen Parlament hat sich der Gerichtshof schrittweise als Begründer einer neuen Rechtsordnung etabliert, die sich gegenüber der Jurisprudenz der Mitgliedsstaaten durchsetzt. So ist in Europa still und leise eine »Rechtsprechung der Richter« entstanden – um eine Formulierung von Maurice Duverger zu verwenden, die dieser der bereits 1980 von Michel Debré angeprangerten »Regierung der europäischen Richter« vorzieht.[14] 1974 wurden die Gemeinschaftsgremien um den Europäischen Rat erweitert – eine Art »Präsidium« in der verfassungsrechtlichen Sprache der ehemaligen UdSSR[15] –, in dem die Staats- oder Regierungschefs der Mitgliedsstaaten und der Präsident der Kommission versammelt sind. Der Maastricht-Vertrag besagt, daß vom Europäischen Rat die für die Entwicklung der Union nötigen Impulse ausgehen sollen und er die allgemeine politische Richtung vorzugeben hat. Ferner entscheidet er in Fragen, die im Ministerrat ungelöst bleiben. Geschwächt wird seine Rolle jedoch durch das Rotationsprinzip, das für seinen Vorsitz gilt. Die Präsidenten der Union üben ihre Funktion lediglich für die Dauer von sechs Monaten aus. Darüber hinaus widmen sie sich dieser Aufgabe nur einen Bruchteil ihrer Zeit. »Auf staatlicher Ebene wäre ein solches Hin und Her katastrophal. Und in der Europäischen Union sorgt es auch nicht für mehr Effizienz.«[16]

In der Tat stellen die Institutionen der Europäischen Union, wie sie sich aus dem ursprünglichen Kern der EGKS entwickelt haben, ein gravierendes Problem dar. Selbst Spezialisten gewinnen nur schwer Einblick in ihren Aufbau. Ihre Funktionsweise ist undurchsichtig. Die Unterscheidung zwischen legislativer und exekutiver Gewalt ist in höchstem Maße verwirrend. Die legislative Arbeit fällt im wesentlichen dem Ministerrat und dem Gerichtshof zu und unterliegt nicht der parlamentarischen Kontrolle. Das hat zur Folge, daß »jedweder Kompetenztransfer hin zu den Behörden in Brüssel und Straßburg zu Lasten der nationalen Regierungen geht, die diese Kompetenzen in demokratischer Weise ausüben, und sie einem internationalen System anvertraut werden, das nur über geringe demokratische Entscheidungs- und Kontrollmöglichkeiten verfügt.«[17] Die Nachteile dieses Systems sind erst allmählich zutage getreten, in dem Maße, wie der Aktionsradius der Gemeinschaft sich erweitert hat. Zum Ausbruch kam die Legitimationskrise anläßlich der Debatten über die Ratifizierung des Maastricht-Vertrags.

Was die Institutionen betrifft, beziehen Deutschland und Frankreich heute deutlich unterschiedliche Positionen, in denen ihre jeweilige Vergangenheit zum Tragen kommt. Die Deutschen sind für ein föderalistisches Konzept, wie es die 1994 und 1995 von der Christlich-Demokratischen Union veröffentlichten Dokumente zum Ausdruck bringen, in denen der Kommission und dem Europaparlament Priorität eingeräumt wird.[18] Frankreich und Großbritannien hängen der Idee von einem Europa der Länder an, wenngleich in Frankreich nach wie vor eine starke neoföderalistische Strömung wirksam ist.[19] Die Regierungskonferenz (März 1996–Juni 1997), die namentlich damit beauftragt war, Europa den Bürgern näherzubringen und die Institutionen einem erweiterten Europa anzupassen, ist gründlich gescheitert. Einige bescheidene Vorstöße wurden unternommen – Stärkung der Befugnisse des Europäischen Parlaments, partielle Vergemeinschaftung der juristischen und innenpolitischen Angelegenheiten, Einführung verstärkter Zusammenarbeit –, doch gab es keinerlei Fortschritte bei der Anpassung der Abstimmungsverfahren (Erweiterung der Entscheidungen mit qualifizierter Mehrheit durch den Ministerrat und Änderung der Stimmgewichtung), und die Reduzierung der Anzahl der Kommissare wurde auf einen späteren Zeitpunkt verschoben. Der Begriff der Gemeinsamen Außen- und Sicherheitspolitik erhielt keinerlei Impuls, der ihn aus dem Bereich des Nebulösen befreit hätte. Für den entscheidenden Bereich von Sicherheit und Verteidigung wurde zwar das Prinzip einer künftigen Einbeziehung der Westeuropäischen Union (WEU) in die Europäische Union erneut bekräftigt, doch bleibt die NATO mehr denn je der Pol, um den sich auf diesem Gebiet alles dreht.

Die Handschrift de Gaulles

Mit Charles de Gaulles Rückkehr an die Macht im Jahr 1958 verließ die europäische Einigung ihren bis dahin verfolgten Kurs.[20] Für Euratom war der General nicht zu gewinnen gewesen, den Gemeinsamen Markt dagegen respektierte er. Dabei hatte er sich der EGKS in den Weg gestellt (»das Kuddelmuddel aus Kohle und Stahl«, wie er sagte). Dreiviertel der Gaullisten hatten die Ratifizierung der Römischen Verträge abgelehnt. De Gaulle war auch gegen eine Freihandelszone, die alle Mitgliedsländer der OEEC umfassen sollte, ein Projekt, das Großbritannien nach seiner Weigerung vorgelegt hatte, dem Gemeinsamen Markt beizutreten. Dieses Projekt stieß in deutschen Wirtschaftskreisen und namentlich bei Wirtschaftsminister Ludwig Erhard auf große Gegenliebe. Wäre es erfolgreich gewesen, hätte der Gemeinsame Markt seine Daseinsberechtigung verloren. So gesehen hat de Gaulle die Einigung Europas gerettet. Seine Haltung gegenüber der Freihandelszone wurde von Adenauer unterstützt. Prompt gründeten die Engländer gemeinsam mit der Schweiz, Österreich, Norwegen und Schweden, zu denen sich später noch Island, Finnland und Portugal gesellen sollten, eine europäische Freihandelszone (EFTA)[21]. Wie Jean Monnet es bereits vorhergesehen hatte, sollten sie sich jedoch schon 1961 um den Beitritt zu den Gemeinschaften bewerben, als klar war, daß die Römischen Verträge umgesetzt werden würden. De Gaulle machte sich ferner für die Schaffung einer gemeinsamen Agrarpolitik stark und trat supranationalen Tendenzen seitens der Brüsseler Kommission entgegen. Die sogenannte Politik des leeren Stuhls, die er 1965 in der zweiten Jahreshälfte betrieb, führte die berühmte Luxemburger Vereinbarung herbei (29. Januar 1966).

Hinter dem Schleier gewundener diplomatischer Formulierungen läßt sich dieser juristisch nicht wirklich relevante Kompromiß darauf reduzieren, daß der Rat immer dann um Einstimmigkeit bemüht ist, wenn »sehr wichtige« Interessen eines Landes berührt sind. Wenigstens in diesem Punkt ebnete der General Großbritannien für seinen späteren Beitritt zweifelsohne den Weg ... Die grundsätzlichen Vorrechte der Kommission, insbesondere im Hinblick auf die Schaffung der Zollunion, stellte der Gründer der V. Republik jedoch nie mehr in Frage. 1964 willigte er darin ein, daß die EWG als einziger Unterhändler der Sechsergemeinschaft an den GATT-Verhandlungen teilnahm. Der Festlegung eines gemeinsamen Außenzolltarifs, auf den man sich im Juli 1968 einigte, stellte er sich nicht entgegen.

De Gaulles Auffassung von Europa orientierte sich im wesentlichen an klassischen politischen Kategorien. Seine Vorstellung von einem institutionellen Rahmen ging über die Formel von der Zusammenarbeit der Staaten kaum hinaus. Gleich nach seiner Rückkehr an die Macht schlug er Eisenhower (der allerdings ablehnte) für den Nordatlantikpakt die Schaffung eines »Dreier-Direktoriums« vor (bestehend aus den Vereinigten Staaten, Großbritannien und Frankreich). Gleichzeitig festigte er gemeinsam mit Adenauer die Basis für die deutsch-französische Aussöhnung.

Das Gespräch der beiden Männer am 14. September 1958 in Colombey-les-Deux-Eglises war eine wichtige Station in der europäischen Nachkriegsgeschichte. Das Kommuniqué, das im Anschluß an die Begegnung verlautbart wurde, enthielt im Ansatz bereits das Projekt für eine politische Zusammenarbeit: »Wir sind uns beide zutiefst bewußt, welche Bedeutung unserer Begegnung zukommt. Wir sind überzeugt, daß die enge Zusammenarbeit zwischen der Bundesrepublik Deutschland und Frankreich die Grundlage jedweden europäischen Aufbauwerkes bildet. Wir sind der Ansicht, daß diese Zusammenarbeit zu gestalten ist und gleichzeitig auch die anderen Nationen Westeuropas umfassen muß, zu denen unsere beiden Länder enge Beziehungen unterhalten.« In seiner Pressekonferenz vom 5. September erläuterte de Gaulle seine Ansicht: »Die Sicherung einer regelmäßigen Zusammenarbeit in Westeuropa betrachtet Frankreich als wünschenswert, möglich und aussichtsreich, auf politischer und wirtschaftlicher Ebene genausogut wie im Bereich von Kultur und Verteidigung.« Diese Vorstellungen fanden 1961 im Fouchet-Plan ihren Niederschlag, dessen endgültiges Scheitern – im April 1962 – von manchen auf die Unnachgiebigkeit des Generals, von anderen wiederum auf den supranationalen Dogmatismus des Belgiers Paul Henri Spaak und des Niederländers Joseph Luns zurückgeführt wurde. Diese erteilten den im letzten Moment von den Franzosen eingebrachten Änderungsanträgen[22] eine strikte Absage; sie betrafen drei zentrale Punkte: die Streichung jeder Bezugnahme auf den Nordatlantikpakt, die Unterordnung der Gemeinschaftsinstitutionen unter die nationalen Regierungen sowie die Abschaffung der Revisionsklausel, die für die Beschlußfassung die spätere Einführung des Mehrheitsprinzips gegenüber dem Prinzip der Einstimmigkeit ermöglichen sollte. Nach dem Scheitern des Fouchet-Plans wurde der Ansatz zu einer politischen Zusammenarbeit erst 1970 mit dem Davignon-Plan erneut aufgegriffen, der sich in seiner Konzeption von der Auffassung de Gaulles nicht wesentlich unterschied.

Parallel zu den Diskussionen über die politische Gestaltung Europas stellte sich das Problem des britischen Beitrittsantrags. Diesbezüglich machte de Gaulle im Januar 1963, im Anschluß an das Nassauer Abkommen zwischen Macmillan und Kennedy über die Lieferung amerikanischer Polaris-Raketen zur Ausstattung englischer Atom-U-Boote, von seinem Veto Gebrauch. Dieser Vorgang warf zwei Fragen auf, die einander bedingten und den gesamten Einigungsprozeß begleiteten.

Die erste Frage betrifft die Vereinbarkeit der europäischen Visionen – die der Engländer einerseits und die der Kontinentaleuropäer andererseits. Zumindest bis zum Fall der UdSSR hielt das Vereinigte Königreich leidenschaftlich an der uneingeschränkten nationalen Unabhängigkeit im Rahmen einer engen, »privilegierten Beziehung« mit Amerika fest. Für England gab es diesbezüglich keinerlei Widerspruch. Demgegenüber vertraten manche Staaten die Vorstellung von einer wirklichen europäischen Föderation, die mehr oder weniger stark an die Vereinigten Staaten angebunden wäre. Andere wiederum (zu Zeiten von de Gaulle war es allein Frankreich) sprachen sich für eine Konföderation aus, die sich von der westlichen Supermacht deutlich abgrenzen, Großbritannien jedoch miteinbeziehen sollte. Hatte de Gaulle der amerikanischen Presse am 9. Juli 1947 nicht erklärt, daß »das tiefe Einvernehmen zwischen Frankreich und dem Vereinigten Königreich die unverzichtbare Grundlage für jede gültige und effiziente Einigung Europas«[23] wäre? Damals jedoch erwog England nicht etwa den Beitritt zu einer Europäischen Union, die es – wie anläßlich der Rede Churchills in Zürich bereits erwähnt wurde – dennoch für wünschenswert hielt. Spaak gab de Gaulle seinerseits eines Tages folgende Erklärung ab: »Lassen Sie uns ein föderales Europa ohne die Engländer aufbauen, die es ohnehin nicht wollen.

Wenn wir Europa jedoch nach englischer Manier gestalten, gibt es keinen Grund, die Engländer außen vor zu lassen.[24]« Für einen französischen Staatsmann gab es allerdings doch einen Grund: Zwar sollten die Engländer der Gemeinschaft beitreten, jedoch nur unter der Bedingung, daß sie nicht weiterhin wie eine Klette an den Vereinigten Staaten hingen. Die Standpunkte waren unvereinbar. Frankreich wurde von manchen seiner Partner verdächtigt, der Gemeinschaft ein Direktorium der »Großen« aufzwingen zu wollen, ja gar die Schaffung einer französischen Hegemonie in Europa zu beabsichtigen. In ihren Augen bot der Beitritt Großbritanniens die Möglichkeit, Frankreich gegenzusteuern. In jedem Fall gilt für diesen wie für andere Bereiche, daß der außenpolitische Stil des Generals die Dinge nicht eben beförderte.

Die zweite Frage bezieht sich unmittelbarer auf die Beziehungen zu den Vereinigten Staaten. Von Beginn an war die europäische Einigung aufgrund politisch-militärischer Gegebenheiten (die sowjetische Bedrohung) sowie aus wirtschaftlichen Gründen (der Wiederaufbau Europas, auf den die Liberalisierung des Warenverkehrs im Rahmen von GATT folgte) im atlantischen Raum angesiedelt. Die Vereinigten Staaten haben sich eine Auffassung zu eigen gemacht, nach der ihr Engagement in Europa mit einer Art allgemeinem und konstantem Aufsichtsrecht einhergeht, das ihnen mittlerweile selbstverständlich zu sein scheint.[25] Die Lage in den sechziger Jahren brachte es mit sich, daß kein europäischer Partner Frankreichs sich eine offene Auseinandersetzung mit den Vereinigten Staaten leisten konnte oder wollte. Dreißig Jahre später haben sich die Dinge noch immer nicht grundlegend geändert. Diejenigen Europäer, die sich eines möglichen Widerspruchs in vollem Umfang bewußt waren, zogen es vor, die Schwierigkeiten zu kaschieren und abzuwarten, um ihrer Herr zu werden. Das Frankreich de Gaulles dagegen machte sich eine vollkommen neuartige geopolitische Situation zunutze und rückte sie ins Rampenlicht.

Unmittelbar nach dem Scheitern des Fouchet-Plans und dem Veto gegen den Beitritt Großbritanniens unterzeichnete der General gemeinsam mit Kanzler Adenauer am 22. Januar 1963 den Elysée-Vertrag; er begründete zwischen beiden Ländern eine Form der Zusammenarbeit, die nach dem Wunsch des französischen Staatspräsidenten auf ganz Europa ausgedehnt worden wäre. Der Bundestag verabschiedete den Text erst, nachdem ihm eine Präambel vorangestellt worden war; sie hielt ausdrücklich fest, daß die Bundesrepublik weder auf eine enge Zusammenarbeit mit den Vereinigten Staaten noch auf eine um Großbritannien und andere Länder erweiterte Gemeinschaft zu verzichten gedachte. Nach Adenauers Rücktritt 1963 erlitt die deutsch-französische Zusammenarbeit unter Ludwig Erhard (1963–1966) und unter der Großen Koalition (1966–1969) einen Einbruch. Willy Brandt (1969–1974) widmete sich vorrangig der Ostpolitik. Die »deutsch-französische Achse« bildete sich dann erneut unter den Kanzlern Helmut Schmidt und Helmut Kohl auf deutscher sowie den Präsidenten Giscard d'Estaing und François Mitterrand auf französischer Seite. Insbesondere Kohl und Mitterrand gaben dem Elysée-Vertrag einen neuen Impuls und waren darum bemüht, die Vorzüge einer wie auch immer gearteten Stärkung der deutsch-französischen Beziehungen für die politische Zusammenarbeit in Europa insgesamt zu veranschaulichen.

Weiter oben war bereits von der Politik des leeren Stuhls die Rede; 1965 wurde sie als Gegenreaktion auf die aus der Not geborene Offensive des damaligen deutschen Kommissionspräsidenten Walter Hallstein praktiziert, der die Erhöhung der Eigenmittel der Gemeinschaft von der Mehrheit verabschieden lassen wollte. 1966 legte de Gaulle gegen den Beitritt Großbritanniens ein weiteres Mal sein Veto ein.

Im großen und ganzen hob der Gründer der V. Republik nach 1963 systematisch das Konzept der »nationalen Unabhängigkeit« hervor und war bestrebt, den durch das Ende des Algerienkriegs gewonnenen Spielraum bestmöglich zu nutzen. Am 27. Januar 1964 wurde die Volksrepublik China von Frankreich anerkannt. Am 2. Februar 1965 sprach sich de Gaulle in einer aufsehenerregenden Pressekonferenz für eine Rückkehr zum Goldstandard aus. Im März 1966 kündigte er den Rückzug Frankreichs aus der integrierten Militärstruktur der NATO an. Gleichzeitig legte er den Grundstein für eine Politk der »Verständigung, der Entspannung und der Zusammenarbeit« mit der UdSSR. Seine Politik bezüglich der Dritten Welt wies Parallelen zum Konzept der Blockfreiheit auf, insbesondere im Hinblick auf den Vietnam-Krieg.[26] Und auch der Satz: »Es lebe das freie Québec!«, den er am 24. Juli 1967 auf dem Balkon des Rathauses von Montréal ausrief, ist in die Annalen eingegangen.[27]

Unter all diesen Entwicklungen löste die Angelegenheit mit der NATO zweifelsohne die meisten Reaktionen innerhalb wie außerhalb Frankreichs aus. Mit der Entscheidung von 1966 verließ Frankreich nicht etwa das Bündnis, dem de Gaulle anläßlich des Mauerbaus in Berlin und der Kuba-Krise seine Treue bewiesen hatte. Die größte Befürchtung des französischen Präsidenten, dem der Aufbau einer echten Partnerschaft mit den Vereinigten Staaten nicht gelungen war, galt einem möglichen Verlust der Handlungsfähigkeit; es konnte nicht angehen, daß die Europäer im Namen der atlantischen Solidarität nicht einen Schritt ohne die Führung oder zumindest das grüne Licht Washingtons unternahmen. Langfristige Interessen standen auf dem Spiel, nicht zuletzt die europäische Einigung selbst, doch auch Fragen des Krisenmanagements. De Gaulle wußte, daß sich das Schicksal bei geschichtspolitisch relevanten Zusammenhängen im Verlauf von Krisen entscheidet. Mit dem Rückzug aus dem militärischen Bereich der NATO wollte er Frankreich in die Lage versetzen, im Notfall das ganze Gewicht seiner Nukleargewalt in die Waagschale zu werfen. Aufgrund der geographischen Lage des Landes wurde den französischen Streitkräften naturgemäß eher die Rolle einer strategischen Reserve als die eines beliebigen Mitstreiters in der »Vorneverteidigung« zugeschrieben. Während dieser ganzen Zeit rückte de Gaulle von seiner Vorstellung eines europäischen Europa nicht ab, der sich letztlich selbst die französischen Anhänger der Atlantischen Allianz de facto anschlossen.

Durch den Untergang der UdSSR wurde das Bündnis gezwungen, sich die Frage nach seiner Zukunft zu stellen. Das Hauptproblem ist indes unverändert: Wie sollen die Europäer in Absprache mit den Amerikanern, nicht aber unter deren Regie, ihre Verteidigung gestalten?[28] Damit sind zwei Gesichtspunkte angesprochen. Zum einen die Beziehung zwischen NATO und Westeuropäischer Union (WEU), die gemäß dem Maastricht-Vertrag der europäische Pfeiler des Nordatlantikpakts werden soll; und zum anderen die Beziehung zwischen dem Bündnis und Rußland.

Schon 1991 wurde vom Verteidigungs-Planungsausschuß der NATO eine neue Strategie aufgestellt, die das alte lineare Konzept (die »Vorneverteidigung«) durch eine flexible Verteidigung in der Tiefe (die »Eingreiftruppen«) ersetzen sollte und den Stein für eine Reform der Allianz ins Rollen brachte. Im Januar 1994 wurde das Konzept der Multinationalen Streitkräfte verabschiedet. Die höchst politische Frage aber nach den Bedingungen, unter denen die Europäer diese Streitkräfte für den Fall einer Nicht-Beteiligung der Amerikaner einsetzen wollen, indem sie auf bestimmte allgemeine Mittel der NATO zurückgreifen – wie es beim Berliner Gipfel im Juni 1996 bestätigt wurde –, ist noch immer ungeklärt. Das Tauziehen zwischen Frankreich und den Vereinigten Staaten bei der Neuvergabe des Südkommandos zeigt, daß die Vereinigten Staaten zu Zugeständnissen im Hinblick auf den Umfang ihrer Kontrolle über die NATO, einem der wichtigsten amerikanischen Machtinstrumente, nicht bereit sind.

Am 20. Dezember 1991 rief die NATO außerdem einen Nordatlantischen Kooperationsrat (NAKR) ins Leben, der die Staaten Mittel- und Osteuropas und einige der aus dem Zerfall der Sowjetunion hervorgegangenen Länder umfaßt. Im Januar 1994 unternahmen die Amerikaner einen weiteren Schritt, indem sie das Prinzip einer sukzessiven Erweiterung erwogen und als Vorabmaßnahme eine »Partnerschaft für den Frieden« begründeten; sie richtet sich an alle im weitesten Sinne postkommunistischen Länder Europas und umfaßt einen politischen und einen militärischen Teil (gegenseitige Absprache und gemeinsame Truppenübungen). Unter vielen Vorbehalten willigte Rußland schließlich in die Teilnahme ein (31. Mai 1995). Die ehemaligen Satellitenstaaten der UdSSR aber strebten eine Vollmitgliedschaft im Bündnis an, zum großen Leidwesen Rußlands. Sie gaben vor, auf diese Weise ein »Sicherheitsloch« im Herzen des Kontinents zu schließen, dessen Realität nicht unstrittig ist, sahen darin vor allem jedoch eine Möglichkeit, sich Amerika anzuschließen, von dem eine starke Anziehungskraft ausgeht. Darüber hinaus fordern sie die Mitgliedschaft in sämtlichen Westbündnissen. Eine in zweierlei Hinsicht prekäre Frage: Einerseits nämlich will der Westen die vom sowjetischen Joch befreiten Länder Mitteleuropas nicht enttäuschen und gleichzeitig das aufgewühlte Rußland nicht isolieren. Andererseits fällt der Allianz seit dem Verlust des Gegners, über den sie implizit ihr Selbstverständnis bezog, eine klare Neudefinition ihres Gegenstands schwer. Sie ist hin und hergerissen zwischen der Mobilisierung gegen ein mögliches Wiedererwachen des russischen Imperialismus und der Rolle als weltlicher Zweig im Dienste einer gemeinschaftlichen europäischen Sicherheitsorganisation. Im ersten Fall wäre Rußland schlicht und ergreifend an die Stelle der Sowjetunion als dem Bösewicht getreten. Im zweiten Fall erhielte es, wie alle übrigen Länder Europas, seinen Platz innerhalb eines neugestalteten Pakts. Für letzteres hat man sich mit dem Gründungsakt zwischen Rußland und der NATO entschieden, der am 27. Mai 1997 unterzeichnet wurde. Fortan ist Rußland über die Einrichtung eines ständigen gemeinsamen Rates an der Ausarbeitung der Bündnisentscheidungen und insbesondere an der Krisenbewältigung in Europa beteiligt. Es hat erneut Großmachtstatus, besitzt jedoch kein Vetorecht. Mit Hilfe dieser Vereinbarung wurden die Schranken bezüglich der Erweiterung des Bündnisses auf die drei wichtigsten Länder Mitteleuropas ausgeräumt. Am 8. Juli wurden Polen, Ungarn und die Tschechische Republik in Madrid offiziell dazu aufgefordert, der Organisation beizutreten, während für Rumänien und Slowenien die Tür einen Spaltbreit geöffnet wurde. 1999 wird die Organisation demnach zeitgleich zum 50. Jahrestag ihrer Gründung die erste Osterweiterung feiern können.

Verstärkt wurde die Partnerschaft für den Frieden durch die Schaffung eines »Euro-Atlantischen Partnerschaftsrates«, der den übrigen Ländern in diesem Teil Europas die Wartezeit überbrücken helfen soll. Zwischen der Ukraine und der NATO wurde eine gesonderte Charta der Partnerschaft unterzeichnet. Zum ersten Mal in der Geschichte überlebt ein Bündnis nach dem Verschwinden des Gegners, der es erst hervorbrachte. Für die Vereinigten Staaten ist das ein schöner Sieg.

Durch die Erweiterung wird die Allianz tatsächlich zur Speerspitze eines kollektiven Führungssystems, das sich der Störfaktoren annehmen könnte, die in Europa oder anderen Interessenszonen auftreten. Die Beziehung zur UNO wird, wie bereits gesagt, wesentlich sein. Doch läßt dieser entscheidende Schritt viele Fragen offen, in erster Linie die der Strategie eines nach wie vor militärischen Bündnisses. Wie ist es derzeit um die Glaubwürdigkeit von Artikel V in einer erweiterten NATO bestellt? Darüber hinaus kommt es zu einer Erweiterung, ohne daß es auf die grundlegende Frage, wie die Verantwortung zwischen den Vereinigten Staaten und Europa künftig aufgeteilt wird, eine Lösung gäbe – Bedingungen also, die das Entstehen einer wirklichen »gemeinsamen europäischen Sicherheitspolitik« und eines »zweiten Pfeilers« noch unwahrscheinlicher machen. Wenn es Europa nicht gelingt, auf eigenen Füßen zu stehen, wird die Beziehung zwischen den Vereinigten Staaten, Europa und Rußland aus dem Gleichgewicht geraten und das System sich eines Tages zerschlagen. Es geht um nicht mehr und nicht weniger als die Stabilität des europäischen Kontinents im 21. Jahrhundert. Und diese wird nur durch eine ausgeglichene Beziehung ihrer wichtigsten natürlichen Pole zu gewährleisten sein. Für den Alten Kontinent stellt sich die Frage, ob er sich damit zufriedengibt, seine Hauptinteressen in den Händen amerikanischer Parlamentarier zu wissen. Das heraufziehende 21. Jahrhundert läßt das Atlantische Bündnis mehr denn je als die Stütze des europäischen Sicherheitssystems schlechthin erscheinen.

Der jugoslawische Krieg brach zu einem Zeitpunkt aus, da die NATO in ihre vielfältigen Widersprüche verstrickt war. Die Amerikaner wollten sich nur widerwillig in einer Sache engagieren, die ihre grundlegenden Interessen nicht berührte. Die Russen weigerten sich, die NATO als Hauptinstrument kollektiver Sicherheit in Europa anzuerkennen. Wie sollte da die Zögerlichkeit der Allianz überraschen?

Die geographischen Grenzen der Union

Frankreich konnte gegenüber seinen Partnern nicht unausgesetzt auf Konfrontationskurs gehen. Georges Pompidou, der in gutem Einvernehmen mit Premierminister Edward Heath stand, machte den Weg für den Beitritt Großbritanniens frei, auf das Dänemark, Irland und Norwegen folgten. Die Verträge wurden am 22. Januar 1972 unterzeichnet; allerdings sprachen sich die Norweger im September in einem Referendum gegen einen Beitritt aus. Die Gemeinschaft umfaßte nunmehr neun Mitglieder. Eine zweite Beitrittswelle setzte ein, nachdem Griechenland, Spanien und Portugal ihren autoritären Regimen, die sich über den Krieg gerettet hatten, eine Absage erteilt hatten. Damals tauchte der Gedanke auf, daß alle Länder, die geographisch zu Europa gehörten, auch automatisch Anspruch auf eine Mitgliedschaft in der Union haben sollten, vorausgesetzt, sie besäßen ein demokratisches System. Man ging davon aus, daß die Zugehörigkeit zur Gemeinschaft die Entscheidung für die Demokratie unumkehrbar machte. Griechenland trat am 1. Januar 1981 bei, Spanien und Portugal folgten am 1. Januar 1986.[29] Mit dem Untergang des Sowjetimperiums wurde das Hindernis für einen Beitritt der neutralen Staaten ausgeräumt, wodurch auch für Österreich, Schweden und Finnland, die 1994 aufgenommen wurden, der Weg frei war.[30] Gleichzeitig aber stellte sich vor allem das Problem der Osterweiterung.

Sämtliche Anstrengungen, die die gebeutelten Staaten Mittel- und Osteuropas unternehmen, bedürfen in der Tat eines geeigneten Rahmens, den sie kaum aus eigener Kraft schaffen können. Ihn bereitzustellen, ist die Pflicht von uns Westeuropäern. Wir haben die Europäische Union, an der wir seit fast vier Jahrzehnten unermüdlich arbeiten – nicht ohne dabei auf unzählige Hürden zu stoßen, was alle großen Unternehmungen der Menschheit auszeichnet. Unsere neuen Partner machen uns zum Vorwurf, nicht schnell genug zu handeln, und diese Ungeduld ist nur allzu verständlich. Dennoch ist der Vorwurf nicht gerechtfertigt, denn in den Jahren nach dem Fall der Mauer wurden Beitrittsabkommen erarbeitet, Prozesse für eine politische Zusammenarbeit in Gang gesetzt und die Beziehungen zur WEU institutionalisiert; ferner wurde am 18. Juni 1997 in Amsterdam die Erweiterung auf fünf Länder (Polen, die Tschechische Republik, Ungarn, Lettland und Slowenien) offiziell auf den Weg gebracht. Ohne unsere aktive Unterstützung wären die schon jetzt beachtlichen Erfolge in den Oststaaten undenkbar gewesen. Natürlich steht es angesichts so immenser Bedürfnisse und vor allem Erwartungen jedem einzelnen frei, das bislang Erreichte für ungenügend zu halten. Allerdings sollte sich jeder auch darüber klar sein, daß der Beitritt zur Europäischen Union mit dem Beitritt einer Privatperson zu einem Kultur- oder Sportverein nicht zu vergleichen ist. Diese Gemeinschaft könnte nicht überleben, wenn sie zu einer Transferpumpe würde, die automatisch Mittel verteilt, wenn ihre komplexen Entscheidungsmechanismen sie lahmlegen würden, wenn sich übereilt geeinte Mitgliedsstaaten vor den Augen der machtlosen übrigen Mitglieder gegenseitig demontierten oder eine leichtfertige Erweiterung ihr in den Augen der Bürger eine verminderte Legitimität bescherte. Die Schwierigkeiten bei der Unterzeichnung des Maastricht-Vertrags, den Frankreich und Deutschland als eine erste Antwort auf das Verschwinden des Eisernen Vorhangs entwarfen, haben deutlich gemacht, wie fragil das Gebilde ist, in das die Völker Osteuropas all ihre Hoffnung setzen – zu einem Zeitpunkt, da die Völker des Westens die Schätze, die sie dieser Gemeinschaft verdanken und die sie zu unrecht als definitiv gesichert betrachten, in Vergessenheit geraten lassen und eine Abkehrhaltung an den Tag legen. Darum ist es so wichtig, diesen Organismus zunächst zu konsolidieren und nur allmählich und mit der nötigen Systematik zu erweitern, um Rückschläge zu vermeiden. Die geographischen und geschichtlichen Fakten machen dies namentlich bei den Nachbarn Deutschlands, Polen und der Tschechischen Republik, zwingend nötig. Mit dem Wechsel der Länder von Visegrad[31] kann die nötige Einigung über die Grundidee, wie sie in der deutsch-französischen Versöhnung ins Werk gesetzt wurde, zum Wohl des gesamten Kontinents hergestellt werden. Alle Länder Europas sind dazu bestimmt, ihren Platz in dem europäischen Haus zu finden, dessen Umrisse noch variabel sind. Unabhängig von den fließenden Grenzen unseres Kontinents aber finden gewissermaßen aufgrund natürlicher Gegebenheiten nicht alle zur gleichen Zeit ihren Platz, so daß bereits angekurbelte Beitrittsmechanismen auch in Zukunft dauerhaft auf die Probe gestellt und vertieft werden müssen.[32]

Die geographischen Grenzen Europas sind heutzutage erneut heftig umstritten, und in diesem Punkt sind wir nicht weiter als die Griechen in der Antike: »Welches sind die Grenzen Europas im Osten? Die Steppen des heutigen Rußland, die Hochebenen, die Anatolien von den Tälern des Euphrat und Tigris trennen, bilden das unbestimmte Gebiet, wo Europa aus Asien heraustritt.«[33] Sind die Türkei oder Rußland dazu berufen, der Union eines Tages beizutreten? Möglicherweise.[34] Im anbrechenden 21. Jahrhundert aber hängt die Zukunft der europäischen Union nicht nur an dieser Frage. In den ersten Jahrzehnten ihres Bestehens ist die Gemeinschaft enorm gewachsen. Gleichzeitig hat sie an Effizienz und, was schwerer wiegt, im Urteil der Bürger auch an Legitimität eingebüßt. Manche Widersprüche mildern sich mit der Zeit, bleiben aber dennoch bestehen. Großbritannien ist zwanzig Jahre nach seinem Beitritt unbestritten »europäischer« geworden, aber in dem gegenwärtigen und potentiellen europäischen Raum ist in Bezug auf die Gemeinschaft eine einheitliche geopolitische Vision nicht vorhanden.

Wenn Europa atmen soll, wenn die Chancen für die Union gerettet werden sollen, müssen deren Strukturen zunächst auf ein gesundes und effizientes Maß gebracht werden, damit alle Bürger Europas ein Zugehörigkeitsgefühl zu einem politischen Gefüge entwickeln, das die Nationalstaaten zusammenschließt und nicht deren Auflösung bewirkt.

Was tun mit Maastricht?

Die Annahme, der Maastricht-Vertrag sei eine Flucht nach vorn gewesen, ist durchaus berechtigt, und sicherlich war er auch kein »Geniestreich« wie seinerzeit der Schuman-Plan. Muß man sich deshalb aber mit der stark verbreiteten Vorstellung zufriedengeben, er werde auch niemals zur Anwendung kommen? Diese Ansicht teile ich nicht, und zur Erläuterung will ich nur zwei Punkte anführen.

Der erste betrifft die Währungsunion. Das Ziel ist hoch gesteckt, allein wenn man die Auswirkungen für die Sanierung der öffentlichen Finanzen der Mitgliedsstaaten bedenkt. Unter ihnen mögen manche der Versuchung erliegen, die nationalistische Saite zum Schwingen zu bringen, um auf diese Weise die Unfähigkeit der politischen Führungskräfte bei der Durchführung unverzichtbarer Strukturreformen zu kaschieren, die aufgrund der neuen Rahmenbedingungen im internationalen Konkurrenzkampf unabdingbar geworden sind. Wie können wir – sollten wir den Termin 1999 jemals verstreichen lassen, weil es uns an Mut, Klarsicht oder politischem Vermögen gefehlt hat, um Ordnung in unsere Angelegenheiten zu bringen – davon ausgehen, daß beispielsweise Frankreich dann besser dastünde?

Die Krise Mexikos im Winter 1994–1995 hat in einem größeren Gesamtzusammenhang einmal mehr die Grenzen einer Liberalisierung des Warenverkehrs ohne einen strengen Währungsrahmen vor Augen geführt. Rein theoretisch müßte es genügen, die Wirtschaftspolitik in den miteinander verflochtenen Ländern gut zu koordinieren. Doch sind die Gesetze der reinen Politik mit denen der Wirtschaftspolitik nicht vereinbar. Erstere geben systematisch dem schnellen Erfolg, der jeweils nächsten Wahl den Vorrang; letztere beziehen stets mittel- und langfristige Ziele ein. Deshalb sollte den Regierungen ein regelrechter Währungszwang auferlegt werden. Deutschland hat bewiesen, daß diese Entscheidung die richtige ist. Das europäische Währungssystem (EWS) ist im Sommer 1994 an seine Grenzen gestoßen. Wenn wir keine Einheitswährung einführen, besteht ein reales Risiko wiederkehrender Handelshemmnisse innerhalb Europas. Diese wünschen manche im Grunde sogar mehr oder weniger unverblümt herbei, ohne jedoch abzusehen, was dies in einer Welt, die vom Dynamismus Amerikas und Asiens bestimmt wird, auf Dauer bedeuten würde.

Der zweite Punkt bezieht sich auf die Gemeinsame Außen- und Sicherheitspolitik (GASP). Dabei geht es nicht allein darum, die deutsch-französischen Beziehungen auf den Verteidigungsbereich auszuweiten und das Dreieck Frankreich-Deutschland-Großbritannien – natürlich unter Einbeziehung unserer übrigen europäischen Partner – zu stärken, um auf diese Weise endlich den zweiten Pfeiler der NATO zu errichten, von dem seit Kennedy die Rede ist.

Wenn die europäische Kooperation es nicht schafft, sich in den wichtigsten Bereichen der Außenpolitik auf gemeinsame Positionen und Handlungsweisen zu einigen, wie der Maastricht-Vertrag es vorsieht, wird die formale Schaffung einer neuen Sicherheitsstruktur folgenlos bleiben. Unser Scheitern in Ex-Jugoslawien ist politischer, nicht militärischer Natur. Sollten Frankreich, Deutschland und Großbritannien keine Anstrengungen unternehmen, ihre »große Politik« wenigstens im Hinblick auf alle im weitesten Sinne europäischen Belange, also auch Rußland und die Länder der GUS betreffend, miteinander abzustimmen, könnte sich schon die kleinste Krise beispielsweise auf dem Balkan oder in der Ukraine zu einem Fiasko, ja einer Tragödie ausweiten.

Auch in Bezug auf den Nahen Osten, der gemeinsam mit Nordafrika unsere Südflanke bildet, braucht die Europäische Union eine möglichst einheitliche Politik. Die Bühne wird von den Vereinigten Staaten beherrscht, die auch die wirtschaftlichen Erträge ihres politischen und militärischen Engagements für sich beanspruchen. Doch wird sich der »komplizierte Orient«, wie ihn de Gaulle bezeichnete, auf eine Pax americana dauerhaft nicht einlassen. Trotz aller Rückschläge und Verzögerungen – aufgrund sehr konkreter Probleme (zum Beispiel das Wasser in Jordanien und im Golan) oder politischer Fragestellungen (wie der Status Jerusalems und die Siedlungen), aufgrund menschlicher und psychologischer Faktoren (die Persönlichkeit von Benjamin Netanjahu, der Vertrauensverlust und die Angst, die Dinge in die Tat umzusetzen) – ist der in Oslo eingeleitete, zufällige Friedensprozeß nicht umkehrbar. Zur Überwindung der Hindernisse wird noch viel Phantasie vonnöten sein. Die Wiederaufnahme der diplomatischen Beziehungen zwischen Israel und Jordanien wäre ohne die Unterstützung Syriens nicht möglich gewesen. Es werden Zeiten kommen, in denen die Sicherheitsbedenken, die die arabischen autoritären Systeme zur Rechtfertigung ihrer ausgebliebenen demokratischen Öffnung vorgebracht haben, dem Wunsch der Bevölkerung nach wirtschaftlichem Wohlstand und mehr politischer Liberalität werden nachgeben müssen. Die Wirtschaftskonferenzen in Casablanca und Amman jeweils Ende Oktober 1994 und 1995 und in Kairo im November 1996 haben ein entsprechendes Signal gesetzt. Die Europäer werden früher oder später wieder ihren natürlichen Platz in einer Region finden, die ihre vorrangigen wirtschaftlichen und strategischen Interessen berührt. Doch werden sie ihre arabische Politik in der Sorge betreiben müssen, die Interessen der gesamten Union zu definieren und zu wahren. Zu einer Form primärer Konkurrenz im Nahen Osten darf es zwischen Großbritannien, Deutschland, Frankreich und Italien nicht erneut kommen, denn deren direkte und indirekte Folgen könnten verheerend sein. Zu diesen Überlegungen gehört auch, daß Frankreich sich zu der Notwendigkeit einer europäischen Dimension seiner Politik in Nordafrika (und insbesondere in Algerien) bekennen muß.

Über Nationen und andere Horizonte

Nationen, Nationalitäten, Völker, Ethnien ... um all diese Begriffe herrscht Verwirrung. Seit den Umbrüchen von 1989–1991 preisen manche die Rückkehr der Nationen, die sie als elementare Teile des Erdenpuzzles betrachten. Die gängige Terminologie legt diesen Schluß auch nahe: Ist nicht von den internationalen Beziehungen die Rede, wenn die Gesamtheit der Beziehungen zwischen juristischen Gebilden bezeichnet werden soll, die nicht ein und demselben Staat angehören? Andere verkünden das Ende des Nationalstaats angesichts der sich vervielfältigenden gegenseitigen Abhängigkeiten. Im Namen der Nation werden Internationalismus und Volapük bis hin zum »Mondialismus«, wie Wortführer der französischen Links- und Rechtsextremen sich ausdrücken, angeprangert. Umgekehrt versetzen die zerstörerischen Folgen des Nationalismus die Fürsprecher tragfähiger regionaler und internationaler Strukturen in Angst und Schrecken.

Nach meinem Dafürhalten sind Streitereien dieser Art nicht mehr zeitgemäß. Das Nationale ist eine Realität, die kein ernstzunehmender Beobachter leugnen könnte. Die Ambiguität, die ihm seit dem 19. Jahrhundert anhaftet, hat es jedoch noch immer nicht abgelegt. Für die Deutschen war die Beziehung zwischen Staat und Nation immer fließend. Es gibt eine »arabische Nation«, die sich nicht als Staat konstituieren will. Schnell ist der Punkt erreicht, an dem sich die Behauptung von Nationalitäten mit der Behauptung der Nation nicht länger vereinbaren läßt. Gibt es eine baskische, korsische oder bretonische Nationalität? Muß ein »Volk« notwendigerweise zu einem Staat zusammengeschlossen werden? Daraus folgte, daß alle Armenier auf der Welt die armenische, alle Libanesen die libanesische, alle Juden die israelitische Staatsangehörigkeit annehmen müßten. Wenn die Verteidiger der Menschenrechte ein halbes Jahrhundert nach Hitler die »ethnische Säuberung« preisen könnten, wären die Grenzen des Absurden überschritten. Tatsache ist, daß ein freies Individuum am Ende des 20. Jahrhunderts idealerweise unabhängig von seinem Wohnort gleichzeitig eine »ethnische« oder kulturelle und eine nationale Identität für sich beanspruchen können sollte.

Bei all diesen Aspekten ist die gegenseitige Verflechtung ausschlaggebend für das Maß an Freiheit und zugleich an zusätzlichen Verpflichtungen. Sie läßt den Ruf nach Toleranz laut werden. Es gilt, neue Organisationsformen zu entwickeln, die an die Stelle bestehender Verhaltensweisen treten. Der Streit, den die Alten und die Modernen bezüglich der europäischen Staatsbürgerschaft austragen, verdeutlicht die Schwierigkeiten, die daraus erwachsen.[35] Faßt ein Deutscher den Beschluß, sich in Lyon niederzulassen, sollte er seine deutsche Staatsangehörigkeit behalten und in Lyon an den Stadtratswahlen teilnehmen können, ebenso wie ein in München ansässiger Franzose auch in München wählen dürfen sollte. Man muß eine ausgesprochen statische Auffassung von Geschichte haben, wenn man das Risiko von einem Anschluß Lyons an Deutschland oder das der Eroberung Bayerns durch einen entfernten Nachfahren Napoleons heraufbeschwört.

In Wahrheit ist dem Nationalstaat noch ein langes Leben beschieden, doch ist er nicht mehr, was er einmal war. Seinen Tod zu verkünden, wie es Wolfgang Schäuble und Karl Lamers in dem am 1. September 1994 veröffentlichten CDU-Papier taten,[36] ist genausowenig ernstzunehmen wie umgekehrt die Behauptung von der Unberührbarkeit einer besonderen Organisationsform der menschlichen Gesellschaft, die wie alles Lebendige dem Wandel und der Anpassung und – da wir es mit vernunftbegabten Menschen zu tun haben – der Notwendigkeit des Fortschritts unterworfen ist.

Unter dem Gesichtspunkt der Dauerhaftigkeit, der immer dann gelten sollte, wenn es um die Einordnung bestimmter Strömungen geht, ist der Nationalstaat ein relativ junges Phänomen, das erstmals gegen Ende des Mittelalters in Erscheinung trat.

Werfen wir kurz einen Blick darauf, wie sich die Dinge im Rahmen von Frankreichs Geschichte darstellten. Sehr früh schon hatten die Legisten ein Konzept erarbeitet, das der modernen Vorstellung von nationaler Unabhängigkeit ähnlich ist. Bei ihnen hieß es, »der König Frankreichs ist Herrscher seines Königreichs« *(Rex Franciae est imperator in suo regno)*. Zu Zeiten Karls VI. kam die statutarische Theorie auf, derzufolge die Krone nicht demjenigen gehört, der sie trägt. Sie sei »ein Ausdruck der Herrschaft und des Nießbrauchs, die dem König für die Dauer seines Lebens zustehen, nicht aber sein Besitz.« So erhebt sich der Staat in gewisser Weise über den Monarchen. In einem Werk von 1419, nicht zufällig genau ein Jahr vor dem Vertrag von Troyes, in dem Karl VI. der Wahnsinnige die Krone seinem Schwager Heinrich V. von England übertrug – bekräftigte Jean de Terre Vermeille (Jean de Terrea Rubea), daß der König sein Recht zu regieren weder per Gesetzesakt unter Lebenden noch testamentarisch vermachen konnte. Sein ältester Sohn würde nicht als gewöhnlicher Erbe die Krone seines Vaters entgegennehmen, sondern aufgrund des Thronfolgegesetzes, gemäß einer alten, vom König nicht zu ändernden Sitte. Für die Kronjuristen war das Trierer Abkommen somit null und nichtig. Indem Johanna von Orleans Karl VII. nach Reims führte, sorgte sie dafür, daß die statutarische Theorie, in der Historiker des öffentlichen Rechts den Grundstein für die juristische Doktrin des modernen Staates sehen, Gestalt annahm. Allerdings sollte noch viel Zeit vergehen, bis der eigentliche Nationalstaat sich herausbildete. Zwei Jahrhunderte nach dem Tod des Infanten von Domrémy kam es zu der Auseinandersetzung zwischen Maria von Medici und Richelieu, die alles andere als ein banaler Machtkampf war; vielmehr handelte es sich um den Zusammenprall zweier Staatsauffassungen, deren eine an die althergebrachte Herrscheridee anknüpfte und sowohl geistige als auch irdische Interessen miteinander verband, während die andere auf die Autonomie des Königsstaates baute. Der König Frankreichs ist Herrscher über sein Königreich: Das Prinzip der Vorväter hatte sich zu Zeiten der Regentschaft von Maria von Medici, als der bischöfliche Nuntius und der Botschafter Spaniens an der Beschlußfassung des königlichen Rates beteiligt waren, noch nicht vollkommen durchgesetzt. Erst aus dem Westfälischen Frieden 1648 ging die uneingeschränkte Staatssouveränität als Grundprinzip des internationalen Rechts hervor. Durch die Französische Revolution dann wurde die Souveränität vom Monarchen auf das Volk, also die Nation, übertragen.

Auf die Rückschläge, die die nationale Idee seit der Revolution erlitten hat, gehe ich an dieser Stelle nicht näher ein. Jenen, die die Vergangenheit verherrlichen und die Zukunft festzuschreiben vorgeben, seien die Worte Heraklits in Erinnerung gerufen: Man kann nicht zweimal im selben Fluß baden. Die Nation und erst recht der Nationalstaat sind nicht das A und O menschlicher Gesellschaften. Wer vermag vorherzusagen, wie sich die politischen Systeme insbesondere in Europa in einhundert oder zweihundert Jahren darstellen? Die politischen Architekten des 21. Jahrhunderts bauen auf dem, was wir ihnen hinterlassen; errichten aber werden sie etwas anderes.

Eine heute entstehende Nation ist dann unabhängig, wenn sie ihr Schicksal in die Hand nimmt. Sie ist abhängig nicht nur dann, wenn sie ein Gesetz anwenden muß, das andere Staaten durchgesetzt haben, sondern auch, wenn sie sich hinter einer rückwärtsgewandten Vision verschanzt oder, schlimmer noch, einer fälschlichen Interpretation der Geschichte verschreibt. Um der Welt des 21. Jahrhunderts gewachsen zu sein, bedarf es nicht der gebückten Haltung, sondern der uneingeschränkten Bereitschaft, das Wagnis des Lebens einzugehen.

Kapitel VI

Zwischen Stalin und Gorbatschow

Tocqueville traf die Feststellung, daß verbrauchte Systeme nie gefährdeter sind als zu dem Zeitpunkt, da sie die für ihr Überleben notwendigen Reformen in Angriff nehmen.[1] Wollen sie damit erfolgreich sein, müssen sie sich konsolidieren, auch auf die Gefahr hin, vorübergehend eine Richtung einzuschlagen, die ihren langfristigen Orientierungen zuwiderläuft. Bismarck sagte, man müsse zunächst niederschlagen und dann reformieren. Die Nachfolger Stalins verstanden sich nicht auf Reformen. Chruschtschow und Gorbatschow sind gescheitert. Der eine beschränkte sich auf das Niederschlagen, ohne zu reformieren, und verzichtete darauf, einen Wandel herbeizuführen. Auf diese Weise ebnete er der »Ära der Stagnation«, wie die Sowjets das Breschnjew-Regime nannten, den Weg. Der andere tat weder das eine noch das andere. Er, ein schwacher Charakter, für den das Schicksal eine historische Rolle vorgesehen hatte, öffnete die Büchse der Pandora. Gegen seinen Willen verursachte er die Auflösung der Sowjetunion. Deng Xiaoping dagegen gelang es, die Bedingungen für einen Wandel zu schaffen – und sei es auch mit Bismarcks Rezept. China hat gute Aussichten, die Mutation des kommunistischen Systems ohne Umsturz zu bewältigen.

Tauwetter, Bruchstellen, Krisen

Das Triumvirat, das sich nach dem Tod des Diktators am 5. März 1953 im Kreml etablierte, zog einen Schlußstrich unter den stalinistischen Totalitarismus. Doch schnappte die Falle über dem Regime unverzüglich zu. Bei den unterdrückten Völkern machte sich sogleich Unmut breit, im Mai in Prag, im Juni in Ostberlin. Die Aufstände wurden brutal niedergeschlagen. In Budapest wiederholte sich das Szenario im Herbst 1956. Die sowjetischen Panzer bereiteten dem ungarischen Aufstand ein Ende. Diese Ereignisse fanden wenige Monate nach dem XX. Parteitag der KPdSU (Kommunistische Partei der Sowjetunion) statt, auf dem Chruschtschow als die neue Nummer eins die Stalin-Ära und den Personenkult ausdrücklich verurteilt hatte (14. bis 25. Februar 1956). Durch diese zahlreichen Erschütterungen gerieten die Überzeugungen zahlreicher europäischer Intellektueller im Westen wie im Osten und in der Sowjetunion selbst ins Wanken. Diejenigen unter ihnen, die sich am meisten engagierten, wurden damals militante Antikommunisten oder Dissidenten. Es vergingen allerdings noch etliche Jahre, bis das Gaukelwerk, das die monströse Ideologie errichtet hatte, in sich zusammenstürzte.

Die sowjetischen Machthaber wurden sich der Notwendigkeit von Wirtschaftsreformen sehr schnell bewußt. Probleme bereitete ihnen indes die enge Verknüpfung von politischer und ökonomischer Macht in dem System, das Lenin und Stalin hinterlassen hatten. Sie besaßen weder den Mut noch die Fähigkeit, den gordischen Knoten zu durchschlagen. Als die Tschechen 1968 den Versuch dazu unternahmen, marschierten die Truppen des Warschauer Pakts in Prag ein.[2] Dabei hatten Dubcek und seine Gefährten des Prager Frühlings im

Gegensatz zu Imre Nagy, der es Anfang November 1956 gewagt hatte, die Neutralität Ungarns zu proklamieren, vorausschauend mit allem Nachdruck ihre »Treue« zum sowjetischen Lager erklärt.

In der Außenpolitik setzte das Tauwetter unmittelbar nach Stalins Tod ein. Von dem Waffenstillstand in Korea (27. Juli 1953) und dem Österreichischen Staatsvertrag (15. Mai 1955) war bereits die Rede. In der Zeit dazwischen hatte die UdSSR den Kriegszustand mit Deutschland für beendet erklärt (25. Januar 1955). Im September 1955 begab sich Adenauer nach Moskau. Zwischen der Sowjetunion und der Bundesrepublik wurden diplomatische Beziehungen aufgenommen. Die gegenseitige Anerkennung der beiden deutschen Staaten hingegen stand noch aus; beide erhoben Anspruch auf Souveränität über das gesamte deutsche Staatsgebiet. Die BRD weigerte sich zudem, die Oder-Neiße-Linie als Ostgrenze eines künftig wiedervereinten Staates gelten zu lassen.

Im Februar 1954 machte Molotow den Vorschlag, einen europäischen Pakt für kollektive Sicherheit zu schließen.[3] Die Hauptsorge des Kreml lag von nun an in der Konsolidierung seiner externen Herrschaftsgebiete, die mit der Anerkennung des Status quo durch den Westen erreicht werden sollte. Darüber hinaus träumten die kommunistischen Strategen von einer Auflösung der »Blöcke«, durch die Westeuropa von den Vereinigten Staaten abgeschnitten worden und der UdSSR die Rolle der dominierenden Macht auf dem Kontinent zugefallen wäre. Drei Jahrzehnte später griff Gorbatschow dieses alte Vorhaben unter der neuen Bezeichnung vom »gemeinsamen europäischen Haus« wieder auf.

Der Westen wollte sich nicht von Molotow vereinnahmen lassen. Doch wurde der Vorschlag im März 1969 bei der Konferenz über Sicherheit und Zusammenarbeit in

Europa (KSZE) wieder aufgegriffen. Und aufgrund der mittlerweile veränderten Lage richtete er sich nunmehr gegen die Sowjets. Der Westen brachte seine Forderung nach einem »dritten Korb« für die Erörterung des freien Personenverkehrs, des freien Gedankenaustauschs und der Menschenrechte zusätzlich zur Behandlung territorialer und ökonomischer Fragen vor. Dadurch geriet der Kommunismus noch schneller in Mißkredit.

In den fünfziger Jahren war man von diesen Überlegungen jedoch noch weit entfernt. In den Ländern des Sowjetimperiums herrschte Unruhe unter der Bevölkerung. Dennoch glaubten die kommunistischen Eliten und allzu viele Intellektuelle noch immer an die Überlegenheit der kommunistischen Ideologie und dementsprechend des politischen und wirtschaftlichen Systems. Am 4. Oktober 1957 brachte die Sowjetunion den ersten künstlichen Satelliten - den berühmten *Sputnik* - in die Umlaufbahn. Das erste bemannte Raumschiff startete am 12. April 1961 ins All und machte den Namen Juri Gagarins unsterblich. Die UdSSR wurde zur »Supermacht«, die sich im Hinblick auf die Zukunft zuversichtlich zeigte. In seinem Bericht an den Obersten Sowjet vom 31. Oktober 1959 erklärte Chruschtschow die Vorstellung von einer unausweichlichen militärischen Konfrontation zwischen kapitalistischer und kommunistischer Welt für überholt. So trug er dem atomaren Faktor Rechnung, der von da an als Gleichgewicht des Schreckens bezeichnet wurde.[4] Vermutlich aber glaubte er noch immer aufrichtig an den Endsieg des Kommunismus.

Die Periode der sogenannten »friedlichen Koexistenz« verlief jedoch alles andere als ruhig. Moskau ärgerte sich über Deutschland und versuchte, den Aufruhr in der »Dritten Welt« zu seinen Gunsten zu wenden, eine Politik, die es auch in der gesamten Phase der Entspannung betrieb.

In Ostdeutschland hatte das aufgepfropfte kommunistische System nicht mehr Erfolg als in den übrigen Ländern Mitteleuropas. Die Wunde klaffte in Berlin, das nicht von der UdSSR kontrolliert wurde und über das die Flüchtlingsströme entweichen konnten. Im November 1958 unternahm Chruschtschow erneut den Versuch, den Status der ehemaligen Reichshauptstadt in Frage zu stellen. Dadurch löste er eine Krise aus, die mit dem Bau der »Schandmauer« in der Nacht vom 12. zum 13. August 1961 ihren Höhepunkt erreichte. Der Exodus wurde gebremst, doch erlitt das Prestige der UdSSR einen Einbruch, der auf lange Sicht fatale Auswirkungen haben sollte. Die Mauer wurde zum Symbol des sowjetischen Totalitarismus. Der knappe Satz »Ich bin ein Berliner«, den Präsident Kennedy am 26. Juni 1963 in Berlin sprach, kam fast einem Aufruf zum Heiligen Krieg gegen die Verkörperung dessen gleich, was sein späterer Nachfolger Ronald Reagan als das »Reich des Bösen« bezeichnete. Die Öffnung der Mauer am 9. November 1989 führte fast unmittelbar zum Zusammenbruch eines Systems, das im Grunde nur noch auf dem Vorhandensein der Mauer beruhte.

Das zweite große außenpolitische Abenteuer der Chruschtschow-Ära war die Kubakrise, bei der es um die Stationierung sowjetischer Raketen auf der Karibikinsel ging. Fidel Castro, der Ende 1958 die Macht in Havanna übernommen hatte, stellte den Kontakt zur Sowjetunion her, als die Vereinigten Staaten insbesondere ihre wirtschaftlichen Verbindungen mit seinem revolutionären Regime abgebrochen hatten. Im April 1961 unterstützte Kennedy den Landungsversuch von Exilkubanern aus Florida, der zu einem Fiasko wurde. Der Machthaber in

Havanna wandte sich noch entschiedener Moskau zu und willigte in die Stationierung sowjetischer Mittelstreckenraketen ein, die amerikanischen Boden erreichen konnten. Im Herbst 1962 nahm das Drama seinen Lauf. Für den jungen Präsidenten, dessen Ansehen in dem Skandal um die Schweinebucht Schaden genommen hatte, war die Herausforderung um so größer, als die Sowjetunion mit der Stationierung von Interkontinentalraketen begann. Nie zuvor war amerikanisches Hoheitsgebiet verletzbar gewesen.[5] Am 22. Oktober verhängte Kennedy die Blockade über die Insel. Er setzte dem Kreml eine Frist für den Abzug der Raketen und den künftigen Verzicht auf die Aufrüstung Kubas. Diese Episode ist die einzige im Verlauf des gesamten Kalten Krieges, in der die Möglichkeit eines ernsthaften Konflikts zwischen den beiden Großmächten bestand, wenngleich die Atomstreitmächte auch noch andere Alarmsituationen erlebten (Jom-Kippur-Krieg). Am 26. Oktober gab Chruschtschow nach.[6] Sein Scheitern war – in Verbindung mit dem Debakel auf dem Gebiet der Landwirtschaft – sicherlich einer der Hauptgründe für seine Absetzung 1964.

Eine indirekte Strategie

Die Folgen der Kubakrise waren beachtlich. Sie fachte den Rüstungswettlauf an und brachte die Supermächte gleichzeitig dazu, ihre Beziehungen in bestimmte Bahnen zu lenken, die jedes Risiko einer Entgleisung ausschließen sollten. Die Vereinigten Staaten, die fälschlicherweise überzeugt waren, im Bereich der Raumfahrt hinter der UdSSR herzuhinken (wofür der Begriff *missile gap* geprägt wurde), unternahmen ab 1961 enorme Anstrengungen auf diesem Gebiet, die am 20. Juli 1969 in der Landung auf dem Mond gipfelten. An jenem Tag schien Amerika trotz der festgefahrenen Situation im Vietnamkrieg im Zenit seiner materiellen wie sittlich-moralischen Kräfte zu stehen. Für die Sowjetunion Breschnjews war die Anhäufung von Raketen und Bomben eine Frage des Prestiges. Sie zahlte einen horrenden Preis, um sich auf gleicher Stufe mit den Vereinigten Staaten zu wähnen; dabei war sie nie mehr als eine nur unzulängliche Supermacht gewesen.[7]

Die Kubakrise illustriert auf spektakuläre Weise, welche Strategie die UdSSR in der »Dritten Welt« verfolgte, wo sie sich, letztlich glücklos, jede instabile Lage zunutze machen wollte. Ihr bevorzugtes Terrain waren offenbar jene Gebiete, aus denen Europa sich zurückgezogen hatte, ein Prozeß, der nach dem Ersten Weltkrieg langsam einsetzte, sich im wesentlichen jedoch über die dreißig Jahre nach dem Zweiten Weltkrieg erstreckte. Mit ihm ging eine lange Epoche zu Ende, die mit der Moderne und den großen Entdeckungen ihren Anfang genommen hatte, als Europa seine Macht über den gesamten Planeten ausdehnte.

In dieser Endphase vertrug sich die kommunistische Ideologie auch gut mit dem Nationalismus. Nach Stalin, der die Nationalitäten innerhalb der Sowjetunion unterdrückt hatte, bemühte sich Chruschtschow um die Darstellung der Sowjetunion als Vorbild für innerstaatliche nationale Unabhängigkeit. Auf dem XX. Parteitag der KPdSU wurde seine Unterstützung für die Befreiungsbewegungen in der »Dritten Welt« offiziell verkündet.[8] Damit leitete Moskau eine nachhaltig wirksame, weltweit praktizierte Politik in die Wege. Die »sozialistische« Plage breitete sich flächenartig in den unterschiedlichsten Regionen der Erde aus, darunter Algerien, Kuba und Angola. In den fünfziger Jahren wagte sich niemand vorzustellen, daß auch das russische Imperium, das sich hinter der UdSSR verbarg, dem Wandel der Geschichte unterworfen wäre. Der enorme Erfolg des ersten Bestsellers von Hélène Carrère d'Encausse aus dem Jahr 1978 fiel in eine Zeit, da die kommunistische Ideologie bereits stark erschüttert war; er weckte das Interesse der Menschen für verdrängte, aber nach wie vor bestehende Realitäten, oder trug zumindest dazu bei, daß sie nicht länger geleugnet wurden. Als sich mit der Öffnung der Berliner Mauer der Untergang der Sowjetunion anbahnte, wurde das russische Imperium für schuldig befunden. Zu der Zeit aber, da Chruschtschow sich auf dem XX. Parteitag in Szene setzte, dachten die »progressiven« Geister in Europa nicht im Traum daran herauszufinden, was sich unter dem roten Lack verbarg, der die UdSSR auf den Weltkarten auswies. Der »Sozialismus« schien ihnen der natürliche Weg der Geburt oder Wiedergeburt zu sein, sei es für Nationen, die auf der Suche nach ihrer Identität waren, oder für Länder, die nach Unabhängigkeit strebten.

Seine neue Politik stellte Moskau im Mittleren Osten auf die Probe.[9] Rußlands Interesse für diese Region ging auf das 19. Jahrhundert zurück, als es einen Vorstoß in Richtung Kaukasus und Zentralasien unternommen hatte.[10] Es war die Zeit, da »alle Register« gezogen wurden, und den Schauplatz dazu boten namentlich der Iran und Afghanistan. Die britische Krone versuchte, den Zaren den Weg nach Indien abzuschneiden.[11] Mit der Erdöl-Ära kam dem Iran ein gesteigerter strategischer Wert zu. Während des Kriegs hatten Engländer und Sowjets das Land gemeinsam besetzt, um der Zusammenarbeit Reza Pahlewis mit den Deutschen einen Riegel vorzuschieben und einen Teil der Erdölversorgung für die Alliierten sicherzustellen.[12] Der Schah war gezwungen worden, zugunsten seines Sohnes Mohammed abzudanken. Nach Ende der Kampfhandlungen unternahmen die Sowjets Anstrengungen, sich dauerhaft im iranischen Aserbaidschan niederzulassen, was 1947 zu einem Kräftemessen führte, das zu ihren Ungunsten ausging.[13] Die Vereinigten Staaten festigten ihren Einfluß 1954 im Anschluß an das Scheitern der nationalistischen Initiative von Mossadegh und brachten Schah Mohammed Reza erneut an die Macht. Dieser ließ sich 1971 bei prunkvollen Feierlichkeiten in Persepolis krönen, behauptete, Erbe, wenn nicht sogar Nachfahre von Xerxes zu sein, und suchte auf diese Weise die erniedrigenden Umstände seiner Inthronisierung, die zweimal von den Vereinigten Staaten durchgesetzt worden war, vergessen zu machen. Von nun an waren die USA dauerhaft im Iran präsent, der in ihrem Maßnahmenkatalog zur Einkreisung der UdSSR eine Sonderstellung einnahm. Allerdings entging ihnen, welche innenpolitischen Entwicklungen das Land nahm, das dem äußeren Anschein zum Trotz von der Moderne nicht wirklich erfaßt worden war. Diese Situation hielt bis zur Revolution Khomeinis 1978–1979 an. Die islamische Republik, die sich im Februar 1979 etablierte, zeigte sich der Sowjetunion gegenüber jedoch in keiner Weise entgegenkommend. Im Gegenteil, in deren zentralasiatischen Republiken bereitete sie ihr sogar Schwierigkeiten. Die UdSSR war bekanntlich auch bei ihren Destabilisierungsversuchen in der Türkei, dem Gründungsmitglied des Nordatlantikpakts und des Europarates, gescheitert.

Als die Juden nach Großbritanniens Entscheidung, ihr Mandat zu beenden, den Staat Israel ausgerufen hatten, reagierten die Sowjets, wie die Vereinigten Staaten auch, mit der sofortigen Anerkennung. Mitte der fünfziger Jahre jedoch beschloß Moskau, auf den arabischen Nationalismus zu setzen. Am 16. April 1955 veröffentlichte der Kreml eine Mitteilung, derzufolge die Sowjetunion sich weigerte, das westliche Monopol in der Region, das durch das Abkommen von Bagdad noch gestärkt wurde, hinzunehmen. Die Suezkrise – die zeitgleich mit der ungarischen Revolte stattfand – bot Moskau die erhoffte Gelegenheit. Oberst Nasser, der im Frühjahr 1954 den Sturz von General Nagib herbeigeführt hatte – der seinerseits zwei Jahre zuvor König Faruk vom Thron verjagt hatte –, kündigte im Juli 1956 die Verstaatlichung des Suezkanals als Reaktion auf die amerikanische Weigerung an, den Assuan-Staudamm zu finanzieren.[14] Franzosen und Briten starteten eine Strafexpedition, die mit einer israelischen Intervention einherging. Am 5. November drohte Chruschtschow Paris und London mit dem Einsatz seiner Atomwaffen. Die Vereinigten Staaten ließen ihre beiden Verbündeten fallen, die resigniert beschlossen, die Operation abzubrechen. Ein entscheidender Wendepunkt in der Nachkriegsgeschichte: Es war das erste (und einzige) Mal, daß eine Atommacht nicht-atomare Mächte so offen bedrohte. Mit ihrer Absage an Frankreich und Großbritannien zeigten die Vereinigten Staaten die Grenzen des Atlantischen Bündnisses auf. Frankreich zog daraus seine Konsequenzen, indem es beschloß, selbst für seine atomare Rüstung zu sorgen. Diese in der IV. Republik in die Wege geleitete Politik wurde von General de Gaulle und seinen Nachfolgern ausgebaut. Ein Staat, der über eine unabhängige Atomstreitmacht verfügt, bewahrt sich seine Handlungsfreiheit ungeachtet der Umstände. Diese Betrachtungsweise behält auch nach Ende des Kalten Kriegs ihre Gültigkeit.[15] Über ihre unmittelbaren Folgen hinaus begünstigte die Suezkrise wegen des Abzugs der Europäer die Bipolarisierung der regionalen Belange. Die UdSSR spielte sich als Verbündete der Opfer des westlichen Imperialismus auf und faßte in Ägypten, Syrien und später auch im Irak Fuß. Die Vereinigten Staaten hatten ihren Einfluß indes nicht eingebüßt. In der israelisch-arabischen Auseinandersetzung aber behaupteten sie immer mehr ihre Rolle als Beschützer Israels, während die UdSSR als Alliierte der Araber auftrat. Nach dem Jom-Kippur-Krieg, als Anwar El-Sadat Moskau zugunsten Washingtons aufgab, kehrte allmählich Ruhe ein. Dieser Bündniswechsel führte letztlich zu dem Abkommen von Camp David (1978), dem einzigen, doch beachtlichen außenpolitischen Erfolg von Jimmy Carter. Während des Kriegs zwischen dem Irak und dem Iran (1980–1988), provoziert durch Saddam Hussein, der den Sturz des Schahs dafür nutzen wollte, sein Staatsgebiet anläßlich einer Auseinandersetzung um den Schatt-El-Arab zu erweitern, waren die beiden Supermächte in Verlegenheit. Die UdSSR leistete Bagdad verhalten Beistand, während die Vereinigten Staaten vor allem darum bemüht waren, das Gleichgewicht aufrechtzuerhalten. Mit dem Ende der UdSSR blieb als einzige Macht Amerika, die imstande war, einen Friedensprozeß in der Region zu leiten, natürlich in der Hoffnung, daraus auch den entsprechenden politischen und wirtschaftlichen Nutzen zu ziehen. Zur Erleichterung der Lage war es bemüht, seine Sympathie für die islamische Welt hervorzuheben, was erklärt, warum es für die bosnischen Moslems in Exjugoslawien Partei ergriff und gegenüber der Islamischen Heilsfront in Algerien eine gewisse Aufgeschlossenheit zeigte. Für Amerika ging es darum, seinen Streitigkeiten mit den Regimen von Khomeini und Saddam Hussein zum Trotz zu zeigen, daß es gegenüber den islamischen Staaten an und für sich keinerlei Feindseligkeit hegte. Während des Kalten Krieges hatten sein Quasiprotektorat über Saudi-Arabien oder sein Bündnis mit Pakistan nichts dergleichen unter Beweis gestellt.

In Asien spitzten sich die Dinge aufgrund der chinesisch-sowjetischen Spaltung rasch zu.[16] Mit der Entstehung der Volksrepublik China 1949 und dem Koreakrieg machte sich das Gespenst eines ganz unter kommunistischem Banner stehenden eurasischen Kontinents breit. Das war der Beweggrund für die Entscheidung der Vereinigten Staaten, Frankreich in der letzten Phase des Indochinakriegs zu unterstützen.[17] In der Folge leistete Washington Südvietnam volle Unterstützung. Von 1961 an führte sein stets wachsendes militärisches Engagement Amerika in seinen eigenen Krieg. Es gab dort einen Teil seiner Identität preis. Ende 1975 hatte sich der Kommunismus über die gesamte indisch-chinesische Halbinsel ausgebreitet. In Kambodscha verübten die Roten Khmer einen Völkermord, ohne auf den geringsten Widerstand zu stoßen.

Dabei hatte sich die Gleichung vom internationalen Kommunismus längst verschoben. Mao war nicht von Stalin an die Macht gebracht worden. Wohl hatten die Sowjets ihm unter die Arme gegriffen, doch hatte er es im wesentlichen mit Hilfe seiner eigenen Truppen geschafft. Der Einnahme der Verbotenen Stadt ließ er nicht automatisch die Übertragung einer importierten Ideologie folgen; vielmehr setzte er seine eigene durch. Er gab dem ältesten und größten Staat der Erde seine volle Integrität und Souveränität, die durch Europa und Japan Schaden genommen hatten, zurück. Mao hatte die Gegner gleich welcher Couleur nicht vertrieben, um dem Kreml Erleichterung zu verschaffen. Von nun an verdrängte der klassische Mechanismus des Interessenkonflikts den Mythos von der Ausrottung der Kriege durch das Nahen der »proletarischen Internationale«. In Wahrheit hatte bereits der Konflikt mit Tito jedem unverblendeten Beobachter gezeigt, daß der »Sozialismus« am tieferen Wesen zwischenstaatlicher Beziehungen nichts ändern würde.

Wie stellten sich die Dinge von außen betrachtet dar? Peking nahm das Schweigen der Russen angesichts der Annäherung zwischen Washington und dem Regime Chiang Kai-sheks nicht hin. Die Grenzstreitigkeiten traten deutlicher zutage. Die Spaltung wurde offenbar, als Moskau Unruhen an der Grenze zu Chingjang anzettelte und im Tibet-Konflikt zwischen China und Indien für letzteres Partei ergriff. Im März 1963 verurteilte Peking die »ungleichen Abkommen«, die Rußland China im 19. Jahrhundert aufgezwungen hatte, und löste einen Territorialstreit um die Flüsse Amur und Ussuri aus. Drei Monate später sprach Mao der Vorherrschaft der Kommunistischen Partei der Sowjetunion ihre Berechtigung ab und bezichtigte die »Zaren im Kreml« des Revisionismus. 1964 zündete China seine erste Atombombe, 1967 seine erste Wasserstoffbombe.[18] Vielleicht hatte die UdSSR zu jener Zeit einen Überraschungsangriff auf das chinesische Nuklearwaffenarsenal in Chingjang im Auge, wo sie im übrigen die nationalen Minderheiten zu einer Erhebung anzustiften suchte. In der Zwischenzeit hatte Mao die Kulturrevolution ins Rollen gebracht, die von Moskau sogleich verworfen wurde.

Wie wir in Kapitel VIII sehen werden, hatte die Auseinandersetzung sehr viel tiefere Wurzeln, als man damals gewahr wurde, und sie dauerte ebensolang wie die Ära Maos. In einer wundersamen Umkehrung der Geschichte, die von der außerordentlichen Anpassungsfähigkeit der Chinesen zeugt, ließ Deng Xiaoping die Partei Maos vom Stadium der Kulturrevolution direkt in das der sozialen Marktwirtschaft übergehen, während die Russen in unergründliche Widersprüche verstrickt blieben.

Die chinesisch-sowjetische Spaltung veränderte die internationalen Beziehungen insgesamt. Albanien verbündete sich im Januar 1962 mit China. Peking rivalisierte in Afrika mit Moskau, wo sich beide verausgabten, ohne den Kontinent vor der Misere zu bewahren – im Gegenteil. Nach dem Verschwinden von Salazar und Portugals Rückzug im Jahr 1974 bediente sich die UdSSR Kubas, um Einfluß auf die Geschehnisse in Angola zu nehmen. Lauter ruinöse Verirrungen, von denen letztlich nur die Trümmer bleiben, und die zeigen, daß das Spektrum der geopolitischen Vorstellungen auf den ersten Blick unbegrenzt ist.[19]

Für den Westen brachte die Spaltung neue Spielräume. Frankreich erkannte die Volksrepublik China im Januar 1964 an, als de Gaulle, der den Algerienkrieg beendet hatte, »Entspannung, Verständigung und Zusammenarbeit« mit der UdSSR predigte und sich von der Atlantischen Allianz distanzierte.

Ab 1971 unternahm China Schritte, sich aus der Isolation zu befreien und den Vereinigten Staaten anzunähern, die selbst den Weg der Entspannung mit der UdSSR eingeschlagen hatten und es mit Asien genauso halten wollten. Dieser Aufgabe nahm sich Henry Kissinger an. Im Oktober 1971 trat die Volksrepublik China in der UNO an die Stelle von National-China. Richard Nixon unternahm vom 21. bis 28. Februar 1972 eine spektakuläre Reise nach Peking. Die chinesisch-amerikanische Annäherung war ein enormer Schock für Japan, das selbst versuchte, erneut Kontakte mit dem Reich der

Mitte zu knüpfen. Am 24. August 1973 verpflichtete Chu En-lai die UdSSR in einer Rede vor dem Kongreß der kommunistischen Partei Chinas, ihren Willen zur Entspannung unter Beweis zu stellen, indem sie ihre Truppen aus der Tschechoslowakei, der Volksrepublik Mongolei und von den Kurilen abzöge. Die Auseinandersetzung zwischen den beiden kommunistischen Giganten war demnach nicht beendet. Als Vietnam sich unter der Leitung von Hanoi 1975 wiedervereinigte, verbündete es sich mit der UdSSR und stellte ihr die Militärstützpunkte zur Verfügung, die die Amerikaner besetzt hatten. Diese Umstände trugen dazu bei, daß sich die Spannungen zwischen den beiden Supermächten Ende der siebziger Jahre verschärften. Die Verteidigungsanstrengungen, die die Sowjetunion an ihren fernöstlichen Grenzen unternahm, trugen mit zu ihrem Zusammenbruch bei. Zwischen China und Vietnam kam es 1979 zu einer kurzen direkten Konfrontation, die Chinas militärische Schwächen offenbarte.

So wurde mit dem chinesischen Faktor das Problem des in der Himmelsmechanik sehr geläufigen »dritten Körpers«[20] in die internationalen Beziehungen der Nachkriegszeit eingeführt. Asiens weiterer Gigant, Indien – das von Großbritannien in der Sorge, nicht in den Bürgerkrieg verwickelt zu werden, im Februar 1947 geräumt worden war –, bemühte sich ebenfalls darum, die eigenen Spielregeln durchzusetzen. Die indische Union spaltete sich in zwei und schließlich drei Teile. Zunächst am 14. August 1947 durch die Teilung in das laizistische Indien und das moslemische Pakistan. Später durch die Spaltung zwischen West- und Ostpakistan, aus der 1971 Bangladesh hervorging. In die indisch-pakistanischen Beziehungen kehrte nie Frieden ein, hauptsächlich wegen der Auseinandersetzungen um Kaschmir. Die beiden Länder nahmen den nuklearen Rüstungswettlauf auf. 1974 zündete Indien eine Atombombe. Die pakistanischen Forschungen auf dem Gebiet prägten den Begriff von der »islamischen Bombe« noch lange vor Khomeinis Sieg im Iran.[21] Indien stand sofort in Opposition zu China, wegen des gemeinsamen Grenzverlaufs und der Frage um Tibet, für dessen Autonomie Indien eintrat und das 1950 ganz unter Chinas Kontrolle geriet. Im April 1954 führte der indisch-chinesische Streit um Tibet zu einem Abkommen. Doch blieb das Problem weiterhin ungelöst. 1959, im Anschluß an die brutale Niederschlagung eines Aufstands, flüchtete der 14. Dalai Lama, Tenzin Gyatso, nach Indien, wo er eine Exilregierung gründete.[22] Im September/Oktober 1962 startete China eine siegreiche Offensive gegen Indien.

Der Ost-West-Konflikt hinterließ auch seine Spuren auf dem indischen Subkontinent. Indien hatte eine natürliche Affinität zur UdSSR, mit der es 1971, als sich seine regionale Vormachtstellung deutlich abzeichnete, ein Abkommen über »Frieden, Freundschaft und Zusammenarbeit« schloß. Pakistan trat dem von den Vereinigten Staaten aufgebauten Bündnissystem bei, das die strategische Umzingelung der Kontinentalmacht gewährleisten sollte. Ende 1955 schloß es sich gleichzeitig mit dem Iran dem Abkommen von Bagdad sowie dem Südostasienpakt (SEATO) an. Später, während des Kriegs in Afghanistan, spielte es eine entscheidende Rolle im Kampf gegen den sowjetischen Aggressor.

Indien aber wollte sich von der Ost-West-Strömung nicht einnehmen lassen. Die afrikanisch-asiatische Bewegung, die sich zum Zwecke der Dekolonisierung gebildet hatte, entwickelte die Idee eines Sonderwegs für die »Dritte Welt« in der Mitte zwischen den beiden Supermächten.[23] Nehru erfand gemeinsam mit Tito und

Nasser das Konzept der Bündnisfreiheit, das jedoch keinerlei konkrete Folgen zeitigte. Zumindest konnte es seinen Urhebern und deren Heimatländern vorübergehend zu mehr Ansehen verhelfen. Der Wunsch nach wirtschaftlichem Aufschwung der unabhängig gewordenen Länder reichte nicht für die Gründung eines soliden Zusammenschlusses. Angefangen bei der Konferenz von Bandung im April 1955 bis zur Sonderkonferenz der Vereinten Nationen über Rohstoffe, die auf Initiative von Oberst Boumedienne im April 1974 nach der Vervierfachung des Erdölpreises einberufen wurde, hat die Bündnisfreiheit kaum mehr als Illusionen hervorgebracht. Die algerische Tragödie zeigt dies am eindringlichsten. Wenn untaugliche Fabrikanlagen, die aus Erdöl- und Erdgasgewinnen mit beträchtlichem Aufwand gebaut wurden, eines Tages nurmehr ihre Nutzlosigkeit demonstrieren und die letzte Glut des Sozialismus verglimmt ist, wird als Ersatzideologie nichts als die Manipulation durch die Religion, den sogenannten islamischen Fundamentalismus, bleiben. In Südostasien und Lateinamerika, wo reale Entwicklung stattfindet, wird der Erfolg, anders als Nehru, Tito und Nasser es erträumt haben, auf wirtschaftlichem Liberalismus und der Zusammenarbeit mit den wohlhabenden Ländern gründen.

Die Ära von Stagnation und Entspannung

In den achtzehn Jahren der Breschnjew-Ära (1964–1982) entwickelten sich die UdSSR und ihr Imperium zu einem Fossil. Kommunistische Wertvorstellungen gaben nicht länger Anlaß zu Abspaltungen. Die Ost-West-Beziehungen liefen in geregelten Bahnen, und die Entspannung verhinderte weder den Rüstungswettlauf noch das Gerangel um die Dritte Welt.

Es wurde bereits erwähnt, daß die Sowjets selbst von dieser Phase als der »Ära der Stagnation« sprachen. Innenpolitisch gab es keine einzige nennenswerte Reform. Die Korruptheit des Systems trat immer deutlicher zutage; von ihr profitierten die Nomenklatura und die Mafia, die in den Kaukasusrepubliken und in Zentralasien fast offiziell das Sagen hatte und ihr Netz über die gesamte Sowjetunion ausbreitete. Das Nationalitätenproblem, das die sowjetische Propaganda stets in Abrede gestellt und das Gorbatschow noch in seinem 1987 erschienenen Buch *Perestroika* verleugnet hatte, wurde immer virulenter. Aufgabe der zentralen Planwirtschaft war die Rationierung. Unbedingte Priorität hatten Rüstungs- und Raumfahrtindustrie. Die Stellung der Roten Armee schien uneinnehmbar. Importe, die die Machthaber als unerläßlich erachteten, wurden durch die starken Devisen sichergestellt, die – wie in den Golfmonarchien auch – im wesentlichen von den Erdöleinnahmen herrührten. In allen übrigen Bereichen ähnelte die heimische Wirtschaft einem riesigen Schwarzmarkt. Die – insgesamt übrigens gut ausgebildete – Bevölkerung hatte im Laufe der Jahrzehnte eine große Geschicklichkeit in der Kunst entwickelt, auch unter schwierigsten Umständen zu überleben. Seit dem Zusammenbruch der UdSSR ist ihnen diese Fähigkeit heute mehr denn je von Nutzen.

Die massive Waffenentwicklung und -produktion täuschte. Zuweilen waren die amerikanischen Experten von der Qualität der sowjetischen Technologie überrascht (beispielsweise im Fall der Interkontinentalraketen »MIRV« Anfang der siebziger Jahre[24]). Aufmerksame Beobachter stießen jedoch bereits Ende der siebziger

Jahre auf sich häufende Störungen. Damals – unmittelbar nach dem zweiten Ölpreisschock 1978 – machte ein Bericht der CIA auf erhebliche Schwierigkeiten im vitalen Bereich der Erdöl- und Erdgasindustrie aufmerksam. Prognostiziert wurden eine Kontingentierung und anschließende Verringerung der Produktion. Die Vorhersagen sollten sich bestätigen. Experten im Westen trugen zahlreiche Informationen über die Verschlechterung der Gesundheitsbedingungen zusammen; die Lebenserwartung der Bevölkerung sank. Sie sammelten etliche Indizien für eine Zuspitzung der Umweltsituation. In diesem Punkt aber, wie in anderen auch, erwies sich die Wirklichkeit als weitaus bedenklicher, als man es sich je vorgestellt hatte.

Nach und nach war der Westen immer besser über die Bedingungen im Osten informiert, was auch umgekehrt galt, namentlich aufgrund der Institute, die der Akademie der Wissenschaften angehörten; diese war ausgesprochen aufgeschlossen gegenüber der westlichen Welt. Außerhalb der Sowjetunion schwand der Einfluß der kommunistischen Ideologie zusehends, doch war dies vermutlich kein Vergleich zur Situation im Inland, wo schließlich nur noch Ernüchterung und Zynismus herrschten.

Die UdSSR klammerte sich weiterhin notgedrungen an das Imperium außerhalb ihrer Grenzen. Die »Breschnjew-Doktrin« stellte die Unumkehrbarkeit der »Errungenschaften des Sozialismus« heraus. So erklären sich auch die Niederschlagung des Prager Frühlings und die bleierne Haube, die sich nach der Ausschaltung Dubceks über die Tschechoslowakei legte; der Westen nahm sie aus einer realistischen Haltung heraus resigniert zur Kenntnis, doch brachte sie den Stern einer UdSSR, der die Bücher Solschenizyns schonungslose Seitenhiebe versetzten, noch weiter zum Sinken. Mitte der siebziger Jahre versuchte sich Italien mit Marchese Berlinguer am »Eurokommunismus«. Die Wahl des Erzbischofs von Krakau, Kardinal Woytila, zum Heiligen Vater am 16. Oktober 1978 erschien wie ein Vorzeichen einer künftigen Befreiung. Doch bis dahin galt es noch düstere Jahre zu überstehen.

Ende der sechziger Jahre hatte Moskau seine Satelliten nur noch zum Teil unter Kontrolle. Westliche Experten stellten damals fest, daß die »Länder des Ostens«, wie man sie nannte, die Wahl zu haben schienen zwischen einem bestimmten Maß an wirtschaftlicher Freiheit im Innern und einer gewissen Autonomie gegenüber der imperialen Macht; diese tolerierte es jedoch nicht, wenn beides zur Schau gestellt wurde. In Ungarn hatte Janos Kadar, der vom Kreml nach der Niederschlagung vom Oktober 1956 ins Amt gehoben wurde, den ersten Weg nicht ohne Erfolg eingeschlagen. Er erfreute sich sogar einer gewissen Beliebtheit. In Rumänien praktizierte Nicolae Ceausescu die extremste Form der Planwirtschaft und später der Autarkie, doch brachte ihm sein Wille zur Unabhängigkeit gegenüber Moskau den Respekt des Westens, namentlich von General de Gaulle, und vorübergehend wirkliches Ansehen im eigenen Land. Nach den Ereignissen von Danzig 1970 konnte Polen europäische Hilfe in Anspruch nehmen, die seine Wirtschaft fast ein Jahrzehnt lang künstlich am Leben erhielt, derweil sich der Aufstand formierte: gegen das System, gegen das Regime, das es unterhielt, und gegen den Besatzer.

Um 1975 drehte sich alles um eine zentrale Frage: die Nachfolge von Marschall Tito. Jedermann wußte, daß es Jugoslawien nach dem Tod dieser Persönlichkeit der Geschichte nicht leicht haben würde. Käme es zu einer

Intervention der UdSSR, was täten in diesem Fall die Vereinigten Staaten? Die Frage wurde Jimmy Carter während seiner Kampagne zu den Präsidentschaftswahlen gestellt. Tito starb 1980, und Jugoslawien hat, wenn auch nur für kurze Zeit, die UdSSR überlebt. Die Geschichte nimmt stets einen anderen Verlauf, als man denkt. Zu zahlreich sind die möglichen Konstellationen.

Im Anschluß an die Kubakrise wurden Washington und Moskau von der Perspektive eines ungewollten Nuklearkriegs heimgesucht, den beide in einer Krisensituation infolge eines fehlerhaften Kalküls oder gar aufgrund technischen Versagens auslösen könnten. Das war auch der Grund, weswegen die beiden Supermächte ihre Zusammenarbeit trotz des Rüstungswettlaufs immer weiter vertieften; es begann mit der Einrichtung eines »heißen Drahtes« zwischen den beiden Hauptstädten im Juni 1963. Das ist das Geburtsjahr der Rüstungskontrolle. Die wichtigsten Schritte in diesem Prozeß waren das Moskauer Atomteststoppabkommen über das Verbot von Kernwaffenversuchen in der Atmosphäre, im Weltraum und unter Wasser (5. August 1963), der Vertrag über die Nichtverbreitung von Kernwaffen (Atomwaffensperrvertrag, auch NV, 23.-25. Juni 1967 (1. Juli 1968)), die Abkommen SALT I (26. Mai 1972) und SALT II (15.-18. Juni 1979).[25] Bei den beiden erstgenannten Verträgen handelt es sich um multilaterale, bei den letztgenannten um bilaterale Vereinbarungen. Die bilateralen Abkommen waren Teil eines weitaus ehrgeizigeren Programms, das untrennbar mit den Namen Henry Kissinger und Richard Nixon verbunden ist. Es ging um nicht mehr und nicht weniger als die Aufteilung in eine bipolare Welt, ähnlich wie beim Wiener Kongreß, als die europäische Neuordnung nach den Napoleonischen Kriegen vereinbart wurde.[26] Von 1967 an folgte das Atlantische Bündnis General de Gaulle, indem es sich das doppelte Ziel von Verteidigung und Entspannung auf die Fahnen schrieb.[27]

Zwischen 1972 und 1973 arbeiteten Washington und Moskau ihren Verhaltenskodex aus. Die zwei »Supermächte« verständigten sich nicht nur darauf, einem Nuklearkrieg untereinander, sondern auch gegen Dritte zuvorzukommen. Gleichzeitig machten Nixon und Kissinger ihren Anspruch geltend, im »westlichen Lager« für Ordnung zu sorgen. Das war das Thema des »europäischen Jahres«, zu dem der Außenminister 1973 aufrief. Michel Jobert sprach damals von einem amerikanisch-sowjetischen »Kondominium«. Anfang 1974 verweigerte der französische Außenminister der Regierung Georges Pompidou seine Teilnahme an der Energiekonferenz, die Kissinger aufgrund der Vervierfachung des Erdölpreises einberufen hatte; der Franzose sah darin ein neuerliches Manöver seitens der Amerikaner, ihren Einfluß, wenn nicht ihre Hegemonie über die westliche Welt stärken zu wollen. Die COCOM,[28] die 1949 zum Zweck des Exportverbots von Hochtechnologie in kommunistische Länder gegründet worden war, blieb dennoch in Kraft und wurde erst nach dem Fall der UdSSR am 31. März 1994 aufgelöst. Die Vereinigten Staaten hatten schon 1969 einem vermehrten Austausch von Wirtschaftsgütern mit der Sowjetunion zugestimmt. Im Oktober 1972 sprachen sie ihr die Klausel der meistbegünstigten Nation zu[29] und intensivierten sowohl Agrar- als auch Industrieexporte, welche sogar bestimmte Computermodelle umfaßten. Amerikaner und Sowjets beschlossen ferner, im Weltraum zusammenzuarbeiten.

All dies verhinderte nicht, daß die beiden Länder in der »Dritten Welt« weiterhin miteinander konkurrierten.

Der Vietnamkrieg hatte damals seinen Höhepunkt erreicht.

Mit den politisch-militärischen Angelegenheiten waren im Westen wie im Osten hochkarätige Experten auf dem Gebiet der internationalen Beziehungen befaßt.[30] Auf die bereits zitierten Abkommen, die in diesem Zusammenhang entstanden, möchten wir an dieser Stelle noch einmal zurückkommen. Ziel des NVP war es, die Einteilung in atomare und nicht-atomare Staaten in gegenseitigem Einvernehmen mittels politischer und wirtschaftlicher Entschädigungen für letztere ein für allemal festzulegen. China und Frankreich weigerten sich lange, dem Abkommen beizutreten, und hoben stattdessen den diskriminierenden Charakter des Vertrags hervor.[31]

In SALT II verständigten sich die Vereinigten Staaten und die UdSSR über qualitative und quantitative Höchstgrenzen, bei Angriffs- wie Verteidigungswaffen. Letztere galten in strategischer Hinsicht als destabilisierend. Man fürchtete, daß die Aufbietung von Defensivsystemen, die im übrigen äußerst kostenintensiv und beanstandenswert waren,[32] den Gegner zu Präventivschlägen verleiten könnte.[33] Einer der bedeutendsten Aspekte der Rüstungskontrolle war die Einführung einer Art Zusammenarbeit zwischen den Militärstrukturen beider Länder und sogar eine Erleichterung der Kommunikation zwischen Zivilkräften und Militärs innerhalb der UdSSR. Das SALT II-Abkommen, das aufgrund der technischen Entwicklung höchst komplex war,[34] wurde von den Vereinigten Staaten nicht ratifiziert, da die Entspannung infolge des sowjetischen Einmarsches in Afghanistan und der geplanten Dislozierung der Mittelstreckenraketen Schiffbruch erlitten hatte. Ende der siebziger Jahre waren die nuklearen Waffenbestände von Amerikanern und Sowjets vergleichbar geworden. Denkt man an die noch 1962 bestehende Kluft, wird man sich der von der UdSSR unternommenen Anstrengung bewußt. Die Führer im Kreml waren maßlos stolz, die Parität erlangt zu haben, und machten sich offenbar nicht klar, daß sie damit einer ohnehin ausgebluteten Wirtschaft den endgültigen Todesstoß versetzt hatten.

Während dieser gesamten Zeit wurde die Argumentation für die Nuklearstrategie immer subtiler, was das Fieber eines jeden Dr. Strangelove weiter anheizte. Seit Beginn des Kalten Krieges waren die amerikanischen Spezialisten von der Hypothese eines sowjetischen Überraschungsangriffs ausgegangen. Die meisten politischen Beobachter hielten diese zwar für äußerst unwahrscheinlich, und zudem zielte ab Ende der sechziger Jahre die gesamte Philosophie der Entspannung darauf ab, diese Wahrscheinlichkeit weiter zu verringern. Doch konnten die politischen Rahmenbedingungen sich ändern, und da eine falsche Einschätzung verhängnisvoll gewesen wäre, verbat es sich, Schreckensszenarien auszuschließen. Das galt um so mehr, als sowjetische Militäranalysen sich systematisch Offensivoperationen und einem effizienten Nuklearkrieg widmeten. Die amerikanischen Strategen mußten neue Konzepte ausarbeiten, die an die Stelle der massiven Vergeltung traten: Sie war für den Fall, daß die Russen das Territorium der Vereinigten Staaten mit Nuklearwaffen erreichen konnten – gleich, ob in Form eines Erst- oder Zweitschlags –, hinfällig geworden. Die beiden Hauptgedanken der »Abschreckung« waren die Zweitschlagsfähigkeit und die flexible Erwiderung *(flexible response)*. Es ging einerseits darum, die UdSSR tödlich zu treffen, falls diese einen Angriff gestartet hätte,[35] und andererseits im Fall eines Einmarsches in Westeuropa ein Spektrum möglicher Antworten bereitzuhalten, die dem Gegner die Verantwortung für das Ausmaß der »Eskalation« zuweisen sollten. Diese Themen brachten drei Jahrzehnte lang eine Unzahl von Waffenprogrammen und Diskussionen über die »Glaubwürdigkeit« der Amerikaner hervor, die zwar zu keinem Schluß kamen, dafür aber politisch folgenreich waren, insbesondere in Europa und hier vor allem in Frankreich. Für General de Gaulle und seine geistigen Nachfolger war und ist nur eine nationale Nuklearstreitmacht glaubwürdig, da kein Land seine eigene Zerstörung zur Verteidigung eines anderen Landes in Kauf nehmen kann.

Für Laien war diese Logik, die zur »Überrüstung« führte – häufte doch jeder soviel an, »daß der Planet mehrmals zerstört werden könnte« –, schwer nachvollziehbar. Dazu mußte man sich die Extremsituationen vor Augen führen. Beispielsweise ging man von der Hypothese eines Erstschlags mit mehreren Nuklearraketen aus und berechnete dann – ausgehend von den Mitteln, die der Gegner möglicherweise zum Einsatz bringen könnte – die nötigen Mittel zur Ausführung eines tödlichen Gegenschlags. Dabei stellten beide Lager natürlich die gleichen Berechnungen an. Durch das Verschwinden der UdSSR sind diese mittlerweile historischen Debatten weitestgehend überflüssig geworden. Was bleibt, sind jedoch die materiellen und mentalen Überreste dieser eindrucksvollen Epoche. Die Welt wird sich noch lange mit Nuklearwaffen zu beschäftigen haben.

Die Geschichte der Entspannung reduziert sich nicht auf die Abstraktheiten der Rüstungskontrolle und die Gestaltung der amerikanisch-sowjetischen Bipolarität.[36] In Europa nahm sie konkretere Formen an. Als Willy Brandt, der sozialdemokratische Bürgermeister Westberlins, am 21. Oktober 1969 an die Macht kam, war die Zeit reif für eine Ostpolitik, mit der er sich auf die Spuren de Gaulles und Richard Nixons begab und die im Grunde bereits von der Regierung der Großen Koalition (1966–1969) in die Wege geleitet worden war. Im August 1970 schloß die BRD ein Abkommen mit der UdSSR, und im Dezember desselben Jahres erkannte sie die Unverletzbarkeit der Oder-Neiße-Linie an, eine entscheidende Frage, auf die sie ein letztes Mal Anfang 1990 zurückkommen sollte. Der Anblick des vor dem Denkmal der Opfer des Warschauer Ghettos knieenden deutschen Kanzlers in der polnischen Hauptstadt hinterließ in ganz Europa einen nachhaltigen Eindruck. Zuweilen kommt einer symbolischen Geste die Bedeutung eines zentralen politischen Aktes zu. Ein Vierteljahrhundert später ist die Geste Willy Brandts noch immer in jedermanns Gedächtnis. Kein japanischer Premierminister hat bislang eine vergleichbare Geste gezeigt oder in ähnlicher Weise Mut bewiesen; die Opfer des japanischen Imperialismus zu Beginn unseres Jahrhunderts haben noch nicht verziehen, und das Reich der Aufgehenden Sonne hat noch immer nicht ausdrücklich darum gebeten.

Der Status Berlins wurde am 3. September 1971 durch das Viermächteabkommen festgeschrieben. Darin wurden die Rechte der vier Besatzungsmächte bestätigt, ein Sonderstatus für die ehemalige Hauptstadt bestimmt und die Zufahrtswege im Detail aufgelistet. Dieses Abkommen, das am 3. Juni 1972 in Kraft trat, ermöglichte die Annäherung zwischen der BRD und der DDR, die sich am 21. Dezember 1972 gegenseitig anerkannten und den Grundlagenvertrag unterzeichneten, der ihre Beziehungen zueinander regelte. Das war der Beginn der sozialdemokratischen Politik der »kleinen Schritte«, die nach der Vorstellung ihrer Urheber langsam eine Angleichung beider deutscher Staaten herbeiführen sollte. Für die westdeutschen Konservativen waren diese Entscheidungen erschütternd, denn in ihren Augen besiegelten sie die Teilung des Landes. Doch war dies nur eine Finte der Geschichte.

In Wirklichkeit leiteten sie die künftige Wiedervereinigung in die Wege. Der Grundlagenvertrag wurde schließlich am 6. Juni 1973 vom Bundestag verabschiedet. Im September 1973 wurden BRD und DDR gleichzeitig in die UNO aufgenommen.

Vor dem Hintergrund dieser provisorischen Regelung der deutschen Frage konnte am 1. August 1975 die Schlußakte von Helsinki unterzeichnet werden, das Ergebnis der Konferenz über Sicherheit und Zusammenarbeit in Europa (KSZE), von der bereits die Rede war.

Dieses Dokument ist in dreifacher Hinsicht von entscheidender Bedeutung. In erster Linie wird in ihm der Status quo in Europa verankert – wo kein Friedensvertrag je den Zweiten Weltkrieg endgültig beendet hat –, nicht aber seine Unumkehrbarkeit. Er legt nicht die Unantastbarkeit der Grenzen fest, sondern den Schutz vor ihrer gewaltsamen Verletzung. Diese wesentliche Unterscheidung beinhaltet die Möglichkeit einer friedlichen Grenzänderung durch die Selbstbestimmung der Bevölkerung der beteiligten Länder und die Zustimmung der übrigen betroffenen Parteien (auch dies eine unverzichtbare Bedingung). Die sowjetischen Unterzeichner der Schlußakte ahnten nicht, daß dieses Dokument gemeinsam mit dem Artikel 23 des Grundgesetzes der Bundesrepublik eines Tages den gesetzlichen Rahmen für die deutsche Wiedervereinigung schaffen würde.[37]

Zum zweiten verpflichtete die Schlußakte zur Einhaltung der Menschenrechte und des freien Meinungsaustauschs, wodurch die Überbleibsel des Totalitarismus zusätzlich ins Wanken gerieten.

Schließlich bleibt die KSZE[38] noch zwanzig Jahre nach dem Treffen von Helsinki die einzige Institution für regionale Sicherheit, die neben den europäischen Staaten im strengen Sinne auch sämtliche für Europa relevanten Mächte wie die Vereinigten Staaten, Kanada und die aus der UdSSR hervorgegangenen Länder umfaßt.[39]

Nach Helsinki schien der Eiserne Vorhang nur mehr ein zwar gefürchteter, doch bereits heftig korrodierter Stacheldrahtverhau zu sein. Der innereuropäische Austausch zwischen Ost und West konnte ausgebaut werden, und die DDR wurde bisweilen sogar als heimliches Mitglied der Gemeinschaft bezeichnet. Intellektuelle wie Zbigniew Brzezinski oder Geschäftsleute wie Samuel Pisar ließen ihrer Phantasie freien Lauf, indem sie ihren Traum von der »Konvergenz« beider Wirtschaftssysteme verkündeten.

Letzte Zuckungen

Ende der siebziger Jahre kam die Entspannungspolitik zu Fall.[40] Im Oktober 1977 prangerte Bundeskanzler Helmut Schmidt, der 1974 die Nachfolge von Willy Brandt angetreten hatte, in einer Rede am Internationalen Institut für strategische Forschungen in London die beschleunigte Stationierung von SS-20-Raketen in Osteuropa durch die Sojwets an. Diese Mittelstreckenraketen konnten europäisches Territorium, nicht aber die Vereinigten Staaten erreichen und fielen somit nicht unter die SALT-Abkommen. Über Monate hinweg wurde dieses neue strategische Problem intensiv von westlichen Spezialisten diskutiert. Im Dezember 1979 verkündete die NATO dann ihren »Doppelbeschluß«: Mit der UdSSR sollten Verhandlungen über diese Waffenkategorie aufgenommen werden, und unter Berücksichtigung der Ergebnisse würde man in Westeuropa vergleichbare Systeme, nämlich Pershing-II-Raketen und Marschflugkörper (Cruise Missiles) stationieren. Damals sprach man von der Verwundbarkeit der freien Welt, weil die UdSSR von nun an auf dem Gebiet des sogenannten konventionellen Kampfpotentials massiv überlegen und gleichzeitig im Bereich der Nuklearbewaffnung im Vorteil war. Man wies auf eine mögliche »Abkoppelung« Westeuropas von den Vereinigten Staaten hin. Ein Klima der Panik machte sich breit, um so mehr, als die Rote Armee in den letzten Tagen des Jahres 1979 unter Einsatz beträchtlicher Kampfmittel in Afghanistan einmarschierte. Zum ersten Mal seit Beginn des Kalten Krieges intervenierten die Sowjets direkt und massiv außerhalb ihres Imperiums. Sie taten es im Namen der »Breschnjew-Doktrin«, denn offiziell ging es darum, der Demokratischen Volkspartei Afghanistans, die im Jahr zuvor an die Macht gekommen war, nachdem ein Cousin des Königs die Monarchie in Kabul 1973 gestürzt hatte, und welche die »konterrevolutionären« Kräfte bekämpfte, Beistand zu leisten. In Wirklichkeit agierte Moskau, das mit Babrak Karmal einen Gefolgsmann an die Macht gebracht hatte, ganz in stalinistischer Manier. Manche stellten sich unverblümt die Frage, ob der Kreml nicht doch die gesamte Politik seit dem XX. Parteitag der KPdSU auf den Kopf stellen und einen Angriff auf Westeuropa planen würde.

Vermutlich spiegelte die Angelegenheit mit den SS-20 jedoch eher die Sklerose eines Systems, das sich abgenutzt hatte, wie sein inzwischen machtloser Führer auch, der, ganz im militärisch-industriellen Komplex verhaftet, ein Opfer der eigenen Illusionen geworden war, indem er reale Macht mit dem quantitativen Waffenpotential gleichgesetzt hatte. Die Strategen im Kreml fürchteten, ihren Einfluß in Afghanistan zu verlieren, der sie näher an den Persischen Golf und die berühmten »warmen Meere« rückte und ihnen zwischen dem von der Revolution zerrissenen Iran und dem proamerikanischen Pakistan einen Flecken Land sichern konnte. Saddam Hussein hatte auf der anderen Seite Persiens ähnlich kalkuliert und sich in einen Krieg gegen den Iran gestürzt, der sieben Jahre andauerte und ihm letztlich keinerlei Vorteile brachte. Darüber hinaus spekulierten die sowjetischen Machthaber gewiß auch mit der Schwäche der Vereinigten Staaten, die seit dem Vietnamkrieg und der Watergate-Affäre verunsichert waren. Die Hodschatollahs in Teheran demütigten Jimmy Carter[41], dessen Zögern und Wankelmut dem Ruf Amerikas Schaden zufügte. So hatte Helmut Schmidt nur mit Mühe die Zustimmung des Bundestags zur Stationierung der »Neutronenbombe« erhalten, die Menschen töten und Material schonen würde, und in aller Öffentlichkeit gegen den Gastgeber im Weißen Haus gewettert, der in diesem Punkt urplötzlich und aus eigener Initiative umgeschwenkt war und ihn dadurch in größte Schwierigkeiten gebracht hatte. Es ist unbestritten, daß Washington das sowjetische Abenteuer unabsichtlich begünstigt hat, indem es die von Moskau bewußt ausgesendeten Signale, anhand derer die amerikanische Reaktion im Fall eines Einmarsches in Afghanistan getestet werden sollte, ignorierte. Zum gegebenen Zeitpunkt werden die Historiker die Verflechtungen und Berechnungen aller Beteiligten entwirren und Klarheit in den damaligen Entscheidungsprozeß bringen. Eines aber ist sicher: Unter den gegebenen Umständen sind die Sowjets oder vielmehr die Russen ihrem Ruf als Meister des Schachspiels nicht gerecht geworden. Paradoxerweise verlief alles so, als sei die Unaufmerksamkeit der Amerikaner für sie die beste Strategie überhaupt gewesen.

Die SS-20 und Afghanistan haben der UdSSR und dem russischen Imperium das Grab geschaufelt. An der Schwelle zu den achtziger Jahren konnte das noch niemand ahnen. Als die Situation in Polen immer düsterer wurde und die Illusionen der Gierek-Jahre mit der Verschlimmerung der Wirtschaftskrise in Westeuropa verflogen waren, rief General Jaruzelski das Kriegsrecht aus. Suchte die Nummer Eins in Warschau ein in Bedrängnis geratenes Regime zu retten, oder sollte die Nation gegen eine eventuelle Intervention der sowjetischen Panzer geschützt werden? Heute weiß man, daß diese Gefahr sehr wohl bestand.

Die Wahl Ronald Reagans flößte Amerika und dem Westen wieder Vertrauen ein. Deutschland, wo Helmut Kohl am 1. Oktober 1982 Nachfolger von Helmut Schmidt wurde, widerstand nicht ohne Mühen dem Druck der Friedensbewegung, dessen Ausmaß an die Zeit der Gründung des Nordatlantikpakts erinnerte und von der ganz Nordeuropa betroffen war.[42] Damals stritten die Experten heftig um die Probleme der »Abkoppelung« Europas von den Vereinigten Staaten und kritisierten sogar die »Nullösung«, die die amerikanischen Unterhändler ein wenig vorschnell im November 1981 vorgebracht hatten (Verzicht auf die Stationierung der Mittelstreckenraketen als Gegenleistung für die Abrüstung der SS-20). Die Solidarität im Westen hielt der Zerreißprobe stand. Man durfte sogar erleben, daß Präsident Mitterrand den NATO-Doppelbeschluß am

20. Januar 1983 vor dem Bundestag verteidigte, was angesichts der Position Frankreichs im Bündnis und der prekären Frage seiner eigenen taktischen Nuklearwaffen keineswegs selbstverständlich war.[43]

Die ersten Mittelstreckenraketen wurden Ende 1983 aufgestellt. In der Zwischenzeit hatte Präsident Reagan seine berühmte »Initiative für strategische Verteidigung« lanciert (SDI, verkündet am 23. März 1983, auch als »Krieg der Sterne« bezeichnet), die sich die neuesten technologischen Durchbrüche zur Schaffung eines weltraumgestützten Raketenabwehrsystems zunutze machen wollte. Diese Initiative löste erneut eine umfassende strategische Debatte aus, zu einem Zeitpunkt, da im übrigen der Fortschritt der sogenannten konventionellen Waffensysteme neue Perspektiven für die klassische Strategie eröffnete, für die auch die Sowjets größtes Interesse zeigten.[44]

In Bezug auf Afghanistan hatte die UdSSR auf Anhieb alle Parteien gegen sich aufgebracht, zwangsläufig mit Ausnahme ihrer Satellitenstaaten. Die symbolhaften Entscheidungen Präsident Carters (Teilembargo auf Getreideverkäufe, Boykott der Olympischen Spiele in Moskau 1980) hatten keine unmittelbare Wirkung, so wenig wie die Weigerung des Kongresses, das SALT-II-Abkommen zu ratifizieren. Aber das Kontinentalimperium war schon bald vollkommen isoliert, während sein chinesischer Rivale aus der Versenkung aufzutauchen schien. Die Vereinigten Staaten und die Alliierten begannen namentlich von Pakistan aus, den afghanischen Widerstand zu unterstützen. Die Rote Armee glitt allmählich in eine Tragödie, die mit der der amerikanischen Streitkräfte im Vietnamkrieg vergleichbar war.

Breschnjew starb nach langer Krankheit, derweil die UdSSR den Eindruck vollkommener Erstarrung erweckte, im November 1982. Sein Nachfolger Juri Andropow überlebte ihn um nur fünfzehn Monate. Konstantin Tschernenko schied ein Jahr nach seinem Amtsantritt dahin. Als am 11. März 1985 der »junge« Michail Gorbatschow im Alter von vierundfünfzig Jahren zum Generalsekretär der Kommunistischen Partei der Sowjetunion gewählt wurde, schien sich ein kleines Licht am Ende eines Tunnels zu zeigen, den man bislang für endlos gehalten hatte.

Kapitel VII

Erdbeben

Gorbatschow

Schon anläßlich seiner Reise nach London im Dezember 1984, wenige Monate vor seinem Amtsantritt als Generalsekretär der KPdSU, hatte Michail Gorbatschow seine Verhandlungspartner mit großem Erfolg für sich gewinnen können. Charme besticht bekanntlich, und die entsprechenden Zirkel in den Hauptstädten des Westens leisteten keinerlei Widerstand. André Maurois berichtet in seiner Biographie über Disraeli, wie zum Zeitpunkt des russisch-türkischen Krieges, in dem es um die Kontrolle über die Meerengen ging, der äußerst geschickte Botschafter Moskaus, Schulawow, »die höchsten Kreise in London dazu brachte, ihn ›Shou‹ zu nennen, hatte er doch verstanden, daß man den Schlüssel zur Welt der Politik in der Welt selbst findet«. Anatoli Dobrynin, der zwanzig Jahre lang der Schwarm der Washingtoner High Society gewesen und anschließend zum Leiter der Internationalen Abteilung im Zentralkomitee der KPdSU aufgerückt war, hatte Gorbatschow unterwiesen, der sich von seinem Beispiel, wie übrigens auch dem Talleyrands, leiten ließ.

Von außen betrachtet war die Leistung des Tschernenko-Nachfolgers zumindest bis zum Jahr 1991 beachtlich. Wie sollte man nicht eingenommen sein vom Format dieses Staatsmannes, der, während in seinem Reich alles durcheinander geriet, gleichermaßen Herr seiner Worte wie seiner selbst war und auf dem Gebiet der Außenpolitik mit soviel Talent aufwartete? Wie hätte man nicht bewundernd den Gewaltmarsch eines kommunistischen Apparatschiks in den Mittfünfzigern verfolgen sollen, der seine Lehrjahre unter Stalin absolviert, in der Ära Chruschtschows und Breschnjews zeitgemäß Karriere gemacht und im Erscheinungsbild eines westlichen Politikers, der mit den Regeln der Public Relations und der Kommunikation bestens vertraut war, die internationale Szene betreten hatte?

Das Phänomen der »Gorbimanie« ist in einer Unterhaltungsgesellschaft nicht sonderlich rätselhaft. Später dann wohnten die Menschen im Westen blutenden Herzens dem Scheitern ihres Helden bei, und selbst noch vor Beginn der tschetschenischen Tragödie nahmen sie Boris Jelzin nicht vorbehaltlos an. Es ist nicht übertrieben zu behaupten, daß Gorbatschow überall geliebt wurde, außer in der UdSSR.

Er, der als Totengräber der Sowjetunion in die Geschichte eingehen wird, kam mit der Vorstellung an die Macht, den Staat um Lenins Erbe willen zu reformieren. Anders als seinem künftigen Rivalen und Bezwinger Boris Jelzin haftete ihm nichts von einem Abenteurer an. Die drei Worte *Glasnost* (Transparenz), *Perestroika* (Neugestaltung) und *Democratisatsia* (Demokratisierung), die er zu seinem Leitspruch machte, brachten sein Programm auf einen Nenner. Er glaubte, die potentiell produktiven Kräfte des Landes freisetzen zu können, indem er den Dingen freien Lauf ließ. Doch dachte er nicht daran, das Prinzip der Einheitspartei aufzugeben, die im Artikel 6 der Verfassung von 1977 definiert ist als »die Kraft, die die sowjetische Gesellschaft leitet und lenkt« sowie als »Kern ihres politischen Systems, der staatlichen und gesellschaftlichen Organisationen«. Regierungswechsel als Folge allgemeiner Wahlen – das Charakteristikum schlechthin für westliche Demokratien – waren nicht üblich. Es ging allenfalls darum, bessere Voraussetzungen für Diskussionen innerhalb der kommunistischen Partei zu schaffen. Auch die Integrität der UdSSR stand nicht zur Debatte. Gorbatschow leugnete ebenso wie seine Vorgänger das Vorhandensein verschiedener Nationalitäten.[1]

Nach einem brillanten Auftakt, der vor allem von der Neubesetzung der leitenden Parteifunktionen gekennzeichnet war, wurde der neue Generalsekretär auf dem XXVII. Parteitag der KPdSU im Februar 1986 bestätigt; hier wurde allerdings auch deutlich, wie stark die konservative Opposition war. Im Juni 1987 ließ Gorbatschow seinen Plan einer »radikalen Erneuerung der sowjetischen Wirtschaft« vom Zentralkomitee absegnen und stärkte den Überbau seiner Macht. Das klangvolle Projekt war im Grunde zu keinem Zeitpunkt inhaltlich tragfähig oder praktisch durchführbar. Der Generalsekretär und insbesondere sein Mitarbeiterstab wußten mit dem Vokabular und auch den Konzepten der modernen Marktwirtschaft und Makroökonomie bald umzugehen, doch verstanden sie es nie, diese auch umzusetzen. Die Institutionen der Sowjetwirtschaft blieben also ungenutzt, und Ersatzlösungen gab es nicht. Gorbatschow sah nicht ein, daß sich Horden eingeschüchterter Beamter nicht durch den Wink eines Zauberstabs in Unternehmer Schumpeterscher Prägung verwandeln ließen. Peter der Große, mit dem ihn damals manche verglichen, hatte zwei Trümpfe, die der letzte starke Mann der KPdSU nie besaß: Er regierte mit eiserner Hand und konnte aus dem Ausland (insbesondere Deutschland und Holland) die fehlenden Talente importieren. Der große

Zar hatte einen geschärften Realitätssinn, im Gegensatz zu seinem späteren Nachfolger, der mit den düsteren Geheimnissen der kommunistischen Partei großgeworden war.

Das materielle Leben, das in der UdSSR ohnehin entbehrungsreich war, verschlechterte sich für die meisten Bürger weiterhin, um so mehr, als die Einnahmen an harter Währung infolge der Ölkrise entfielen. Prompt wandte sich die politische Liberalisierung gegen ihren Urheber. Das sich allmählich ausbreitende Chaos begünstigte den Aufruhr in den Sowjetrepubliken. Die Idee von einem neuen Unionsvertrag machte die Runde, sicherlich angeregt durch die Ereignisse in Osteuropa. Zu Beginn des Sommers 1991 wurde die Frage nach dem Überleben der UdSSR laut. Die »Konservativen« versuchten zu reagieren und unternahmen einen denkbar schlecht vorbereiteten Putschversuch, der in einer Tragikomödie endete (19.-21. August 1991). Weder der KGB noch die Armee intervenierten zur Rettung der UdSSR. Am 24. August machte Marschall Akromejew seinem Leben ein Ende, um nicht Teil der in seinen Augen um sich greifenden Illegalität zu werden. Als Gorbatschow in den Kreml zurückkehrte, hatte er auch die ihm noch verbliebene Autorität eingebüßt. Die Stunde von Boris Jelzin war gekommen.

Gorbatschow ist gescheitert, weil seine Analyse vom Reformweg der UdSSR falsch war. Die Außenpolitik lag ihm mehr. Aber auch auf diesem Gebiet nahm die Geschichte einen gänzlich anderen Verlauf als in seinem ursprünglichen Projekt vorgesehen. Gorbatschow kommt das Verdienst zu, gegen den Sturm, den er unbeabsichtigt entfacht hatte, nicht aufbegehrt zu haben, getreu dem Motto: »Die Ereignisse entgleiten uns – tun wir so, als hätten wir sie herbeigeführt.« Weswegen sein Name in der Bilanz der Geschichte des 20. Jahrhunderts und irgendwann vielleicht auch der Rußlands einmal auf der richtigen Seite stehen wird.

Schon Anfang 1985 hatten Andrej Gromyko und George Schultz sich in Genf darauf geeinigt, erneut Verhandlungen über strategische Rüstung aufzunehmen.[2] Ab März 1985 änderte sich der Tenor radikal. Die UdSSR wollte sich nunmehr ihren Reformen widmen. »Der Erfolg der Perestroika ist nicht möglich ohne eine Außenpolitik, der ein neues Denken zugrunde liegt«, erklärte der Generalsekretär vor dem Plenum des Zentralkomitees am 18. Februar 1988. Schon im Oktober 1985 hatte Gorbatschow in Paris den Vorschlag gemacht, die strategischen Waffen beider Supermächte um die Hälfte zu reduzieren, und die Vereinigten Staaten dazu aufgefordert, auf die Initiative zur strategischen Verteidigung von Präsident Reagan zu verzichten. In Reykjavik (11.-12. Oktober 1986) zogen sich Gorbatschow und Reagan aus dem Kreis ihrer Experten zurück: Sie hätten sich auf eine Reduzierung der strategischen Waffen um fünfzig Prozent geeinigt sowie ferner auf die Vernichtung der INF-Systeme (Intermediate Nuclear Forces, Mittelstreckenraketen und Lenkflugkörper der Reichweite 500–5500 km) mit einer Reichweite über tausend Kilometer, wenn der amerikanische Präsident sich nicht geweigert hätte, sein SDI-Programm zu opfern. Die Europäer waren nicht konsultiert worden. Die INF-Gespräche sollten ein Jahr später zu einem Ergebnis führen (Doppelte Nullösung, Vertrag von Washington vom 8. Dezember 1987), die strategischen Verhandlungen dagegen erst am 31. Juli 1991, als die UdSSR bereits ihrem Ende entgegensah. Im wesentlichen legte das erste Abkommen die Vernichtung sämtlicher bodengestützter Raketen mit einer Reichweite zwischen fünfhundert und 5500 Kilometern in Europa innerhalb von drei Monaten fest, unter Ausschluß der französischen und britischen Systeme, deren Einbeziehung Gorbatschow gewünscht hatte. Der zweite Vertrag[3] sah eine dreißigprozentige Reduzierung der nuklearen Gefechtsköpfe auf beiden Seiten vor. Zum ersten Mal beinhalteten Verträge zur Rüstungskontrolle die Verschrottung nicht veralteter Waffensysteme und Maßnahmen zur Vor-Ort-Verifikation; zum ersten Mal konnte wirklich von Abrüstung die Rede sein.

Man beschränkte sich nicht nur auf den Nuklearbereich. Am 19. November 1990 unterzeichneten die sechzehn NATO-Mitglieder und die sechs Mitglieder des Warschauer Pakts in Paris den Vertrag über die Reduzierung Konventioneller Streitkräfte in Europa (VKSE). Die Bedeutung der gestaffelten Höchstgrenzen, die dieses Abkommen je nach Bündnis, regionalem Geltungsbereich und Waffenkategorie vorsah, sollte sich wegen der De-facto-Auflösung des Warschauer Paktes, auf die am 1. Juli 1991 dessen formale Auflösung folgte, rasch ändern. Doch hatten sich die UdSSR und ihre Rechtsnachfolgerin Rußland verpflichtet, moderne Ausrüstung in großem Umfang zu verschrotten. Auch der Westen mußte bedeutende Umstrukturierungen in Angriff nehmen. Mit dem sowjetischen Rückzug aus der Tschechoslowakei und Ungarn und der Verlagerung großer amerikanischer Kontingente in die Golf-Region, die im Anschluß an den Krieg nicht nach Europa zurückkehrten, nahm die ausländische Militärpräsenz in Europa langsam ab. Als die Russen Ende 1994 ihre Truppen verstärkt an der Grenze zu Tschetschenien und den Baltischen Staaten aufziehen ließen, waren sie durch die Abmachungen des KSE-Vertrags eingeschränkt und forderten dessen Revision, die sie auch durchsetzten.

Wie dem auch sei – es bleibt die Tatsache, daß die beiden Bündnisse innerhalb von etwa zwanzig Monaten die Lösung eines Problems bewerkstelligten, das in sechzehn Jahren sogenannter MBFR-Verhandlungen[4] nicht ausgeräumt worden war. All diese Entwicklungen bestätigen eine Wahrheit, die nur allzuoft außer Acht gelassen wird: Die Anhäufung von Waffen ist weniger die Ursache als vielmehr die Folge von Spannungen. Mit anderen Worten: Abrüstung ist eher ein politisches denn ein technisches Problem.[5]

Indes unterschied sich Gorbatschows ursprüngliche Vision – unter der Bezeichnung »gemeinsames europäisches Haus« – nicht grundlegend von dem traditionellen sowjetischen Konzept. Damals war das Ziel des Kremls – wie zu Beginn des Kalten Krieges auch und später unter friedlicheren Vorzeichen in der Zeit der Entspannung –, das europäische Sicherheitssystem der Vereinigten Staaten zu isolieren und in wirtschaftlicher Hinsicht die Terms of Trade auf dem Kontinent dahingehend zu beeinflussen, daß sie den sowjetischen Interessen entgegenkämen. Das Treffen von Reykjavik löste Bestürzung bei den Westeuropäern aus, denn beinahe hätten sich die beiden Supermächte in bester »Kondominium«-Tradition hinter ihrem Rücken geeinigt. Im Februar 1987 lud der Kreml zahlreiche westliche Meinungsmacher und Intellektuelle nach Moskau zur Teilnahme an einem »Internationalen Forum für eine Welt ohne Nuklearwaffen und für das Überleben der Menschheit« ein, die in mancherlei Hinsicht an Veranstaltungen der dreißiger Jahre erinnerte, bei denen sich Persönlichkeiten wie Malraux, Gide, Aragon, Bertolt Brecht und Aldous Huxley hervorgetan hatten. Das INF-Abkommen ließ die Debatte über die strategische »Abkoppelung« Europas von den Vereinigten Staaten wieder aufleben. Diese Vorgänge bewogen Frankreich und Deutschland zur Gründung einer gemeinsamen Brigade, die Keimzelle des künftigen Eurokorps, und zur Einrichtung eines gemeinsamen Verteidigungsrats.

Außerhalb des europäischen Kontinents leitete die UdSSR eine umfangreiche Rückzugsoperation ein, deren spektakulärstes Element das Abkommen über den Truppenabzug aus Afghanistan 1988 war.[6] Sie näherte sich China an, indem sie drei chinesische Bedingungen erfüllte, die die militärische Präsenz an der chinesisch-sowjetischen Grenze und in Afghanistan betrafen sowie die sowjetische Unterstützung der vietnamesischen Intervention in Kambodscha. Sie nahm auch den Dialog mit Japan wieder auf, der jedoch keine Lösung in der Frage der nördlichen Territorien brachte.[7] Damit setzte Gorbatschow den sowjetischen Ambitionen in der »Dritten Welt« ein Ende und schuf die Voraussetzungen für eine Aussöhnung vor allem mit Ostafrika. Frederik W. De Klerk, der am 14. September 1989 zum Präsidenten Südafrikas gewählt worden war, ließ Nelson Mandela am 11. Februar des Folgejahres frei und setzte den Prozeß in Gang, der zu den ersten Gesamtwahlen des Landes im April 1994 führte.

Genau genommen ging die Außenpolitik Gorbatschows, wie alles andere auch, an seinen ursprünglichen Absichten vorbei. Der unfreiwillige Kurswechsel zeichnete sich in Osteuropa ab, wo der Kreml, der zuvor sämtliche Ansätze im Keim erstickt hatte, die Dinge gewähren ließ.

An dieser Stelle sei in aller Kürze an den Verlauf der europäischen Revolution 1989 erinnert. Im Jahr zuvor hatte das kommunistische Rußland das tausendjährige Bestehen der orthodoxen Kirche mit großem Pomp gefeiert. Polen hatte den Weg freigemacht, wozu die Reisen von Johannes Paul II. in den Jahren 1979, 1983 und 1987 zweifelsohne den Anstoß gegeben hatten.[8] Im April mündete der seit sechs Jahren von Solidarnosc geführte Kampf in die Bestimmungen vom »runden Tisch«, nicht zuletzt, wie gesagt werden muß, dank General Jaruzelski und seinem damals untrüglichen Sinn für Geschichte. Die erste nicht-kommunistische Regierung wurde am 12. September unter der Führung von Tadeusz Mazowiecki mit den Amtsgeschäften betraut.

Am 11. September um Mitternacht öffnete die Regierung in Budapest die Grenze zu Österreich und ebnete somit dem Strom von »Touristen« aus der DDR den Weg in die BRD. Eine solche Entscheidung konnte nur mit Zustimmung von Michail Gorbatschow gefällt worden sein.[9]

Ohne zu zögern nutzten die Ostdeutschen die Bresche. In Budapest – wo am 14. März anläßlich des Todes von Kaiserin Zita, der letzten Königin von Ungarn, nationalistische Demonstrationen stattgefunden hatten – setzten sich Machthaber und Opposition an einen runden Tisch. Im Oktober löste sich die SAPU (Sozialistische Arbeiterpartei Ungarns) auf. Ungarn feierte den Übergang von der Ungarischen Volksrepublik zur Republik Ungarn. Der Exodus der ostdeutschen Bevölkerung brachte den Stuhl Erich Honeckers ins Wanken. Gorbatschow besuchte ihn am 7. Oktober und informierte ihn darüber, daß er ihm im Fall einer Niederschlagung keinerlei Unterstützung leisten würde. An jenem Tag verkündete der Generalsekretär der KPdSU einen Satz, der sofort Berühmtheit erlangte: »Wer zu spät kommt, den bestraft das Leben.« Nachdem die Sowjets ihn fallengelassen hatten, trat Honecker am 18. Oktober zurück. Am 9. November wurde die Berliner Mauer geöffnet.

Bundespräsident Richard von Weizsäcker hat einmal gesagt: »Die deutsche Frage wird dann nicht mehr offen sein, wenn das Brandenburger Tor nicht mehr geschlossen ist.« Im Grunde wurde mit dem Fall der Schandmauer auch das 20. Jahrhundert zu Fall gebracht. Nach den Wahlen vom 18. März 1990 richtete die DDR eine Übergangsregierung bestehend aus einer Koalition aus SDP, FDP und CDU ein.

Nach Ostdeutschland war Bulgarien an der Reihe. Todor Schivkow wurde am 10. November in einer Palastrevolution ausgeschaltet. Das Fehlen einer demokratischen Tradition machte den Prozeß schleppender als in Sofia. Am 17. November erreichte die Flutwelle die Tschechoslowakei. Milos Jakes wurde am 24. November von der Macht verdrängt, und am 7. Dezember erhielt das Land eine Regierung mit einer nicht-kommunistischen Mehrheit. Später sollten die Tschechische und die Slowakische Republik sich einvernehmlich trennen (1. Januar 1993). Schließlich geriet auch Rumänien am 15. Dezember in die Wogen des Umsturzes. Nach mehreren Tagen, in denen verbreitet Chaos herrschte, setzte die Flucht der Eheleute Ceausescu und ihre Hinrichtung der erdrückendsten und tyrannischsten Macht ein Ende. Ganz »Osteuropa« war befreit.

Jugoslawien war von der Bewegung nicht ausgeschlossen. Aber Ende 1989 dachte noch niemand daran, daß sich das einzigartige Experiment, das das Land seit 1948 verfolgt hatte, in eine Tragödie umkehren sollte. Am 26. Mai 1990 wurden mit der Aufgabe des Parteienmonopols die Fesseln des kommunistischen Bundes gesprengt. Sogleich waren die Zentrifugalkräfte in Gang gesetzt. Slowenien und Kroatien, die nunmehr eine nicht-kommunistische Regierung hatten, predigten eine losere Anbindung an den Bundesstaat. Das mächtige Serbien hingegen drängte auf stärkere Zentralisierung. Am 2. Juli 1990 verkündete Slowenien seine »Souveränität«. Der Kosovo, der seit 1389 zu Serbien gehörte, mehrheitlich jedoch albanisch war, verabschiedete – ebenfalls einstimmig – am 2. Juli 1990 eine Verfassung, in der das Recht auf Abspaltung von der imperialen Macht verankert war. Albanien, das früher einmal als das geschlossenste Land »im Osten« galt und das mit dem Maoismus geliebäugelt hatte, begehrte ab April 1990 allmählich auf.

Die deutsche Wiedervereinigung

Ahnte Gorbatschow, als er die Ungarn bei der Öffnung der Grenzen für die Flüchtlinge der DDR gewähren ließ, daß das Sowjetimperium außerhalb der sowjetischen Grenzen wie ein Kartenhaus zusammenfallen würde? Ende 1989 war er jedenfalls sehr wahrscheinlich der Auffassung, er könne das Reich innerhalb der eigenen Grenzen vor dem überspringenden Funken bewahren. Für die dann sich zeigenden Ursachen und Wirkungen, die er unbeabsichtigt in Europa aktiviert hatte, stand er allerdings bis zuletzt ein.

In einem Zehn-Punkte-Plan, der am 28. November veröffentlicht wurde, hatte Helmut Kohl den Fahrplan für die einzelnen Schritte zur »staatlichen Einheit« Deutschlands im Rahmen einer »neuen europäischen Ordnung« dargelegt. Für den Kanzler galt es insbesondere, diese Initiative nicht an den damals sehr aktiven Sozialdemokraten Oskar Lafontaine abtreten zu müssen. Washington und Paris, die nicht konsultiert worden waren, hatte der Plan in Verlegenheit gebracht, weil er keinerlei Hinweis auf die Rechte der Siegermächte enthielt. Im Anschluß wurde die Debatte wegen der deutsch-polnischen Grenze, der Oder-Neiße-Linie, erschwert. Die Unklarheiten in diesem wichtigen Punkt konnten erst im März 1990 ausgeräumt werden.[10] Diese Umstände erklären zum Teil die vorübergehende Abkühlung der deutsch-französischen Beziehungen. Dennoch bahnte sich der Gedanke der Wiedervereinigung (beziehungsweise – wie man es damals zur Vermeidung der Bismarckschen Konnotation lieber nannte – der Vereinigung) in Deutschland seinen Weg. Kohl, noch am 10. November in Ostberlin mit Nichtachtung gestraft, wurde am 19. Dezember in Dresden bejubelt. Ein Leitartikler der *Frankfurter Allgemeine Zeitung*, der sehr national gesinnte Fritz Ullrich Fack, veröffentlichte damals einen Kommentar mit der Überschrift: »Keine Zeit zu verlieren.« In der Tat konnte man nicht länger warten, denn die DDR-Flüchtlinge hatten automatisch Anrecht auf die deutsche Staatsangehörigkeit sowie Vergünstigungen jeder Art. Der Kanzler, nunmehr entschlossen, die Dinge voranzutreiben, stieß bald auf ein Dilemma: Je mehr er die Ostdeutschen hinsichtlich ihres Schicksals beruhigen konnte, desto mehr beunruhigte er die Westdeutschen. Anfang Februar 1990 waren zwei Drittel der im Westen befragten Deutschen der Ansicht, die Wiedervereinigung erfolge übereilt.

Mit kühlem Kopf beantragte der Kanzler den sofortigen Beginn von Verhandlungen über eine einheitliche Währung in beiden deutschen Staaten. Bei den Wahlen vom 18. März wurde seine Politik durch den triumphalen Sieg der Ost-CDU bestätigt. Um der Schwierigkeiten besser Herr zu werden, wurde jedoch eine Regierung der nationalen Einheit gebildet.

Nachdem sich Helmut Kohl der amerikanischen Unterstützung versichert hatte – die noch im Februar und Mai 1990 unter der Bedingung, das wiedervereinte Deutschland werde Mitglied im Nordatlantikpakt, von Washington bestätigt worden war –, hatte er drei entscheidende Punkte zu klären. Zunächst galt es, den Vertrag über die monetäre, wirtschaftliche und soziale Einheit beider deutscher Staaten abzuschließen. Die Entscheidung für die Parität (eine West-Mark für eine Ost-Mark) war wirtschaftlich absurd, politisch jedoch eine Notwendigkeit. Deutschland war in der Lage, die Kosten dafür zu tragen. Diese Hürde nahm der Kanzler mit Bravour. Die Währungsreform trat am 1. Juli in Kraft, Bonn übernahm die Kontrolle über die ostdeutsche Währung und die Finanzen.

Als nächstes mußten zwischen den beiden deutschen Staaten die Modalitäten der politischen Einigung sowie deren Zeitpunkt festgelegt werden. Auch in diesem Punkt konnte sich der CDU-Vorsitzende durchsetzen: Die Einigung wurde auf der Grundlage von Artikel 23 des Grundgesetzes vollzogen. Das hatte den enormen Vorteil, daß die von der Bundesrepublik abgeschlossenen internationalen Abkommen ihre Gültigkeit behielten.[11] Der Termin für die gesamtdeutschen Wahlen wurde für den 2. Dezember 1990 anberaumt. Die CDU-FDP-Koalition erzielte dabei eine komfortable Mehrheit.

Blieben noch die »äußeren Bedingungen« der Wiedervereinigung. Die Europäische Gemeinschaft erteilte ihre Zustimmung am 8. Dezember 1989 und am 28. April 1990. Damals wurde beschlossen, daß die DDR als Erweiterung des Staatsgebietes der BRD zu betrachten sei (und folglich keine Beitrittsverhandlungen nötig wären); ferner, daß eine »Regierungskonferenz« einberufen würde, die man mit der Ausarbeitung des Vertrags über eine politische Union betrauen wollte, und schließlich, daß die Gemeinschaft sich in Form von Assoziierungsabkommen denjenigen Ländern des Ostens öffnen würde, bei denen eine eindeutig demokratische Entwicklung zu erkennen sei. Diese Entscheidungen standen ganz im Zeichen der Achse Paris-Bonn.

Die Westeuropäer stellten sich der Wiedervereinigung nicht in den Weg; der Schlüssel dazu lag also in der UdSSR. Schon im Februar 1990 entschied sich Gorbatschow für eine stringente Vorgehensweise, so daß er sich, statt den Gang der Ereignisse zu behindern, vielmehr darum bemühte, im Rahmen einer neuen Partnerschaft mit Deutschland wirtschaftliche Vorteile zu erwirken. Das letzte Hindernis wurde bei seinem Treffen mit dem Bundeskanzler im Kaukasus am 16. Juli ausgeräumt. Die UdSSR akzeptierte, daß das wiedervereinigte Deutschland der Atlantischen Allianz angehören würde. Wie so oft in der Geschichte wurde mit einem Mal Wirklichkeit, was kurz zuvor noch undenkbar gewesen wäre. Indem er der UdSSR noch mehr abverlangte, festigte Gorbatschow im Westen sein Erscheinungsbild als Befreier. Das Abkommen, das durch die Beschlüsse des XXVII. Parteitags der KPdSU bestätigt wurde, war auf dem nordatlantischen Gipfeltreffen am 5. und 6. Juli in London vorbereitet worden (man hatte erklärt, die Sowjetunion fortan als Partner und nicht länger als Gegner zu betrachten), ferner vom Europäischen Rat in Dublin Ende Juni sowie vom Wirtschaftsgipfel in Houston, auf dessen Tagesordnung unter anderem eine Wirtschaftshilfe für die UdSSR stand (in Wahrheit war die BRD allen anderen zuvorgekommen). Deutschland verpflichtete sich, seine sogenannten konventionellen Streitkräfte auf dreihundertsiebzigtausend Soldaten zu beschränken (gegenüber vierhundertachtzigtausend allein in der BRD vor den Geschehnissen von 1989), und die alliierte militärische Präsenz nach dem Abzug der

Sowjetarmeen (der 1994 stattfand) nicht über die Elbe hinaus auszudehnen. Diese Bestimmungen wurden in das Abkommen über Konventionelle Streitkräfte in Europa (KSE) aufgenommen, um auf diese Weise den Eindruck zu vermeiden, Deutschland erhalte ein eigenes Militärstatut. Die Regierung in Bonn erneuerte im Namen des wiedervereinigten Deutschland seine Verpflichtung, sich nicht mit eigenen atomaren, bakteriologischen oder chemischen Waffen auszurüsten, und entsprach damit dem Wunsch all seiner Partner. Am 16. Juli verkündeten Kohl und Gorbatschow den Abschluß eines deutsch-sowjetischen Vertrags, in dem ihre künftigen Beziehungen geregelt werden sollten.[12]

Seit jeher stand fest, daß die Sowjetunion zum gegebenen Zeitpunkt die entscheidende Rolle spielen würde, wenn es um die Rahmenbedingungen der deutschen Wiedervereinigung ginge, hatten die Bündnispartner der BRD deren Prinzip doch bereits zum Zeitpunkt der Gründung des westdeutschen Staates anerkannt. Jetzt galt es noch, die Rechte der vier Siegermächte des Zweiten Weltkriegs aufzuheben. Ein entsprechendes Abkommen wurde am 17. Juli während der sogenannten »2+4-Konferenz«[13] mit zusätzlicher Beteiligung Polens geschlossen. Die betroffenen Staaten verständigten sich über den Inhalt, die Modalitäten und den Zeitpunkt für das Dokument, das die Unverletzlichkeit der deutsch-polnischen Grenze, die Oder-Neiße-Linie, garantieren sollte. Deutschland und Polen beschlossen darüber hinaus, einen Vertrag über Wirtschaftshilfe in beträchtlichem Umfang zugunsten Polens abzuschließen.[14] Sämtliche Bestimmungen, die die Rahmenbedingungen der deutschen Wiedervereinigung betrafen, wurden am 19. und 20. November 1990 von der KSZE unterzeichnet.[15] Berlin konnte wieder deutsche Hauptstadt werden, ohne daß dadurch Befürchtungen im Ausland geweckt worden wären. Paradoxerweise wurde eine Debatte diesbezüglich in Deutschland selbst ausgetragen; sie entsponn sich an den Kosten für den Hauptstadttransfer. Die Entscheidung für eine Rückkehr nach Berlin wurde von keinerlei nationalistischen Demonstrationen begleitet.

Eine so rasche Lösung wäre ohne das Einvernehmen der drei Protagonisten, der amerikanischen und sowjetischen Präsidenten[16] und des deutschen Bundeskanzlers, nicht möglich gewesen. Natürlich aber konnte die Wiedervereinigung nur vor dem Hintergrund von Deutschlands Wohlstand Realität werden; er ermöglichte auch noch die Zahlung der Beihilfen an die UdSSR und Polen, ohne daß das grundsätzliche wirtschaftliche Gleichgewicht je gefährdet gewesen wäre. Gewiß trug die Europäische Gemeinschaft indirekt das Ihre zu diesen Anstrengungen bei[17], doch der Löwenanteil war und ist weiterhin von den Deutschen aufzubringen. Umgekehrt hatte die UdSSR Gorbatschows längst nicht mehr die Mittel für eine Politik im großen Stil. Man kann es nicht oft genug betonen: Die Außenpolitik eines Staates kann immer nur auf der Höhe der vorhandenen Eigenmittel stehen. Die beiden großen Verlierer des Zweiten Weltkriegs, Deutschland und Japan, waren die beiden großen Sieger des Kalten Krieges, dank ihrer Hinwendung zur Demokratie und ihres wirtschaftlichen Erfolgs.

Der Tod des Monsters

Im Laufe des Jahres 1990 verschärfte sich die Wirtschaftskrise in der UdSSR, während die Republiken ihre Unabhängigkeit gegenüber der Zentralmacht behaupteten.[18] Michail Gorbatschow und Boris Jelzin trugen einen erbitterten Kampf gegeneinander aus. Am 23. April 1991 wurde ein »9+1-Abkommen« zwischen den neun (fortan als »souverän« geltenden) Republiken geschlossen, die am Referendum vom 17. März über die Aufrechterhaltung der UdSSR und das »Zentrum« – also die von Gorbatschow verkörperte Zentralmacht – teilgenommen hatten. Die sechs Republiken, die nicht unterzeichneten, waren die drei Baltischen Staaten, die Moldaurepublik, die 1939 von Stalin annektiert worden war, sowie Armenien und Georgien. Die Ukraine, Weißrußland, Aserbaidschan und die fünf Republiken in Zentralasien (Kasachstan, Turkmenistan, Usbekistan, Tadschikistan und Kirgistan) hatten sich mit Rußland über das Prinzip eines neuen Unionsvertrags im Rahmen einer Föderation, also eines Einheitsstaats als Subjekt des internationalen Rechts, geeinigt. Die Debatte über den Inhalt eines solchen Vertrags betraf Fragen des Eigentums (so gehörten beispielsweise siebzig Prozent der Leningrader[19] Industrie dem Zentrum, lediglich 28 Prozent der Russischen Republik und zwei Prozent der Stadt), des gesamten Steuersystems (Aufteilungsmodalitäten zwischen den von der Föderation und den durch die Republiken zu erhebenden Steuern, wobei Rußland das Zentrum auf ein überlebensnotwendiges Maß reduzieren wollte), der Gesetzeshierarchie (das Verhältnis von föderaler und Republiksgesetzgebung) sowie den Status der Streitmächte und die Abstimmung der Außenpolitik.

Am 10. Juni 1991 wurde Boris Jelzin in allgemeiner, direkter Wahl zum Präsidenten der Russischen Föderation gewählt, was ihm in den Augen der Welt eine Legitimität verlieh, die sein Rivale, der in den eigenen Reihen immer unbeliebter wurde, fortan nicht mehr besaß. Daraufhin wurde der Ruf nach allgemeinen Präsidentschaftswahlen in der UdSSR im Jahr 1992 laut; sie sollten auf der Grundlage einer neuen Verfassung abgehalten werden, die im Anschluß an den hypothetischen Unionsvertrag auszuarbeiten wäre.

Rußland zeigte sich immer unnachsichtiger gegenüber dem Zentrum und der Ukraine, die ja gleichfalls ein Herzstück der russischen Geschichte bildet. Beide wollten eine eigene Währung einführen. Währenddessen erreichte die Stimmung innerhalb der KP einen absoluten Tiefpunkt. Der Generalsekretär hielt die Partei nur am Leben, indem er ihr dazu verhalf, ihre Identität allmählich abzulegen und sich von sämtlichen Dogmen zu verabschieden. Das Prinzip des Klassenkampfs wurde abgeschafft, Privateigentum (faktisch, nicht rechtsverbindlich) wiedereingeführt. Allem Anschein nach setzten alle nur noch auf die Marktwirtschaft. Reformpläne lösten einander ab, keiner aber orientierte sich an den tatsächlichen Gegebenheiten. In einem so unruhigen Klima mußte die Außenpolitik der UdSSR ihre Ambitionen zwangsläufig zurückschrauben. Im Golfkrieg sollte Gorbatschow nur eine Nebenrolle spielen, die er jedoch gekonnt meisterte. In Europa unternahm er den Versuch, die »besonderen Beziehungen« zu den ehemaligen Satellitenstaaten wiederherzustellen, was aber nur in Rumänien von Erfolg gekrönt war. Einzig Ion Iliescu verpflichtete sich dazu, keinem Bündnissystem beizutreten, dem Moskau nicht stattgeben würde. Das Oberhaupt des sowjetischen Staates schaffte es, wie wir bereits gesehen haben, noch offene Fragen bezüglich des KSE-Abkommens abschließend zu behandeln und den START-Vertrag mit den Vereinigten Staaten unter Dach und Fach zu bringen – ein Ergebnis, das zu einem anderen Zeitpunkt als ein Ereignis von hohem Rang gewertet worden wäre, in dem herrschenden Tumult jedoch beinahe unterging. Anläßlich seiner Tokio-Reise im April 1991 erzielte Michail Gorbatschow keinen nennenswerten Vertragsabschluß mit dem Land der Aufgehenden Sonne, da er es sich nicht erlauben konnte, die nördlichen Gebiete Japans herauszugeben. Aus der Sicht des unbeteiligten Beobachters mochte nicht viel auf dem Spiel stehen; für Moskau und Tokio aber stellte sich die Angelegenheit anders dar. Beide, Russen und Japaner, betrachten diese Gebiete, die insgesamt kaum viertausend Quadratkilometer umfassen, als ihr Land. Erstere haben ganz Osteuropa verloren, ihr Imperium ist in tausend Teile zerfallen, doch bis zum heutigen Tag nehmen sie es nicht hin, daß Rußlands Grenzen in Frage gestellt werden. Und die Japaner sind bereit, Dollarbeträge in Milliardenhöhe aufzuwenden, um ein Fleckchen Land zurückzugewinnen, das alles in allem nur von äußerst geringem Interesse ist.

Am 19. August 1991 glaubte die Welt, einem gewaltigen Rückschlag in Moskau beizuwohnen. Das klägliche Schauspiel einer Schar von »Putschisten«, die sich um den unseligen Gennadi Ianajew reihten, wird man so bald nicht vergessen. Das Bild erinnerte an die unheilvollen Photos vom Politbüro aus früheren Tagen, bevor der agile Michail Gorbatschow die Bühne betrat.

Handelte es sich wirklich um einen Putsch oder war es nur ein Täuschungsmanöver? Darüber werden die Historiker befinden. Man weiß, daß die mutmaßlichen oder echten Putschisten einen jener legalen Staatsstreiche planten, von denen es in der Geschichte der KPdSU nur so wimmelt. Doch Michail Gorbatschow, dem zweifelsohne Fahrlässigkeit anzulasten ist, weil er über zahlreiche Warnungen hinwegsah, ließ sich auf diese Machenschaften nicht ein. Den Verschwörern mangelte es ihrerseits an der nötigen Entschlossenheit. Sie leiteten ihre Sache schlecht in die Wege und kollabierten, als klar wurde, daß sie ihr Ziel nur um den Preis erreichen würden, in Moskau und Leningrad auf die Menge zu schießen. Im Grunde waren sie von Beginn an zögerlich und taten wenig für einen erfolgreichen Ausgang ihres Unternehmens; nicht einmal die Verbindung zum Weißen Haus (Sitz des Parlaments in Moskau) war je unterbrochen. So konnte Boris Jelzin sich letztlich als wahrer Bezwinger des Kommunismus behaupten, mit dem Michail Gorbatschow nie vollkommen gebrochen hatte. Aufrecht im Panzer stehend, die weiß-rot-blaue Flagge Rußlands schwenkend, setzte Boris der Große sieben Jahrzehnten Bolschewismus ein Ende.

Die »Putschisten« gaben vor, die Sowjetunion und die kommunistische Partei zu retten. Sie waren angeblich weder gegen Reformen noch gegen die Verbesserung der Ost-West-Beziehungen, die beide von Gorbatschow initiiert worden waren. Aber sie waren der festen Ansicht, daß, ließe man den Dingen freien Lauf, der Zerfall der UdSSR die Völker ins Verderben stürzen würde.

Durch das Scheitern der unrühmlichen Operation unter Anführer Gennadi Ianajew wurde das Ende der UdSSR noch beschleunigt. Am 27. August nahm sich die Europäische Gemeinschaft die Freiheit, die Baltischen Staaten anzuerkennen. Hatte nicht Boris Jelzin höchstpersönlich Litauen als rechtmäßigen Akteur des internationalen Rechts noch an dem Tag anerkannt, als George Bush zur Unterzeichnung des START-Vertrags nach Moskau kam? Moldawien, Armenien und – am 1. Dezember – die Ukraine erklärten ihre Unabhängigkeit. Am 8. Dezember schlossen Rußland, die Ukraine und Weißrußland in Minsk ein Abkommen, das die Bildung einer »Gemeinschaft Slawischer Staaten« vorsah, aus der durch den Beitritt der fünf Staaten Zentralasiens am 13. Dezember die »Gemeinschaft Unabhängiger Staaten«, die GUS, hervorging. Am 16. Dezember erklärte auch Kasachstan seine Unabhängigkeit. Als Präsident einer nicht länger bestehenden Union mußte Michail Gorbatschow am 25. Dezember 1991, zwei Jahre und zwei Tage nach der Hinrichtung Ceausescus, den Kreml verlassen.

Hélène Carrère d'Encausse, die der französischen Leserschaft die Schwächen der UdSSR als Union der »sozialistischen Sowjetrepubliken« vorführte, beginnt ihr Buch *La Gloire des nations* folgendermaßen: »Wird die Sowjetunion 1984 überleben? Diese Frage, die der Dissident Andrej Amalrik in den siebziger Jahren stellte, erregte im Westen ein höfliches oder amüsiertes Staunen. In seinem Land war es Schweigen, Vergessen, das den ›Verrätern‹ zuteil wurde, die selbst ihre Daseinsberechtigung verloren haben.«. Nach Ansicht der Autorin hat sich der Prophet lediglich um zwei Jahre verschätzt. In ihren Augen ist die UdSSR an der Explosion in Tschernobyl am 26. April 1986 zerbrochen. »Die sowjetische Gesellschaft, die Völker, aus denen sie besteht, entdecken plötzlich in Tschernobyl, daß hinter Macht, Fortschritt, Beherrschung der Technik und der Natur in der UdSSR nur Schwäche, Rückständigkeit, technische Unterentwicklung, Zerstörung der Natur stehen. Von nun an glauben sie nichts mehr von dem, was ihnen erzählt worden ist, die Völker der UdSSR lehnen alles ab, und zuallererst das Bild, das man ihnen von sich selbst aufgezwungen hat, das eines *sowjetischen Volkes*. Sie stellen sich gegen das Imperium und fordern jetzt, ihr Schicksal wählen zu können. Dabei kümmert es sie wenig, daß sie durch ihre Verurteilung des Imperiums auch die Anstrengungen Gorbatschows für die Entwicklung der Demokratie und die Wiederherstellung der Wirtschaft verurteilen.«

Wahrscheinlich reicht die Tragödie von Tschernobyl allein als Erklärung für die Folge von Ereignissen, die den Zusammenbruch der UdSSR und des russischen Imperiums herbeiführten, nicht aus. Ihre Auswirkungen aber waren gewaltig. 1957 war die UdSSR durch den Start des ersten *Sputnik* in den Rang einer »Supermacht« erhoben worden. Dreißig Jahre später wurde durch den Unfall in dem ukrainischen Atomkraftwerk offenbar, daß der immer brüchigere Bunker in seinem Innern nur mehr Ruinen barg. Die unausweichliche internationale Verflechtung der Gesellschaft, die im Zeitalter des Computers und der Massenkommunikation den verzweifelten Gegenmaßnahmen eines neototalitären Staates zum Trotz immer schneller vonstatten geht, hat gegen die UdSSR gearbeitet, die vor allem jedoch unter der Last ihrer eigenen Schwächen zusammenbrach, wie George Kennan es bereits 1947 vorhergesagt hatte. Stalin und seine Nachfolger hatten auf die militärische Macht gesetzt. Sie hatten den Raum, den sie zu beherrschen glaubten, unverhältnismäßig ausgedehnt. Jedes Imperium ist dem Untergang geweiht – so heißt es im Titel eines Buches von Jean-Baptiste Duroselle, dem sein besonderer Stolz gehörte.[20] Auf dieses Gebiet aber läßt sich ein Gesetz der Geologie anwenden: Man vermag die Gefahr eines Erdbebens zu lokalisieren; den Zeitpunkt bestimmen kann man nicht. Die UdSSR hätte noch eine Zeitlang überleben können. Das Beispiel Chinas erweckt den Eindruck, daß ein anderer Weg vielleicht die Möglichkeit für eine Reform ohne Zerfall offengelassen hätte. Doch fiel das Los 1985 auf Gorbatschow und keinen anderen.

Unter dem Eindruck der europäischen Ereignisse, die die Weltmächte ganz in Anspruch nahmen, schenkten sie der sich schon seit Monaten zwischen dem Irak und Kuweit entwickelnden Krise nicht die nötige Aufmerksamkeit. Bestürzt nahm die Welt am 2. August 1990 die Nachricht vom Einmarsch der Truppen Saddam Husseins in das arabische Emirat auf.

Eine Analyse solcher Vorgänge setzt die Unterscheidung zwischen unmittelbaren und tieferliegenden Ursachen voraus. Die gegenwärtigen Grenzen im Mittleren Osten sind, wie in Europa auch, mehr oder weniger das direkte Resultat des Ersten Weltkriegs. Die Sykes-Picot-Abkommen von 1916 waren kolonialer Natur und wurden vor dem Hintergrund der Erdölvorkommen geschlossen. Die Grenzen des Iraks und Kuweits wurden ohne Rücksicht auf die betroffenen Völker gezogen und waren in dieser Hinsicht willkürlich. Die Iraker ließen die Existenz dieses vom Westen aus der Taufe gehobenen Kuweit, das auf so kleinem Raum und mit einer so geringen Bevölkerungszahl soviel Reichtümer anhäufte und keinen anderen Zweck zu erfüllen schien, als ihnen im Verbund mit den Warba- und Bubiyan-Inseln den Zugang zum Persischen Golf abzuschneiden, nie gelten. Als Kuweit 1961 unabhängig wurde, mußte Großbritannien einen Einmarsch im Emirat durch das Oberhaupt in Bagdad, General Kassem, abwenden.

Der Konflikt verhärtete sich in dem Maße, wie die Ölwirtschaft an Bedeutung gewann. Der Irak und der Iran warfen – damals einvernehmlich – Saudi-Arabien und den Emiraten vor, einzig den Interessen des Abendlandes, insbesondere der Engländer, zu dienen. Das hinderte Bagdad und Teheran nicht daran, miteinander um die Vorherrschaft in der Region zu ringen. Man weiß, wie sehr Saddam Hussein den Sturz des iranischen Schahs begrüßte, um selbst den Nachbarn angreifen zu können. Acht Jahre später, als Khomeini in den Waffenstillstand einwilligen mußte, stand der Irak als Sieger da, während man zunächst von einem Unentschieden ausgegangen war. Saddam Hussein, der sich damit längst nicht zufrieden gab, rüstete weiter auf, und die Waffenhändler vermieden es, sich Fragen zu stellen. Verschiedene Beobachter waren nichtsdestoweniger besorgt, doch die sowjetischen und die westlichen Machthaber, die einen so guten Kunden aus der Schußlinie halten wollten, stellten sich taub. Nicht selten kommt es in der internationalen Politik infolge allmählich sich anhäufender Widersprüche zu heftigen und zufallsbedingten Entladungen – vergleichbar den in einem Erdbeben freigesetzten Energien.

Der unmittelbare Auslöser für die Krise war ein Streit über die Festsetzung des Erdölpreises. Ferner wollte der Herrscher im Irak Emir Jaber zu einer Grenzverschiebung bewegen, die das Erdölgebiet von Rumaila neu ausweisen sollte, sowie zum Erlaß von Schulden in Höhe von fünfzehn Milliarden Dollar, die er von Kuweit während des Kriegs gegen den Iran erhalten hatte. Wie bei anderer Gelegenheit auch, erwies sich der Emir als äußerst ungeschickt. Saddam Hussein, der sich infolge der Schwächung der Sowjetunion und der Revolution in Osteuropa vermutlich in einer günstigen Konstellation wähnte, schickte sich also an, das große nationale Ansinnen in die Tat umzusetzen und sich endlich den Zugang zum Golf und zu seinen Reichtümern zu sichern. Dachte er in dem Moment an eine unwiderrufliche Annexion des Emirats oder sogar an einen Vormarsch seiner Truppen bis auf saudi-arabisches Gebiet? Zog er die Möglichkeit von Verhandlungen über einen Rückzug seiner Truppen als Gegenleistung für territoriale Korrekturen in Betracht, die ihm einen dauerhaften Zugang zum Meer und eine neue Aufteilung der Erdölvorkommen sowie den Erlaß seiner Schulden garantiert hätten? Vielleicht wäre es so gekommen, wenn die Vereinigten Staaten sich der »arabischen Lösung«, die in den Stunden nach dem Angriff Gegenstand geheimer Absprachen war, nicht in den Weg gestellt hätten.

In seinem Kalkül hatte Saddam Hussein die Reaktion von George Bush, der sehr bald seine Absicht bekundete, den Status quo kompromißlos wiederherzustellen, nicht berücksichtigt. Bushs Unnachgiebigkeit stand im Widerspruch zu der eher zwiespältigen Haltung seiner Führungsgremien in den Wochen zuvor. Manche Beobachter haben zu verstehen gegeben, Washington habe Saddam Hussein in der Absicht, ihn zu stürzen, eine Falle stellen wollen. Diese Hypothese ist, zumindest was das Weiße Haus betrifft, äußerst unwahrscheinlich. Die Verschwörungstheorie ist selten ein guter Ratgeber, wenn es darum geht, internationale Beziehungen zu verstehen, deren Interaktionen eine Vielzahl von Variablen in sich bergen, über die keine Gewalt vollkommene Kontrolle besitzt. Auf der anderen Seite liegt es auf der Hand, daß die Vereinigten Staaten trotz vermehrter Hinweise nichts unternahmen, um den Diktator von seinem Vorhaben abzubringen.

Mit seiner Entschlossenheit verfolgte der amerikanische Präsident ursprünglich drei Ziele, von denen die beiden ersten untrennbar miteinander verknüpft waren: Erstens sollte der Irak daran gehindert werden, sein Ölimperium auszuweiten und das Gleichgewicht im Nahen Osten zu seinen Gunsten zu verändern; zweitens sollte die amerikanische Führungsposition in der Region, der die Schwächung der Sowjetunion zugute kam, ausgebaut werden, und drittens galt es, das Prinzip der Unverletzbarkeit, zumindest aber der Unantastbarkeit der Grenzen zu behaupten. In seinen ersten Erklärungen verwies George Bush ausdrücklich auf die amerikanischen Interessen. Die Brutalität von Saddam Husseins Vorgehen aber ermöglichte es ihm, seinen Kreuzzug im Namen der Moral zu führen. Für notleidende Völker, denen kein Beistand geleistet wurde, war das schwer hinnehmbar; sie gingen nicht zu Unrecht davon aus, daß das internationale Recht im allgemeinen und die Resolutionen des Sicherheitsrates im besonderen sehr selektiv angewendet wurden, je nach der Interessenlage der Mächtigen. Bei einer Intervention sind heute die Leidenschaften von Interessen bestimmt, und die Kunst der Politik besteht darin, beide möglichst miteinander in Einklang zu bringen. Während der Irak-Krise ging Präsident Bush mit bemerkenswerter Virtuosität vor. Saddam Hussein versuchte seinerseits, die arabische Öffentlichkeit zu mobilisieren, namentlich, indem er die Aufmerksamkeit auf Israel lenkte. Doch hatte er damit, trotz seiner Scud-Raketen, keinerlei Erfolg.

Je länger die Krise anhielt, desto deutlicher zeichnete sich ein zusätzliches Kriegsziel ab, das sicherlich von Beginn an eine Rolle spielte, jedoch nie beim Namen genannt worden war: Das militärische Potential des Irak, insbesondere seine atomare Ausrüstung, sollte vernichtet werden. Hauptbeweggrund war hier die mittelfristige Sicherheit Israels.

Am erstaunlichsten in dieser Angelegenheit ist die Tatsache, daß Saddam Hussein bis zuletzt monolithisch blieb. Seine Gegner fürchteten zu recht eine Initiative (wie einen Teilabzug etwa im November 1990, als die Vereinigten Staaten ihre riesige Armada in Saudi-Arabien zusammenzogen), die die gesamte, von George Bush geduldig gebildete UNO-Koalition erschüttert und vielleicht auch zu Fall gebracht hätte.[21] Glaubte der Diktator wirklich, seine Armeen könnten den amerikanischen und alliierten Kräften unverwindbare Verluste beibringen und er könne auf diese Weise einen Umschwung in der öffentlichen Meinung im Westen bewirken und die Araber für seine Sache begeistern? Wurde er durch ein verängstigtes Umfeld in die Irre geführt?

Saddam Husseins Verblendung machte den uneingeschränkten Sieg von George Bush erst möglich, ein Sieg unter Bedingungen, die fast die Vermutung nahelegen könnten, der Krieg habe gar nicht stattgefunden, wäre er nicht für den Irak so mörderisch und vernichtend gewesen.[22]

Die globalen und regionalen Folgen der Operation *Desert Storm* waren beträchtlich. Kurz nach der Befreiung Kuweits ließen Schöngeister ihrer Phantasie freien Lauf. Das große Amerika war nunmehr die einzige Supermacht. Jetzt, wo auch die UdSSR zur Runde der Demokratien gehörte, wie es hieß, würde der Traum von der kollektiven Sicherheit innerhalb der UNO wahr. Hatten die Vereinigten Staaten nicht außerdem bewiesen, daß die Guten fortan dank der modernen Technik die Bösen bestrafen konnten, ohne selbst Verluste in Kauf nehmen zu müssen?

Leider verflogen diese Illusionen nur allzubald. Schnell zeichnete sich ab, daß Amerika, das sicherlich vorübergehend weit und breit die einzige Supermacht war, sich seinen eigenen wirtschaftlichen und sozialen Problemen widmen und seine außenpolitischen Verpflichtungen auf Regionen beschränken wollte, in denen grundlegende Interessen auf dem Spiel standen. Im

November 1992, als Saddam Hussein noch immer in Bagdad thronte, wurde George Bush, für den man mit einer triumphalen Wiederwahl gerechnet hatte, von dem jungen Demokraten Bill Clinton besiegt. Langsam setzte sich die Erkenntnis durch, daß die UNO machtlos ist, wenn ihre wichtigsten Mitglieder es nicht schaffen, sich über ihre Ziele und die Mittel zu einigen, sie zu erreichen.

Nach und nach fand man sich mit der Tatsache ab, daß es sich bei der Schwächung und schließlich dem Verschwinden der UdSSR um ein vielschichtigeres Phänomen handelte als nur um eine manichäistische Wende, nach der Rußland, befreit vom sowjetischen Panzer, im Handumdrehen eine Demokratie nach amerikanischem Modell geworden wäre. Vor allem mußten die Liebhaber des Kriegsspiels eingestehen, daß der Krieg kurz vor dem Übergang zum 21. Jahrhundert noch immer ist, was er seit jeher war: eine Lösung, bei der Blutvergießen unumgänglich ist. Der Ausgang der von Saddam Hussein herbeigeführten Krise bot nicht etwa den Einstieg in eine strahlende Zukunft, sondern setzte unter besonderen, nicht wiederholbaren Bedingungen den Endpunkt eines Zeitalters.

In der betroffenen Region zeigte der Golfkrieg Auswirkungen auf die nunmehr eindeutige Vorherrschaft der Vereinigten Staaten, die von da an keinen ernstzunehmenden Rivalen im Mittleren Osten mehr hatten. Dennoch blieb die Region ein Pulverfaß. Um ihr Frieden und Wohlstand zu bringen, galt es, den israelisch-arabischen Konflikt zu lösen und die Beziehungen zwischen den wichtigsten Mächten, insbesondere dem Iran, dem Irak, der Türkei, Ägypten und Saudi-Arabien zu stabilisieren. Die Eröffnung der Friedenskonferenz in Madrid am 30. Oktober 1991 war ein klarer Erfolg der amerikanischen Diplomatie, eine indirekte und erfreuliche Folge des Golfkriegs. Zwei Jahre später zeitigte die neue Situation als erstes und spektakuläres Ereignis die Erklärung des israelisch-palästinensischen Prinzips. Der Handschlag zwischen Itzak Rabin und Yassir Arafat an jenem Tag in Washington war die logische Folge des historischen und so unendlich viel bewegenderen Besuchs von Anwar El-Sadat in Jerusalem am 19. November 1977. Sechzehn Jahre mußten zwischen den beiden Ereignissen vergehen, ein internationales System gänzlich umgekrempelt werden. Sowohl Sadat als auch Rabin fielen Attentaten zum Opfer. Der Weg der israelisch-palästinensischen Versöhnung ist mit Hindernissen gepflastert, doch die Route ist abgesteckt. Auch besteht die Aussicht auf ein Friedensabkommen zwischen Israel und Syrien und eine Lösung der libanesischen Frage. Ohne einer Utopie anhängen zu wollen, ist doch die Vorstellung, der auch Shimon Peres anhing, von einem vielleicht nicht ausgesöhnten, so doch friedlichen Nahen Osten, in dem der hebräische Staat, gestärkt durch den Zustrom russischer Emigranten, zumindest am Anfang der wichtigste Wachstumsstandort wäre, nicht länger ein Tabu.

Zum geeigneten Zeitpunkt könnten auch der Irak und der Iran, die neben ihren Erdölquellen über beträchtliche menschliche Ressourcen verfügen, den Weg von wirtschaftlichem Wachstum und Demokratie einschlagen. Aber in dieser Region, in der keine Grenzsicherheit herrscht und wo die Minderheitenprobleme virulent sind, ist die Einrichtung eines regionalen Sicherheitssystems noch komplexer als in Europa. Da Saddam Hussein nach wie vor an der Macht ist und seine Provokationen nicht eingestellt hat, ist in dieser Hinsicht noch alles zu tun. Der Diktator, der von Washington trotz allem geschont wurde, um einen Zerfall des Irak zu verhindern und den Iran nicht allzusehr zu begünstigen, ist noch immer an der Macht. In Teheran ist das Regime der Mullahs geschwächt, vor allem, weil es auf wirtschaftliche Fragen nur höchst unzureichende Antworten gibt und sich in der Gesellschaft ganz offenbar Ernüchterung breitgemacht hat. Nachdem die islamische Republik sich jede Krise, in die Moslems involviert waren, zur Ausweitung ihres Einflusses nutzbar zu machen versucht hat (beispielsweise in Algerien und Bosnien), ist sie möglicherweise in eine neue, weniger revolutionäre Phase eingetreten. Ihre Öffnung zum Westen und ihre Winke mit dem Zaunpfahl in Richtung arabische Welt, namentlich den Golfländern, sowie die Wahl eines neuen, als moderat geltenden Präsidenten sind Ausdruck des Bemühens um regionale und internationale Reintegration.

Krieg in Europa

Die Zersplitterung Jugoslawiens hat allen Idealisten schlagartig vor Augen geführt, daß das Ende der Geschichte noch nicht in Sicht ist. Ganz im Gegenteil: Durch den Ausgang des Ost-West-Konflikts hat uns die Vergangenheit wieder kräftig eingeholt.

In der Zeit des Kalten Krieges hatte man gewöhnlich nur die unzutreffende und oberflächliche Bezeichnung »Osteuropa« für zwei in Wirklichkeit sehr unterschiedliche Gebilde parat[23] ; sie gingen aus der Spaltung des Römischen Reichs in Rom und Konstantinopel hervor, aus dem Schisma zwischen West- und Ostkirche im Jahr 1054 und – was unserer Zeit näher ist – aus den Einflußbereichen zweier Imperien, die mit dem Ersten Weltkrieg verschwanden: das österreich-ungarische Kaiserreich und das Osmanische Reich.

Zu Österreich-Ungarn gehörten im 19. Jahrhundert im Norden Böhmen und Mähren (das Gebiet der heutigen Tschechischen Republik), die Slowakei und Galizien; das Zentrum bildete Ungarn, worunter auch Transsylvanien fiel, und im Süden lagen Slowenien und Kroatien. Das Osmanische Reich umfaßte die übrigen Gebiete Osteuropas bis hin zur Nordmoldau; Weißrußland war Teil des russischen Reichs. In einer noch weiter zurückliegenden Vergangenheit zählte es Ungarn zu seinem Territorium, und zweimal – 1529 und 1683 – hatte es beinahe Wien okkupiert. Ziel des französisch-türkischen Bündnisses, das zwischen Franz I., dem »Allerchristlichsten König« und Süleiman dem Prächtigen, »Sultan aller Sultane«, geschlossen wurde, war die Einkreisung der Habsburger.

So tragen Bulgarien, der größte Teil Exjugoslawiens und Griechenland den Stempel einer mehrhundertjährigen osmanischen Herrschaft. Auch Griechenland hat seine Unabhängigkeit erst 1830 erlangt, und vermutlich haben die europäischen Politiker, die ihm 1981 den Beitritt zur Gemeinschaft ermöglichten, die Auswirkungen seines balkangefärbten Charakters unterschätzt. Schmerzlich wird man sich heute wieder der Tatsache bewußt, daß der Orient im Herzen Europas, genauer auf dem Balkan, beginnt. Als Chateaubriand auf seinem Weg nach Palästina am 28. Juli 1806 von Venedig nach Triest reiste, bemerkte er, ganz in der Sprache seiner Zeit: »Der letzte Hauch Italiens verfliegt an dieser Küste, an der die Barbarei beginnt.«[24]

Das 19. Jahrhundert war geprägt von den Wirren in beiden Großreichen. Die österreichisch-ungarische Doppelmonarchie hatte sich von den Revolutionen von 1848 nie wirklich erholt, und das Osmanische Reich wurde zunehmend schwächer. Legitimitätskrisen, sich behauptende Nationalitäten und drängende Minderheitenprobleme (Deutsche, Slawen, Magyaren, Südeuropäer) sowie Auseinandersetzungen religiöser Natur (Katholiken, Orthodoxe, Moslems) beherrschten die Szenerie bis zum Ersten Weltkrieg. Die zerfallenden und rivalisierenden Reiche mußten sich außerdem der Begehrlichkeiten ihres russischen Nachbarn erwehren, der seit jeher nach einem Zugang zum Meer trachtete. Frankreich und Deutschland versuchten, die Situation jeweils für sich zu nutzen. Nach der deutschen Einigung war Bismarck eifrig bemüht, den gespielten Einsatz an sich zu nehmen. Eine Vielzahl sich überschneidender und widersprüchlicher Interessen trug somit zum Ausbruch des Ersten Weltkriegs bei, der durch das Attentat auf den Thronerben von Österreich, Erzherzog Franz Ferdinand, am 28. Juni 1914 in Sarajewo ausgelöst wurde.

Die Siegermächte des Jahres 1918 wollten die Aufteilung Österreich-Ungarns und des Osmanischen Reichs. So entstanden die Tschechoslowakei und Jugoslawien. Frankreich glaubte seine Sicherheit durch ein Bündnissystem mit den neuentstandenen Staaten im Osten Europas (Polen, die Tschechoslowakei, Rumänien, Jugoslawien) stärken zu können. Diese Pläne wurden durchkreuzt, als sich in den dreißiger Jahren die europäischen Diktaturen konstituierten, die die Wirtschaftskrise und die Schwächen der westlichen Demokratien ausnutzten.[25]

Jugoslawien, das am 28. Oktober 1918 gegründet worden war, sah sich auf Anhieb mit zwei klar voneinander abgegrenzten Strömungen konfrontiert: Die eine favorisierte die Gründung eines großserbischen Staates, die andere die Bildung einer Föderation der Südslawen, die für die Kroaten von Vorteil war. Das Scheitern des Königreichs der Serben, Kroaten und Slowenen wurde spätestens durch die Massaker offenbar, die im Sommer 1941 mit Unterstützung der Nazis von der faschistischen Ustascha gegen die serbische Minderheit Kroatiens verübt wurden. Zur gleichen Zeit begingen die Serben ähnliche Greueltaten.

Der Widerstand, die kommunistische Ideologie, die 1945 auf die Massen und die Linksintellektuellen verführerisch wirkte, und die große Persönlichkeit Titos ließen den jugoslawischen Phönix aus der Asche erstehen. Das zweite Jugoslawien vermochte den Schein zu wahren, solange die Autorität des Marschalls die wirklichen und stets wachsenden Schwächen der föderalen Institutionen überdeckte. Ihm kam zugute, daß es im Vergleich mit der UdSSR Stalins besser abschnitt. Lange nährten die westlichen Sozialisten (besonders in Frankreich) den Mythos von einem »dritten Weg« oder zumindest die Hoffnung darauf, und die jugoslawische Selbstverwaltung schien ihnen das entsprechende Modell zu liefern.[26] Auch die Akteure des Prager Frühlings ließen sich von dem Konzept der Selbstverwaltung leiten.[27] Bei vielen, die sich mit einer bipolaren Sicht der Welt nicht zufriedengeben wollten, genoß auch die Bewegung der Blockfreien hohes Ansehen.

Wie so viele Autokraten bereitete jedoch auch Tito seine Nachfolge nicht vor.[28] Seine lange Herrschaft hatte er nur aufrechterhalten können, indem er die Männer ausschaltete, die ihn gegebenenfalls in den Schatten gestellt hätten. Seine letzten Lebensjahre fallen in das Jahrzehnt, in dem die starke Zerrüttung der Länder im Osten durch die großzügigen Zuwendungen des Westens ansatzweise kaschiert wurde. Wie bereits erwähnt, gab es 1976 in dem Wahlkampf, der Jimmy

Carter die Präsidentschaft der USA bescherte, kaum ein anderes Thema als die Hypothese vom Chaos in einem Jugoslawien nach Tito, und die Strategen schlossen die Möglichkeit einer sowjetischen Intervention nicht aus.

Marschall Tito starb 1980. Jugoslawien überlebte ihn. Moskau – das im übrigen ganz mit Mittelstreckenraketen, mit Polen und Afghanistan beschäftigt war – sah sich nicht zum Eingreifen veranlaßt, aber sein Gewicht hat bei der Aufrechterhaltung des Status quo indirekt eine Rolle gespielt. Die zunehmende Finanzkrise, deren Ursachen nicht zuletzt in der »Dritten Welt« lagen, hat den Zerfall der kommunistischen Regime in Osteuropa noch beschleunigt und sollte insbesondere den immer gebrechlicheren jugoslawischen Bundesstaat treffen. Der Fall der Berliner Mauer leistete dem zweiten Tod Jugoslawiens Vorschub, dessen Auflösung Anfang 1990 einsetzte.[29]

Im Frühjahr 1991 intervenierte die größtenteils aus Serben bestehende Bundesarmee in Slowenien (wo die Kampfhandlungen bereits im Juli wieder eingestellt wurden) und in Kroatien, wo die serbische Minderheit der Krajina ihre Unabhängigkeit ausgerufen hatte. So begann der jugoslawische Bürgerkrieg, der länger dauerte als der Erste Weltkrieg. Damals war die gesamte Aufmerksamkeit des Westens auf die sieche UdSSR sowie den Persischen Golf gerichtet, wo die kriegerischen Auseinandersetzungen gerade zu Ende gingen. Hätten die Europäer den Lauf der Dinge ändern können, wenn sie eine Eingreiftruppe entsandt hätten? Für sich gesehen gewiß, trotz der unter dem Gesichtspunkt des internationalen Rechts zwiespältigen Situation, handelte es sich doch um eine innenpolitische Angelegenheit des jugoslawischen Staates. Jedenfalls hätte es eines großen Aufwands bedurft, sicherlich in der Größenordnung von mehreren Divisionen. Aber weder die Institutionen der Gemeinschaft noch die der NATO waren für eine Krise dieser Art geschaffen, die in Zeiten des Kalten Krieges undenkbar war. Deutschland lehnte im Namen verfassungsrechtlicher Erwägungen, in Wirklichkeit jedoch aus Beweggründen politischer Natur, die mit der Nazi-Vergangenheit zusammenhingen, jeden Plan einer Intervention ab.[30] Darüber hinaus nahm die Wiedervereinigung die Bundesrepublik vollkommen in Beschlag. Großbritannien schloß jede militärische Aktion, in der nicht nationale Interessen vertreten wurden, aus. Einzig Frankreich behauptete (aufrichtig oder aus taktischen Gründen?), eine Militäraktion in Betracht ziehen zu wollen. Der Sicherheitsrat der Vereinten Nationen war machtlos, sofern nicht die USA in der Angelegenheit die Führungsrolle übernehmen würden. Natürlich konnte man Gute-Dienste-Missionen entsenden, aber angesichts der wachsenden Entschlossenheit der betroffenen Parteien, sich auch mit diesen zu messen, war ihr Scheitern vorherbestimmt. Die umfangreiche Schutztruppe der Vereinten Nationen (United Nations Protection Force, UNPROFOR), deren Gründung im Februar 1992 beschlossen wurde, spielte dagegen eine nicht zu unterschätzende Rolle. Ihr Einsatz aber machte – zumindest bis zur Bildung einer »schnellen Eingreiftruppe« 1995 – die Grenzen der Schutz- und der humanitären Missionen deutlich, die sich nach dem Gießkannenprinzip über Weltgegenden verteilten, in denen die Bevölkerung in Aufruhr war, die »Blauhelme« jedoch keine militärischen Mittel einsetzen durften und jeden Moment Gefahr liefen, zu Geiseln gemacht zu werden. Aus denselben Gründen machte die UNO auch bei der Aufrechterhaltung der Sicherheit in ihren Schutzzonen katastrophale Erfahrungen. Ähnliches galt eine Zeitlang auch für die

NATO, die hier unter rechtlich zweifelhaften Bedingungen – und ohne daß ein wirklicher politischer Wille vorhanden gewesen wäre – punktuell und in geringem Umfang zum Einsatz kam. Die Situation kehrte sich erst im Sommer 1995 um, als Frankreich mit dem Abzug seiner Truppen drohte und die Vereinigten Staaten damit zwang, endlich eindeutig Stellung zu beziehen.

Mit ihrer verfrühten Anerkennung der Unabhängigkeit Sloweniens und Kroatiens (15. Januar 1992), die die gleichzeitige Proklamation der »Serbischen Republik Bosnien« (6. April 1992) und die Bosnien-Herzegowinas nach sich zog, beschleunigten die Westeuropäer lediglich das Zerbersten des aus Völkern und Religionen bestehenden Mosaiks und den Ausbruch der Barbarei. Deutschland ging seine eigenen Wege, indem es Slowenien und Kroatien am 23. Dezember 1991 anerkannte und seine Partner in Zugzwang brachte.[31] Es war ein politischer Irrtum, denn die Anerkennung neuer Grenzen hätte Teil einer Gesamtregelung in einem von der KSZE definierten Rahmen sein müssen, so wie es auch bei der deutschen Wiedervereinigung der Fall gewesen war.[32] Serbien und Montenegro bildeten gemeinsam eine neue Bundesrepublik Jugoslawien (27. April 1992), die sich unter der Führung von Slobodan Milosevic – seit 1987 der führende Mann in Belgrad, der am 12. Dezember 1990 in allgemeinen, direkten Wahlen zum Präsidenten Serbiens gewählt wurde – die Wiederherstellung Großserbiens zum Ziel gesetzt hatte, während die bosnischen Serben unter Radovan Karadzic in den Zonen, in denen sie ihre Vorherrschaft durchsetzen konnten, »ethnische Säuberung« betrieben.

Von Beginn dieses schäbigen Kriegs an bestand die Hauptsorge des Westens darin, ein Umsichgreifen des Konflikts zu verhindern. Der Fall Mazedonien macht die

Gefahr deutlich. Dieser Teil Exjugoslawiens, der ebenso wie Slowenien und Kroatien sein Recht auf die am 17. September 1991 selbstverkündete Unabhängigkeit geltend machte, war in seinen Umrissen von den Siegern des Ersten Weltkriegs definiert worden. Er umfaßte nur ein Drittel des geographischen Mazedonien, das auch Teile Griechenlands und Bulgariens einschließt. Die Regierung in Athen stellte sich der Bildung eines neuen Staates namens Mazedonien strikt entgegen, da sie befürchtete, dieser werde der Versuchung nicht widerstehen, Ansprüche auf benachbarte Territorien zu erheben.[33] Darüber hinaus umfaßte Mazedonien eine albanische und folglich moslemische Minderheit, die im Fall eines Übergreifens des Bürgerkriegs auf den Kosovo (dessen autonomer Status, wie der der Wojwodina, seit September 1990 abgeschafft war) in Aufruhr geraten könnte, was wiederum die Türken möglicherweise zu einem Eingreifen bewegen würde. Die Amerikaner stationierten mehrere Hundertschaften in Mazedonien, um allen Seiten die Grenzen aufzuzeigen, die es einzuhalten galt.

Die bosnische Tragödie, die vordergründig als Religionskrieg zwischen orthodoxen Christen und Moslems erscheint, muß also in einem größeren Zusammenhang gesehen werden. Wenn die Amerikaner beispielsweise den bosnischen Moslems immer unverhohlener Hilfe leisteten, wollten sie damit der Welt zeigen, daß sie sich, wenn die Umstände es erfordern, auch auf die Seite des Islams stellen können. Die Europäer haben gewiß kein Interesse daran, der Entstehung eines moslemischen Irredentismus mitten in Europa beizuwohnen. Dennoch muß man die Dinge relativieren und darf die Katastrophenszenarien der westlichen Freunde von Izetbegovic nicht allzu wörtlich nehmen. Man sollte nicht vergessen, daß die bosnischen Moslems – wie die Albaner – mehrheitlich Nachfahren von Christen sind, die aus Opportunismus und als Gegenleistung für materielle Vorteile unter der Herrschaft der Osmanen konvertiert waren. Sie sind überwiegend nichtreligiös. In dieser Hinsicht ist Alija Izetbegovic eine Ausnahme. Die Mehrheit der bosnischen Moslems gehört zur wohlhabenden Bourgeoisie, was auch ihre starke städtische Verwurzelung erklärt. Mit der Situation im Iran am Vorabend der Revolution Khomeinis hat das wenig gemein. Das ändert nichts daran, daß jede Regelung, die auf dem Rücken derer ausgetragen würde, die man früher »bosnische Türken« nannte (wie der kroatische Präsident Tudjman und der serbische Präsident Milosevic es sich von 1991 an mehr oder weniger unverhohlen erträumt hatten), eine gefährliche Instabilität in Europa herbeiführen würde. Es bleibt offen, wie die Moslems auf Dauer ihre Identität im Rahmen einer kroatisch-moslemischen Föderation verkraften würden, als Teil des theoretisch an Zagreb angebundenen Bosnien, ähnlich den serbischen Bosniaken, die mit Belgrad verbunden sind. Ihr Schicksal erinnert unweigerlich an das der Christen im Libanon, mit dem wesentlichen Unterschied, daß sie innerhalb Bosniens die relative Mehrheit der Bevölkerung stellen (selbstverständlich jedoch nicht in einem aus Kroatien und Bosnien bestehenden Gebilde). Wie dem auch sei, die »internationale Gemeinschaft« stößt auf ihrer Friedenssuche einmal mehr auf den grundlegenden Widerspruch zwischen dem Prinzip der Aufrechterhaltung der Grenzen und dem Prinzip des Selbstbestimmungsrechts der Völker.

Ist der Gordische Knoten durchschlagen? Infolge des amerikanischen Engagements, aber auch der Entschlossenheit Frankreichs, die die Amerikaner weitestgehend zum Eingreifen bewegte, hat sich die Gleichung verschoben.[34] Von der Warte der allgemeinen europäischen Sicherheitspolitik aus ist das Schlimmste nicht eingetreten. Wahrscheinlich ist die westliche Diplomatie daran nicht ganz unbeteiligt, wie auch die gemäßigte Haltung der Russen, die im Umgang mit ihren serbischen Freunden Vorsicht walten ließen.[35] In dieser Hinsicht gab es keine Parallelen zu den Umständen, die den Ersten Weltkrieg herbeiführten. Im Gegensatz zu Saddam Hussein hat Milosevic es verstanden, einer Politik der schlimmsten Mittel zu widerstehen. So rührte er sich nicht, als die Kroaten im August 1995 mit Unterstützung der Amerikaner und der Deutschen die Krajina zurückeroberten.

Der einzige positive Aspekt dieses grauenhaften Kriegs besteht – das sei wiederholt – darin, daß die übrigen Osteuropäer zu einer friedlichen Lösung ihrer Minderheitenprobleme gedrängt wurden.

Siegreiches Russland?[36]

Die Logik der Dinge brachte es mit sich, daß der neue Machthaber im Kreml zunächst ostentativ eine an Reagan und Thatcher orientierte Wirtschaftspolitik betrieb, unter Leitung eines jungen Premierministers, des Intellektuellen Igor Gaidar. Dieser wurde jedoch bereits Ende 1992 durch das äußerst einflußreiche und pragmatische Oberhaupt der Erdgasindustrie (*GazProm*), Viktor Tschernomyrdin, ersetzt, der sich darauf verstand, geschickt zwischen »Reformern« und »Konservativen« zu lavieren. Das Referendum vom 25. April 1993 zeigte, daß die Russen keine Rückkehr in die Vergangenheit wollten. Jelzin bereitete eine Verfassungsvorlage vor, die an die der V. Republik in Frankreich erinnert: Der Präsident wird in allgemeinen direkten Wahlen für vier Jahre gewählt; das Parlament setzt sich aus einem Oberhaus und einem Unterhaus (das weiterhin Duma heißt) zusammen; der Premierminister wird vom Präsidenten ernannt, muß aber das Vertrauen der Duma besitzen. Mit der Verfassungsvorlage blieb das Grundproblem der Gewaltenteilung zwischen Moskau und den Gebietskörperschaften, zwischen Republiken und Regionen noch immer ungelöst; letztere bilden die Russische Föderation und fordern weiterhin wenn nicht die Abspaltung, so zumindest die Autonomie, und zwar nicht nur auf ethnischer, sondern auch und vielleicht vor allem auf wirtschaftlicher Basis.

Jelzin geriet sehr schnell mit dem vom alten System gewählten Parlament in Konflikt, in dem Ruslan Chasbulatow, ein Russe tschetschenischer Nationalität, den Vorsitz führte, und mußte auch mit seinem alten Komplizen und jetzigen Rivalen, dem Vizepräsidenten Alexander Ruzkoj, rechnen. Im Oktober 1993 kam es zur offenen Krise. Der Präsident ordnete die Belagerung des Parlaments – des Weißen Hauses – an und ließ es bombardieren. Chasbulatow und Ruzkoj landeten im Gefängnis.[37] Nach bestandener Machtprobe konnte Jelzin seine Verfassung durchsetzen. Die Wahlen zur Duma am 12. Dezember und das Auftauchen von Wladimir Schirinowski erschütterten den Glauben derjenigen, die sich trotz der Ereignisse im Oktober vorgestellt hatten, Rußland werde vom Kommunismus direkt zu Demokratie und Marktwirtschaft überwechseln.

Ein Jahr später kam es zum Ausbruch der Tschetschenien-Krise. Die kleine Republik hatte vom Aufruhr 1990–1991 profitiert. Sie war dem Rat Boris Jelzins gefolgt, dessen oberstes Gebot zur damaligen Zeit die

Destabilisierung von Gorbatschow war und der die Republiken nach Art eines Demagogen dazu aufrief, »soviel Souveränität zu beanspruchen, wie sie vertragen können«. Unter der Führung von General Dudajew, dem ehemaligen Kommandanten eines sowjetischen Luftstützpunkts in Estland, wo er mit der Sache der Autonomisten sympathisiert hatte, erklärte Tschetschenien im November 1991 seine Unabhängigkeit. Tatarstan folgte diesem Beispiel am 21. März 1992. Mittlerweile gab es die UdSSR nicht mehr, und Jelzin hatte Gorbatschow ausgeschaltet. Tschetschenien war unter neunundachtzig »Mitgliedern der Föderation« das einzige, das die Wahlen im Dezember 1993 boykottierte. Von da an nahmen die Spannungen im Verhältnis mit Moskau zu. Grosny, das über – bescheidene – Erdölquellen verfügt, begann Verhandlungen über Handelsabkommen mit Staaten, die nicht zur EU gehören, namentlich die Türkei. Es setzte sich an die Spitze einer nationalistischen Bewegung im Kaukasus. Doch Dudajews Abenteurertum erregte bei seinen Nachbarn Mißtrauen. In Tschetschenien selbst führten seine diktatorischen Neigungen zur Bildung einer Oppositionsbewegung. In Tadschikistan hatte Rußland mit Erfolg auf die Karte des russischen Clans gesetzt. Das gleiche Manöver versuchte es in Tschetschenien auch und wollte sich dabei auf Ruslan Chasbulatow stützen – den Jelzins Truppen im Oktober 1993 noch aus dem Weißen Haus verjagt hatten. Dieses Mal aber scheiterte Rußland. Mit seiner Entscheidung für ein hartes Eingreifen in Grosny konnte Jelzin zumindest vorübergehend die tschetschenische Einheit wiederherstellen, und so wurden russische Panzer von einem bewaffneten Volk in Empfang genommen. Die Russen haben erniedrigende Rückschläge erlitten. Boris Jelzin wußte, daß er die Wahlen mit dem tschetschenischen

Kreuz im Rücken nicht würde gewinnen können. Der Tod von Djokhar Dudajew machte es ihm möglich, sich im Frühjahr 1996 ohne Gesichtsverlust nach Tschetschenien zu begeben, um auf diese Weise den Weg für einen Kompromiß freizumachen. Der Friedensvertrag vom 12. Mai 1997, der die Entscheidung über den Status Tschetscheniens auf das Jahr 2001 verschiebt, hat einer blutigen Epoche ein Ende gesetzt. Doch während das Öl am Kaspischen Meer langsam Absatz findet, hat der Krieg der Pipelines gerade erst begonnen.

Das tschetschenische Problem ist ein Kolonialproblem. Wenn das Selbstbestimmungsrecht der Völker als absolutes Prinzip gälte, wäre Tschetschenien ein souveräner Staat. Zu Zeiten der UdSSR bildete diese Republik eine Enklave. Heute ist das nicht mehr der Fall, denn das benachbarte Georgien ist unabhängig geworden. Auf Stalin ging die Regel zurück, nach der eine eigenständige sozialistische Sowjetrepublik gemeinsame Grenzen mit einem ausländischen Staat aufzuweisen hat. Einzig diese eigenständigen Republiken hatten das bis zu den Umwälzungen von 1989–1991 sicherlich theoretische Recht, sich von der UdSSR abzuspalten. Nichtsdestoweniger würde heutzutage kein verantwortlicher Russe das Souveränitätsprinzip des Moskauer Staates über das gesamte Territorium der Föderation abtreten wollen. Was Rußlands Partner betrifft, so besteht keinerlei Absicht, dem Kreml seine Aufgabe zusätzlich zu erschweren und das Risiko eines Übergreifens auf den Kaukasus zu erhöhen, wo die Dinge bereits höchst kompliziert sind: abchasischer Separatismus in Georgien, der Konflikt zwischen Armenien und Aserbaidschan um die armenische Enklave in Nagorny-Karabach in der Moslemrepublik, bei dem die Russen sich als Mittler aufgedrängt haben, und ähnliches mehr. Darüber hinaus bleibt festzuhalten, daß die kaukasischen Völker nicht bereit sind, für Grosny ihr Leben zu lassen. Zwar hat die russische Operation viel Unmut bewirkt, und die russischen Panzer, die Kurs auf Grosny nahmen, wurden auf ihrer Fahrt von den Bewohnern des benachbarten Dagestan angegriffen, doch ist es dabei geblieben. Rußland kann auf die Treue der Christen in Nordossetien und eines Teils der Bevölkerung in Dagestan zählen. Tatsache ist aber auch, daß der Nordkaukasus unter dem Zusammenbruch der UdSSR besonders gelitten hat. Das wirtschaftliche Debakel stellt die größte Bedrohung für seine Stabilität dar.

Was steht im Hinblick auf Tschetschenien für Rußland auf dem Spiel? Der Transkaukasus ist mit seiner Lage am Schnittpunkt zwischen Europa und Asien strategisch bedeutsam. Er bildet gewissermaßen ein Bollwerk zwischen Rußland und dem Islam. Wenn in dieser Region das Chaos um sich greifen würde, wäre nicht nur eine besonders empfindliche und klar umrissene Region davon betroffen. Mehr noch als ein Umsichgreifen mafioser Phänomene, die die ehemalige UdSSR heimsuchen, fürchtet Moskau die Ansteckungsgefahr für andere Teile der Föderation, wie die Wolgarepublik, Tatarstan und Baschkirien oder auch Jakutien in Sibirien. Moskau und Kazan haben einen Kompromiß gefunden. Ein bilaterales Abkommen, das am 14. Februar 1994 unterzeichnet wurde, autorisiert Tatarstan, seine eigene Verfassung beizubehalten, und macht es zu einer »geeinten« Republik, vergleichbar der russischen, die jedoch nicht unter internationales Recht fällt. Das Abkommen sichert ihr auch ein höheres Maß an wirtschaftlicher Unabhängigkeit zu. Tatarstan hat also klein beigegeben. Aber Rußland hegt die Befürchtung, eine eventuelle Unabhängigkeit von Tschetschenien könne Ambitionen in diesem

Moslemstaat wecken, der trotz seiner zentralen Lage in der Föderation ein starkes Bewußtsein für seine kulturelle Identität besitzt. Was Baschkirien angeht – ebenfalls eine Enklave –, so hat es den Vertrag mit der Föderation erst unterzeichnet, nachdem es ein Geheimabkommen mit Moskau abgeschlossen hatte.

Unter rein ökonomischen Gesichtspunkten sieht Tschetschenien sein Hauptinteresse darin, sich in einer langen Reihe von Pipelines über Aserbaidschan und Kasachstan mit der Endstation Novorossijsk am Schwarzen Meer zu verbinden. Die neue Aufteilung der Einnahmen aus dem Öl, die sich für die Länder ergeben hat, die aus der Zersplitterung der UdSSR hervorgegangen sind, steht im Zentrum eines Interessenkonflikts, an dem auch der Westen durch seine großen Erdölgesellschaften beteiligt ist.

So sieht sich die Russische Föderation mit den Problemen eines Imperiums konfrontiert, das als solches nicht mehr existiert, und zugleich mit denen eines nach wie vor bestehenden multiethnischen Reiches. Sie muß Kontakte zu den neuen Republiken herstellen und gleichzeitig ein so schweres und heikles Erbe verwalten wie den Status der russischen Völker. Gleichzeitig muß sie im eigenen Rahmen die Beziehungen zwischen Zentralstaat und den zahlreichen mehr oder weniger autonomen und heterogenen Gebilden, deren Komplexität durch die Tschetschenien-Krise überdeutlich geworden ist, neu gestalten. Es gilt, ausgehend von einem rein vertikalen Sowjetsystem, den Wechsel hin zu weitaus eigenverantwortlicheren Lokalverwaltungen zu vollziehen.

Im Gegensatz zu der europäischen Dekolonisierung, die sich über mehrere Jahrzehnte erstreckt hat, erscheinen der Zerfall der UdSSR und die Erschütterungen in Rußland wie eine Art Kometenexplosion, die mit einer aufgewühlten öffentlichen und wirtschaftlichen Ordnung innerhalb des zweifachen Reiches einhergeht. Wie sollten für eine so radikale Umwälzung nicht mehrere Jahrzehnte vonnöten sein?

Die von Jelzin eingeführte Verfassung wirkt auf den ersten Blick demokratisch, doch nutzt der Hausherr im Kreml sie in autokratischer Weise – sofern seinen Kommandos auch Folge geleistet wird. Denn in Wahrheit ist der Moskauer Staat zur Zeit nicht zu stark, sondern zu schwach. Gegenwärtig ist der gesamte Mechanismus der Macht ins Stocken geraten. Dafür sind die offenen Auseinandersetzungen zwischen den Generälen augenfällige Symptome.

Clausewitz bemerkte, daß der Zustand einer Armee den Zustand eines Landes widerspiegelt. Die Leistungen der Roten Armee in Afghanistan und in Tschetschenien waren aufschlußreich. Die Rote Armee brauchte über einen Monat, um Grosny einzunehmen. Sieben Monate nach dem Beginn der Operation kontrollierte sie die Städte, nicht aber das Land. Gratschow schickte mangelhaft vorbereitete und schlecht geführte Truppen in den Kampf, deren Waffen nicht aufeinander abgestimmt waren (erwähnt sei nur die im Verhältnis zu den Panzerverbänden unzulängliche Infanterie bei der Einnahme der Hauptstadt). In der Folge hat sich zwar die militärische Führung der Operationen behauptet, aber ihre politische Kontrolle blieb fraglich, wie die Geiselaffäre in Budennowsk gezeigt hat.[38]

Derweil hat Boris Jelzin gravierende gesundheitliche Probleme überwunden, die über Monate hinweg das Machtvakuum noch deutlicher machten, und letztlich die Hürde der Wahlen vom Juli 1996 genommen. In politischer Hinsicht ist es ihm gelungen, das Heft in der Hand zu halten, indem er die Fehden der politischen Cliquen zu seinem Vorteil nutzte und potentielle Gegner sowie unliebsame Zeitgenossen ausschaltete.

Trotz der Kriegslast konnte die Stabilisierung der Wirtschaft voranschreiten. Boris Jelzin war klug genug, die Führung der Wirtschaft einem überzeugten Reformer zu übertragen – Anatoli Tschubais, unter dessen Regie Rußland bedeutende Fortschritte bei der Wiederherstellung des makroökonomischen Gleichgewichts gemacht hat, namentlich die Reduzierung des Haushaltsdefizits und die Verlangsamung der Inflation betreffend. Ihm zur Seite steht seit kurzem der junge Gouverneur Boris Nemzow aus Nowgorod, ein gewandter und integrer Amtsführer liberaler Gesinnung, dessen Erscheinen möglicherweise auf eine Erneuerung der Eliten schließen läßt, die die Regenerierung Rußlands ermöglichen würde. Die Schaffung einer wirklichen Marktwirtschaft aber, die das Vertrauen ausländischer Investoren genießt und die öffentlichen Finanzen auf eine gesunde und solide Basis stellen könnte, wird vermutlich noch auf sich warten lassen.[39]

Auf den Trümmern des Turms von Babel

Der leninistisch-stalinistische Turm von Babel ist in sich zusammengestürzt, aber von Polen bis Rußland, von den Baltischen Staaten bis Bulgarien ragen noch immer mächtige Ruinen empor. Nach den politischen Erdbeben lassen sich die Gesellschaften nicht ohne weiteres neu programmieren. Die Mechanismen zur Regeneration, wie es bei den Biologen heißt, brauchen ihre Zeit. Die politischen, wirtschaftlichen, sozialen, juristischen, schulischen und universitären Institutionen und Praktiken wandeln sich nicht durch Anwendung einer Zauberformel. Trotz Aberhunderter Milliarden D-Mark kann das große Westdeutschland mit seinen sechzig Millionen Einwohnern das kleine Ostdeutschland und seine siebzehn Millionen Einwohner nur mit Mühe und Not verkraften. Wie schon Tocqueville erkannte, fegen die Revolutionen nur die Spuren an der Oberfläche der Vergangenheit hinweg, die sie abzuschaffen vorgeben. Das russische Drama liegt weniger in der Oktoberrevolution als in den systematischen Zerstörungen, die Stalin drei Jahrzehnte lang betrieb und die von seinen Nachfolgern gebilligt wurden. Mit prophetischer Stimme äußerte Alexander Solschenizyn die Behauptung, dem sowjetischen Totalitarismus sei es schließlich gelungen, die russische Seele zu korrumpieren. In denjenigen Ländern des europäischen Kontinents, die man unter der Bezeichnung »Osteuropa« zusammenfaßte, sitzt das Übel nicht ganz so tief, weil das Verhängnis weniger lang andauerte und die Schranken nicht ganz so dicht waren. Gorbatschow, der unfreiwillige Totengräber des Leninismus-Stalinismus, ist in einem Moment auf der Bildfläche erschienen, als im Westen die durchschlagende, aber stark vereinfachende Ideologie des Reagan- und Thatcherismus in voller Blüte stand. Dies ist bestimmt kein Zufall. Augustin Cournot hätte gesagt, die beiden ursächlichen Zusammenhänge, die Ende der achtziger Jahre aufeinandertrafen, waren nicht voneinander unabhängig. Das erklärt, daß man zu Beginn des jetzigen Jahrzehnts die vergebliche Hoffnung auf die Ausrottung des Kommunismus durch die simple Verbindung von formaler Demokratie und dem Prinzip des *»Laissez-faire, laissez-passer«* nähren mochte, dabei aber nicht erkannte, wie weit die unsichtbaren Ketten reichen, die der *Homo sovieticus* hinter sich gelassen hat, und auch nicht sah, daß die wirkliche Demokratie wie die Marktwirtschaft ein komplexer Mechanismus ist, ein harmonisches Wechselspiel, das Ergebnis geduldiger und schmerzlicher Aufbauarbeiten.

Ist es also ein Wunder, wenn das Schauspiel des ehemaligen Sowjetreichs uns ein paar Jahre nach dessen Verschwinden durcheinanderbringt? Rußland ist legalen und illegalen Mächten unterworfen, die sowohl rivalisieren als auch kooperieren, ohne daß sich bislang irgendein Gleichgewicht abzeichnen würde. Wie in Frankreich im Hundertjährigen Krieg entziehen sich ganze Bereiche des Landes der öffentlichen Ordnung. Man weiß nicht genau, wer in dem noch vorhandenen Rest des Staates das Sagen hat. Und dennoch wirken die Außen- und Verteidigungspolitik Moskaus in gewisser Weise kohärent, weil sie Zwängen oder Reflexen gehorchen, die in der Dauer festgeschrieben sind. Der Zerfall der Russischen Föderation selbst ist zu verhindern, wodurch sich auch die Operation in Tschetschenien erklärt; die »Gemeinschaft unabhängiger Staaten«, die mehr oder weniger an die Stelle der Sowjetunion getreten ist, muß ein Minimum an Zusammenhalt bekommen; die Sicherheit des Landes gegenüber eventuellen Ansprüchen seiner westlichen, islamischen oder asiatischen Nachbarn ist zu gewährleisten; und schließlich, trotz der gegenwärtigen Unruhen, muß sie sich als unumgängliche Macht in sämtlichen wichtigen Angelegenheiten des eurasischen Kontinents behaupten. Diese Ziele können die Verantwortlichen der Außen- und Sicherheitspolitik im Vertrauen darauf ansteuern, daß ein beachtlicher Rest an militärischer Schlagkraft vorhanden ist – trotz der finanziellen und moralischen Schwierigkeiten im militärisch-industriellen Bereich –, daß sie über atomare Waffen und somit über ein unbestreitbares Zerstörungspotential verfügt und daß es immer noch einen virulenten Nationalismus gibt, der durch Demütigungen noch gesteigert würde. Unter den zahlreichen Unwägbarkeiten in der Region der ehemaligen UdSSR fällt das Schicksal der Ukraine am meisten ins Gewicht. Nichts wäre für die Stabilität des Kontinents wünschenswerter, als wenn dieses Land im Rahmen einer klar definierten Beziehung zu Rußland seine Unabhängigkeit behaupten würde. Der zwischen den beiden Ländern am 31. Mai 1997 unterzeichnete Vertrag über Freundschaft und Zusammenarbeit weist in diese Richtung und hat die Wahrscheinlichkeit eines Auseinanderbrechens der Ukraine, das uns vermutlich in eine Krise noch größeren Ausmaßes stürzen würde, als es der jugoslawische Krieg war, beträchtlich verringert.

Zur Beurteilung der neuen Situation in Europa muß man sich die Unterschiede vergegenwärtigen, die durch das sowjetische System wohl kaschiert, nicht aber aufgehoben wurden. Zwar mag man, wie Václav Havel, die »Rückkehr Europas« proklamieren oder bekräftigen, die Zeit für seine »Wiedervereinigung« sei reif – als wäre Europa seit Karl dem Großen je vereint gewesen, dessen Reich zudem nur einen Bruchteil West- und Mitteleuropas umfaßte. Jede geopolitische Vorstellung, die über die sich nie ganz schließenden Narben der Geschichte hinwegsieht, würde nichts als verfehlte Analysen und folglich auch eine verfehlte Politik nach sich ziehen. In dieser Hinsicht gibt die jugoslawische und insbesondere die bosnische Tragödie Auskunft über die Unvereinbarkeiten in der europäischen Alchimie und der noch aus dem k.u.k.-Reich stammenden Nationalitätenproblematik. Verglichen mit seinem Anfang werden sich am Ende des 20. Jahrhunderts die Grenzen und die Bevölkerungen stark verschoben haben.

In Mitteleuropa, das Teil des abendländischen Christentums und somit des abendländischen Europa ist, stellt sich die Situation glücklicherweise nicht ganz so trüb dar. Polen hat seine Verfassungsfrage gelöst. Die historische Rolle Lech Walesas ist in aller Gedächtnis. Aber die Rivalitäten der Kräfte, die einst gegen den Kommunismus kämpften, und sein autoritäres Verhalten haben ihn bei den Präsidentschaftswahlen 1995, bei denen er von dem jungen postkommunistischen Führer Alexander Kwasniewski geschlagen wurde, die Macht gekostet. In dieser Hinsicht bildet die Tschechische Republik eine Ausnahme, um so mehr, als sich die sozialdemokratische Opposition in diesem Land direkt an der ehemaligen sozialistischen tschechischen Partei der Zwischenkriegszeit orientiert und sich von der überlebenden kommunistischen Partei somit von Grund auf unterscheidet. Hier und da zeigen sich rechtsextreme Strömungen und fremdenfeindliche Tendenzen. Diese Entwicklungen machen deutlich, wie sehr man sich vor ideologischen Interpretationen der Geschichte hüten sollte. Man stelle sich nur ansatzweise vor, was bei uns geschehen wäre, hätte es nicht das unbesetzte Frankreich und die Alliierten gegeben und hätte die Besatzung im Falle eines deutschen Siegs nicht vier Jahre, sondern vier Jahrzehnte gedauert. Hätte man in einem in den achtziger Jahren befreiten Frankreich Widerstandskämpfer und Kollaborateure noch voneinander unterscheiden können, oder wären nicht die meisten Franzosen, die ihr Land nicht verlassen hätten, sowohl das eine wie auch das andere geworden, wie die meisten Polen unter dem kommunistischen Regime auch – wie selbst General Jaruzelski? Eigentlich hat Alexander Smolar recht, wenn er schreibt: »Heute erheben die Völker den Anspruch, daß Kapitalismus und Demokratisierung die Verheißungen des Kommunismus einlösen.«[40] Wahrscheinlich ist die Tschechische Republik gegenwärtig deshalb eine Ausnahme, weil sie als einzige in der Vergangenheit eine wirklich demokratische Erfahrung in einer Zeit des wirtschaftlichen Erfolgs gemacht hat, weil sie von überschaubarer Größe ist und sich in unmittelbarer Nähe zu Deutschland befindet, und weil die Wirtschaftspolitik von Václav Klaus zunächst befriedigende Ergebnisse gezeitigt hat. Osteuropa hat für den Übergang mehr Zeit benötigt, insbesondere wegen seiner Isolation und der Zersplitterung der Gesellschaft. Rumänien hat erst Ende 1996 einen wirklichen Schlußstrich gezogen, und in Bulgarien hat der Wechsel nicht vor dem Frühjahr 1997 eingesetzt. In Albanien, das von der durch das Serbien-Embargo begünstigten Mafia beherrscht wurde, ist es Anfang 1997 zunächst zur Implosion des politischen Systems und erst dann zu einem neuen Aufbruch gekommen.

Wenige Jahre nach dem Fall der Berliner Mauer scheinen die Länder Mitteleuropas auf dem Weg zu wirtschaftlicher Entwicklung fest im Sattel zu sitzen. In Westeuropa haben wir über drei Jahrzehnte für die Liberalisierung unserer Volkswirtschaften gebraucht. Die Länder Mittel- und Osteuropas sind heute in eine integrierte Welt eingetaucht. Sie haben begriffen, daß sie die Wahl hatten zwischen einer sehr raschen Anpassung und ihrem Untergang. In den Augen der jungen Polen, die für Alexander Kwasniewski gestimmt haben, gehören die Volksdemokratie und selbst Lech Walesa bereits zur Geschichte. Die Rückkehr des Kommunismus vollzieht sich in Form einer Sozialdemokratie, die ihren Weg sehr schnell zu finden scheint. Die Tatsache, daß zahlreiche Apparatschiks der gestürzten Systeme weiterhin in Amt und Würden und sogar vermögend sind, sollte man nicht überbewerten. Es hat damit zu tun, daß die europäische Revolution von 1989–1991 friedlich verlaufen ist. Und gilt unsere Bewunderung nicht schließlich auch jemandem wie Abbé de Talleyrand, der nacheinander mehreren Systemen und nicht zuletzt Frankreich so hilfreich zur Seite stand? Wie auch immer sie sich künftig nennen mögen – die kommunistischen Parteien sind nicht länger eine Gefahr, denn weder in Rußland noch anderswo werden Leninismus und Stalinismus neu erstehen.

Kapitel VIII

Erschütterungen in Asien

Nach dem Jahrhundert der Vereinigten Staaten

Das 20. Jahrhundert war das Jahrhundert der Vereinigten Staaten. Als das 19. Jahrhundert zur Neige ging, waren die Vereinigten Staaten trotz ihres schon beachtlichen Gewichts noch immer ein Entwicklungsland. Als Ableger Europas gehörte es mit diesem ein und derselben Zivilisation an. Die Kultur aber, die es geerbt hatte, gedachte es zu erneuern und den kaum eroberten und schier grenzenlosen Boden nach eigenen Vorstellungen zu nutzen. Die schmutzigen Spuren des Sezessionskriegs waren verwischt. Gebannt von der Zukunft wollten die Amerikaner von ihrer Vergangenheit nur mehr dem Gründungsmythos der Demokratie ein Andenken bewahren.

1914 vereinte die Neue Welt bereits alle Bedingungen, um Großbritannien auf wirtschaftlichem Gebiet zu überrunden. Doch war man sich dessen nicht wirklich bewußt. In den Wirren, die auf den Ersten Weltkrieg folgten, verdrängte der Dollar das Pfund Sterling, dessen endlose Agonie ihren Lauf nahm. Nach 1945 setzten sich die Vereinigten Staaten als die weltstärkste Wirtschafts- und Militärmacht durch. In dieser Position waren sie über vier Jahrzehnte lang dem Wettstreit mit der Sowjetunion ausgesetzt. Die UdSSR aber, diese riesenhafte Jahrhundertwucherung, ist ausgelöscht, da das Jahrhundert zu Ende geht. Einzig Amerika scheint über die Welt zu herrschen. In dem von seinen Fesseln befreiten Europa wendet sich ihm jeder unaufgefordert zu, sei es aus einem Gefühl der Anziehung heraus oder aus Angst vor der Zukunft. Im Nahen Osten ist es dominant, in Asien nimmt es eine Schlüsselstellung ein. Wo Amerika nicht präsent ist, legt es auch keinen Wert darauf. Der Dollar mag steigen oder fallen – die Amerikaner ignorieren ihre Verluste: Die amerikanische Währung bleibt, gewollt oder ungewollt, die einzig gültige Instanz und hat auch im tiefsten vormals kommunistischen Universum das Sagen.

Wird diese Situation auch im 21. Jahrhundert noch lange vorhalten? Erleben wir gegenwärtig den Höhepunkt und somit die Wende der Vereinigten Staaten? Es überrascht nicht, daß dazu auf der anderen Seite des Atlantiks die Debatte bereits begonnen hat. Der Historiker Paul Kennedy kündigt den Abstieg an; der Politologe Joseph Nye liefert handfeste Argumente dagegen.[1]

Wo aber könnte die Herausforderung liegen? Europa ist augenblicklich zu sehr mit sich selbst und seinen Nachbarländern beschäftigt, die noch hell in Flammen stehen oder bereits auf die Grundfesten niedergebrannt sind. Vorstellbar ist jedoch eine künftige gemeinsame europäische Währung, die dem Dollar ernsthaft Konkurrenz machen und seine Vormachtstellung beenden könnte. Daß in Rußland oder Algerien in zwanzig oder dreißig Jahren Wohlstand herrschen wird, ist nicht nur denkbar, sondern sogar wahrscheinlich und birgt eine Fülle noch unbekannter Möglichkeiten. Lateinamerika ist dabei, sich zu erholen, der Kontinent organisiert sich in riesigen Freihandelszonen und versucht, seine Beziehungen zu Europa und Asien zu stärken. Doch scheint diese geringbesiedelte, gewaltige Region, in der nach wie vor große Unterschiede herrschen, noch für eine gewisse Zeit dazu bestimmt, im Einflußbereich Nordamerikas und wie im gesamten Verlauf des 20. Jahrhunderts am Rande der Geschichte zu bleiben.

Bleibt Asien, wo mehr als die Hälfte der Weltbevölkerung lebt (mit steigender Tendenz). »Wenn China sich erhebt, erzittert die Welt« hatte Napoleon vorhergesagt.[2] Nachdem Japan im Anschluß an Hiroshima und Nagasaki in das westliche Lager gewechselt war, nach dem wirtschaftlichen Aufschwung der berühmten Drachenstaaten und ihrer Nachfolger, ist China erwacht. Noch zittert die Welt nicht, aber sie beobachtet und stellt sich Fragen.

Es geht um viel, und bei weitem nicht nur um materielle Güter. Seit Beginn der Moderne hat die europäische Zivilisation der Weltgeschichte das Tempo vorgegeben. Sie hat Werte und Normen durchgesetzt, namentlich ihre Vorstellungen von Demokratie und Menschenrechten. Mit Asiens Wiedergeburt[3] steuern wir vielleicht tatsächlich auf den Kampf der Kulturen zu.[4] Der muß nicht notwendigerweise gewaltsam ausfallen wie die bruderkriegsartigen Auseinandersetzungen zwischen Juden und Christen einerseits und Moslems andererseits, die gegenwärtig durch die islamistische Welle heraufbeschwört werden. Uns steht eine andere Art des Zusammenpralls bevor. Wohin mag die weltweite Verflechtung der großen Zivilisationen führen, wenn sie sich erstmals gleichberechtigt gegenüberstehen? Wir müssen gestehen, daß wir darauf keine Antwort haben.

Wird das 21. Jahrhundert vom Aufstieg Asiens geprägt sein? Auf den folgenden Seiten soll ein Überblick über die Zusammenhänge der vergangenen hundert Jahre gegeben werden, der die Behauptung plausibler erscheinen läßt.

Einer der führenden Asienspezialisten im Westen, Robert A. Scalapino, beginnt sein höchst lesenswertes Buch, dem die folgenden Seiten viel verdanken, mit nachstehendem Satz: »Asien hat das Stadium der industriellen Revolution erst spät erreicht. Deshalb fällt seine moderne Geschichte fast ausschließlich in das 20. Jahrhundert.«[5] Einzig Japan gehörte zur Zeit des Ersten Weltkriegs zum Club der entwickelten Länder. 1868 hatte sich das Reich der Aufgehenden Sonne mit der Meiji-Restauration in einem von oben verordneten Gewaltakt seinem Kokon entrissen.[6] Die Größenverhältnisse des Landes waren ideal für die damaligen Transport- und Kommunikationswege, die Bevölkerung (etwas weniger als dreißig Millionen) weder zu groß noch zu klein, und ihre Homogenität gewährte ihr Schutz vor Überfremdung: Die Machthaber konnten das Risiko einer Öffnung eingehen und den japanischen Genius der Absorption gewähren lassen. Es stellte sich heraus, daß die standesorientierte japanische Gesellschaft mit ihrer stark vertikalen Ausrichtung für die Organisationsformen der Industriegesellschaft bestens geeignet war. Die im Tokugawanat herrschende Klasse des Militärs hatte einen eindrucksvollen Wandel vollzogen, in dessen Verlauf sie ihr Können in den Dienst der Wirtschaft stellte. Anders als Japan wollte China die Modernisierung trotz der Bestrebungen der sich dem Ende zuneigenden Mandschu-Dynastie nicht gelingen. Diese mußte 1912 abdanken und der kurzlebigen Republik Sun Yat-sens und den Militärführern weichen. Das unermeßlich große Reich, die natürliche Neigung der Chinesen, die Welt außerhalb ihrer Grenzen und deren »Barbaren« zu ignorieren, die Schwäche einer Macht, die der mehrheitlichen Han-Bevölkerung fremd und gleichzeitig durch eine halbkoloniale europäische Präsenz diskreditiert war, das Ausmaß der herrschenden Korruption, die aufgesplitterte Struktur der Zivilgesellschaft – das sind die Hauptgründe für dieses Scheitern.

Zu Beginn des 20. Jahrhunderts waren weite Teile Asiens zum einen vom russischen Reich kolonisiert, das seine Fühler auch dann noch ausstreckte, als es auf seinem Vorstoß nach Osten am Ende angelangt war, und zum anderen von Japan, das vom eigenen Erfolg beflügelt wurde und sich zudem vom schlechten Beispiel Europas leiten ließ.

Unmittelbar nach dem Ersten Weltkrieg war das russische Reich – zumindest dem Anschein nach – zusammengebrochen. Die europäische Präsenz in Asien nahm ab. Die nationalistischen Bewegungen gewannen an Bedeutung. Die Entscheidung der Unterhändler des Versailler Friedensvertrags, die ehemaligen deutschen Privilegien in Shandong auf die Japaner zu übertragen, führte zur berühmten »4. Mai-Bewegung« (1919): Aus einer Versammlung von mehreren Tausend Studenten auf dem Tienanmen-Platz erwuchs eine Welle antijapanischer Proteste, die um sich griff und ganz China erfaßte. Die Oktoberrevolution hatte die asiatischen Intellektuellen fasziniert, die im Leninismus eine wirksame Technik der Machtübernahme und zugleich eine Methode zur Durchsetzung der Moderne sahen. Der Wettstreit, der sich daraufhin in Europa zwischen den beiden siamesischen Zwillingen Marxismus-Leninismus und Nationalsozialismus entspann, übertrug sich automatisch auch auf Asien. In den Augen jener Gesellschaften, die seit jeher Bedenken gehabt hatten, das Individuum als ein von der Gemeinschaft losgelöstes Ganzes anzuerkennen, verhießen der Leninismus und die verschiedenen Formen des Faschismus, der Egoismus des einzelnen könne zum Wohl der Allgemeinheit überwunden werden.[7] In Japan gewannen imperialistische Strömungen die Oberhand über demokratische Tendenzen, die dennoch auch wirksam waren. 1931 eroberte das japanische Imperium vor den Augen des machtlosen Völkerbunds die Mandschurei. Ab 1937 wurde verstärkt die Invasion Chinas betrieben. Nach Meinung einiger japanischer Historiker waren ihre Machthaber lediglich dem Beispiel der Mandschu-Eroberer aus dem Jahr 1644 gefolgt. Die Reformanhänger glaubten, Japan werde das Reich der Mitte endlich in die Moderne führen.[8] In Wirklichkeit entfachte dieses Abenteuer den chinesischen Nationalismus und ermöglichte letztlich Maos Sieg.

Der Zweite Weltkrieg und insbesondere der Pazifikkrieg haben das System Kolonialasiens, das Erbe von drei Jahrhunderten europäischer Herrschaft, endgültig unterminiert. 1945 war das russische Imperium aus der Asche erstanden. Die UdSSR verlegte sich mit all ihrer ideologischen und militärischen Macht auf Ostasien. Es war bereits die Rede davon, wie Stalin mit dem Hinweis auf die Abkommen von Jalta die Mandschurei einnahm und die Gründung der Diktatur Kim Il Sung in der Nordhälfte Koreas förderte, während sich die Amerikaner vergeblich bemühten, im Süden ein pluralistisches System einzuführen. In China war der Sieg der Kommunisten 1949 die Folge der unbestreitbaren Überlegenheit von Maos Strategie gegenüber der von Chiang Kai-shek,[9] gleichermaßen jedoch auch ein verspäteter Effekt der Invasion und der anschließenden Niederlage der Japaner, die die Kommunisten schließlich zu ihrem Hauptfeind erklärt hatten. Es ist nachvollziehbar, daß Mao den japanischen Generälen, die Peking im Anschluß an den Krieg einen Besuch abstatteten und sich bei ihm entschuldigten, mit folgendem Satz unterbrach: »Meine Herren, wir verdanken Ihnen unseren Sieg.«[10] Die chinesischen Kommunisten hatten es verstanden, die marxistische Ideologie auf eine Region zuzuschneiden, die sich von Rußland von Grund auf unterschied. Stalin hatte ihnen zwar seine Unterstützung zugesagt, doch war diese nie ganz frei von Zweideutigkeiten und blieb seinen Hauptzielrichtungen im Westen stets untergeordnet. Diese Tatsache ist entscheidend, wenn man verstehen will, unter welchen Bedingungen die beiden Diktatoren im Winter 1949–1950 ein Bündnis schlossen, über das die Historiker mittlerweile gut unterrichtet sind.[11] Mao nahm eine Trümmerlandschaft in Besitz, ein Land, das auf Hilfe von außen angewiesen war. Er wollte seinen Eroberungszug beenden, indem er auch Taiwan einnahm, wohin sich Chiang Kai-shek und seine Getreuen geflüchtet hatten. Stalin war hauptsächlich an Europa interessiert und versuchte, das Kalkül der Amerikaner in Ostasien zu durchkreuzen, dabei aber die Ereignisse und deren zeitlichen Ablauf unter Kontrolle zu halten. Er wollte jede Annäherung zwischen Peking und Washington verhindern und gleichzeitig jede Initiative Maos, die den Funken zum Überspringen gebracht hätte, abwehren. Kim Il Sung übte seinerzeit Druck auf Moskau aus, dem er, anders als Mao, seine Macht verdankte, und versuchte, die Zustimmung zu einer Offensive gegen Südkorea zu erhalten. Stalin, der sich davon bestenfalls eine Plattform für eine eventuelle Invasion in Japan erhoffen konnte, gab grünes Licht, als er sicher war, daß China in die Angelegenheit verwickelt wäre und er selbst jedes direkte Engagement vermeiden würde. Und so geschah es auch. Kim Il Sung verfehlte sein Ziel, aber der Koreakrieg machte für lange Zeit jede Annäherung zwischen der Volksrepublik China und dem Westen unmöglich. Der neue Herrscher in China mußte auf seine Ambitionen hinsichtlich Taiwans verzichten. Nach Stalins Tod verschärften sich die chinesisch-sowjetischen Mißverständnisse zusehends. Die von Chruschtschow eingeleitete Entstalinisierung, zu der Mao nicht konsultiert worden war, erschien letzterem wie eine nicht hinnehmbare erneute Infragestellung der Dogmen, auf denen seine eigene Legitimität beruhte. Ende der fünfziger Jahre wurden Maos Hoffnungen in bezug auf Taiwan durch die Annäherung zwischen Moskau und Washington abermals bitter enttäuscht. Von nun an trat der Bruch zwischen den beiden kommunistischen Weltmächten offen zutage. Heute jedoch weiß man, daß er schon immer im Keim vorhanden gewesen war. In Wirklichkeit standen die chinesisch-sowjetischen Beziehungen trotz eines gemeinsamen ideologischen Überbaus bereits von 1949 an ganz im Zeichen eines an Zynismus kaum zu überbietenden Realismus. Unter dem Gesichtspunkt des Wesens der zwischenstaatlichen Beziehungen entpuppte sich der »proletarische Internationalismus« im Osten wie im Westen der UdSSR stets gleichermaßen als Worthülse.

Ende der fünfziger Jahre war das China Maos vollkommen isoliert. Um seine Macht zu erhalten, stürzte sich der »große Steuermann« in die teuflischsten innenpolitischen Abenteuer. Nach den Säuberungen der Jahre 1949–1953 nahm er 1957–1958 die Kampagne gegen den »Rechtsruck« in Angriff, auf die die abwegige Wirtschaftspolitik des »Großen Sprungs nach vorn« folgte, die zwanzig bis dreißig Millionen Chinesen den Hungertod brachte. Der Wille zur unbedingten Niederschlagung jeder Opposition ließ ihn 1966 die ungeheuerliche Kulturrevolution ausrufen, die so viele Achtundsechziger über den ganzen Globus hinweg in Begeisterung versetzte. Damals erlebte man vielleicht zum ersten (und letzten?) Mal in der Geschichte überhaupt, wie ein Potentat systematisch der Anarchie in seinem Imperium den Weg ebnete. In vielerlei Hinsicht sind die Beweggründe für diese groteske Tragödie – die erst 1976 wirklich ein Ende fand – auch heute noch unbegreiflich. In jenen Jahren des von einem einzigen Mann heraufbeschworenen kollektiven Wahnsinns versuchte der mit seinem Amt verwachsene (und folglich sehr geschickte) Premierminister Chu En-lai alles in seiner Macht Stehende zu tun, um den Schaden zu begrenzen. Ihm ist es zu verdanken, daß Deng Xiaoping überlebte und 1978 die Führung übernahm. Chu En-lai starb im Februar 1976, nachdem er die Losung von den »vier Modernisierungen« (in Landwirtschaft, Industrie, Wissenschaft und Technologie) ausgegeben hatte, die Deng zum Inhalt seiner Politik machte. Am 5. April 1976 versammelten sich Hunderttausende Chinesen auf dem Tienanmen-Platz, um ihre Verbundenheit mit dem verstorbenen Premierminister und damit ihre Ablehnung der »Viererbande« zum Ausdruck zu bringen. Der 4. Tag des fünften Monats 1919 und der 5. Tag des vierten Monats 1976 sind zwei Daten, zwischen denen Chinesen einen Zusammenhang herstellen. Das Erdbeben in Tangshan, bei dem im Osten Pekings eine halbe Million Menschen umkamen, schien ein Zeichen des Himmels zu sein. Nach dieser Häufung an Katastrophen blieb auch Mao am 9. September 1976 nur noch, das Zeitliche zu segnen.[12]

Das Vierteljahrhundert, das mit dem Tod des »großen Steuermanns« zu Ende ging, war tragisch für einen ganzen Teil Asiens, der in die Fänge des Kommunismus und des Ost-West-Konflikts geraten war. Nach einem Krieg, der in Frankreich und mehr noch den Vereinigten

Staaten dauerhafte Spuren hinterließ, wurde Vietnam 1975 unter der roten Flagge wiedervereinigt. Hier hatte sich die nationalistische Bewegung schon 1941 mit dem Kommunismus unter der Führung Ho Chi Minhs identifiziert. Viele Amerikaner – allen voran die überlebenden Hauptakteure des Dramas – betrachten ihr Mitwirken heute als einen Irrtum.[13] Man kann die Geschichte nicht umschreiben, aber was Indochina selbst angeht, ist es wahrscheinlich, daß eine Enthaltung der Vereinigten Staaten in den sechziger Jahren die Ausweitung des leninistischen Totalitarismus beschleunigt hätte, nicht nur in Vietnam, sondern auch andernorts. Nach der Niederlage von 1975 fügte sich auch der von den Roten Khmer in Kambodscha verübte Genozid in die Logik des bösartigen Prozesses, den die beiden unzertrennlichen Erreger Kommunismus und Faschismus ausgelöst hatten, der sich über das gesamte 20. Jahrhundert erstreckte und mit den stalinistischen Säuberungen, der Judenvernichtung durch Hitler, den Hungersnöten Maos, den Massakern von Pol Pot und der »ethnischen Säuberung« der Serben die erschreckendsten und absurdesten Ausmaße annahm.

Von Hiroshima bis Deng

In Kapitel IV haben wir gesehen, inwiefern der Verlauf des Koreakriegs die Vereinigten Staaten dazu veranlaßte, ihre Strategie gegenüber Japan zu ändern. Ein japanisches Wirtschaftswunder hat es ebensowenig gegeben wie ein deutsches. Anfang der fünfziger Jahre verfügte das Land der Aufgehenden Sonne, wie Deutschland auch, über ein beachtliches Potential, das lediglich neu aktiviert werden mußte, was mit amerikanischer Hilfe auch geschah. Über drei Jahrzehnte lang flossen dank einer außerordentlich soliden Partnerschaft zwischen machthabender Partei (die Liberal-Demokratische Partei, LDP), einer effizienten Administration und einer Arbeitgeberschaft, die je nach Umständen Zusammenarbeit und Wettbewerb miteinander zu kombinieren verstand, sämtliche Energien des Landes in das Wirtschaftswachstum. Kleineren und ursprünglich weniger gut ausgestatteten Ländern an der Peripherie des Kontinents gelang es auf ihre Art, dem japanischen Beispiel zu folgen. Taiwan, das von 1895 bis 1945 eine Kolonie Japans gewesen und nach der Niederlage Chiang Kai-sheks zum Zufluchtsort der Nationalisten geworden war, und Südkorea erteilten den in den sechziger Jahren gängigen Strategien der »Importsubstitution« einen Laufpaß und führten ein Wachstumsmodell ein, das auf einem hohen Bildungsniveau, qualitativ hochwertiger Arbeit, einem hohen Sparaufkommen, attraktiven Anlagemöglichkeiten für ausländisches Kapital und der Vorrangigkeit des Exports beruhte. So verfuhren auch die Stadtstaaten Hongkong und Singapur. Ihr durchschlagender Erfolg beeinflußte die autoritären Regierungen noch größerer Länder wie Malaysia und Indonesien. Nach und nach lernten die großen Machthaber in Ostasien, auf die wirtschaftliche Entwicklung zu setzen. Die besondere Bedeutung der Staatsoberhäupter in diesem Teil der Welt, in dem die zwischenmenschlichen Beziehungen mehr zählen als die Gesetze der Machtausübung, kann gar nicht hoch genug bewertet werden. Diejenigen, die zur ersten Nachkriegsgeneration gehörten, wie Mao, Ho Chi Minh oder Sukarno (Befreier und Einiger Indonesiens), waren in erster Linie Profis auf dem Gebiet der ureigenen Politik und sorgten sich vor allem um die Einheit und die

Unabhängigkeit ihres Landes. In dieser Eigenschaft werden sie – trotz der von ihnen verübten Verbrechen – vermutlich als Persönlichkeiten in die Geschichte eingehen. Wirtschaftliche Fragen interessierten sie nur am Rande, und in dieser Hinsicht waren sie in den Ideologien gefangen, die ihrer Macht zugrunde lagen. In ihren Augen war Kapitalismus gleichbedeutend mit Imperialismus. Seit ihre Nachfolger Einzug hielten und mit ihnen die Auseinandersetzung mit der Wirklichkeit einsetzte, haben die Dinge sich gewandelt. Nach den »zwanzig verlorenen Jahren« unter Mao (1956–1976) machte sich Deng Xiaoping mit beachtlichen anfänglichen Erfolgen für Chinas Öffnung und die Lockerung der gesellschaftlichen Zwänge eines Volkes stark, das für seinen untrüglichen Geschäftssinn bekannt ist. Der Nachfolger von Sukarno, General Suharto, hatte sich ebenfalls für die offene Volkswirtschaft, den Kapitalismus und die Marktwirtschaft entschieden. Abseits der großen Turbulenzen in Ostasien hat das bürokratische Indien, das noch deutlich unter dem Eindruck des politischen Systems seiner ehemaligen Kolonialmacht steht, in den achtziger Jahren ebenfalls seine Türen einen Spaltbreit geöffnet.

Im Grunde haben der Fall der UdSSR und der in Verruf geratene Leninismus und vielleicht auch Marxismus den Übergang von der Politik in Reinform zur Ökonomie, von der zentralisierten Planwirtschaft zur Marktwirtschaft überall in Asien beschleunigt. Etwas über zwanzig Jahre sind seit Maos Tod vergangen, und es hat den Anschein, als befinde sich ganz Asien auf dem Weg der Entwicklung, auch wenn die Finanzkrise von 1997 daran erinnert, daß wirtschaftliches Wachstum stets bestimmten Zyklen und der Notwendigkeit unterworfen ist, in periodischen Abständen strukturelle Anpassungen vorzunehmen. Von nun an scheinen die Staaten und

Systeme der Bildung und dem materiellen Fortschritt den obersten Rang einzuräumen, und sie sind darum bemüht, ihre Streitigkeiten, insbesondere Grenzfragen betreffend, einzudämmen, beizulegen oder zumindest zeitweilig hintanzustellen. Sie geben ihrer Überzeugung Ausdruck, dank der Arbeit der »guten Regierungen«, wie beispielsweise der von Lee Kuan Yew in Singapur, ethnische Spannungen überwinden zu können. Die regionale Integration mit Hilfe flexibler Organisationen wie der Vereinigung der südostasiatischen Nationen (bekannter unter der englischen Abkürzung ASEAN), dem Sicherheitsforum der ASEAN-Staaten oder der APEC (Asia-Pacific Economic Cooperation) ist in vollem Gange.[14] Asien, der wirtschaftliche Motor der Welt im 21. Jahrhundert – diese Hypothese hat ihre Berechtigung. Dieses Mal scheint der Kulissenwechsel auf einen ganzen Kontinent bezogen ebenso bahnbrechend wie der Japans im Anschluß an die Meiji-Restauration. Ein solch gewaltiger Wandel hätte selbstverständlich nicht eintreten können, wenn die in Ostasien vorherrschenden Wertesysteme nicht voll und ganz mit den wirtschaftlichen Anforderungen in Einklang stünden.

Zwar gibt es nach wie vor weite Bereiche, über die Unklarheit herrscht. Beispielsweise hat sich die Lage in Kambodscha noch immer nicht normalisiert. Auf dem indischen Subkontinent bleibt die Lage Bangladeshs ebenso prekär wie in den meisten Teilen Afrikas. Doch ändern diese Ausnahmen nichts an der Gesamtbewertung.

Unter allen Unbekannten, die die Zukunft Asiens bestimmen, wird am meisten von Chinas Fähigkeit abhängen, seine Einheit aufrechtzuerhalten. Vieles spricht dafür, daß es gelingt: die Homogenität der Bevölkerung (90 Prozent Han-Chinesen) und der Gebrauch einer einheitlichen Schriftsprache, das Ineinandergreifen von wirtschaftlicher Entwicklung in den Provinzen, dem kollektiven Gedächtnis für das in den Bürgerkriegen erfahrene Leid und die Erfahrung der Machtanhäufung durch die Einheitspartei. Aber es gibt auch Gegenkräfte: Das enorme »Transformationsprogramm« für Staatsbetriebe beispielsweise, das Jiang Tsemin anläßlich seiner Amtseinführung beim 15. Parteitag der KPCh (12.–15. September 1997) angekündigt hat, birgt die Gefahr, gesellschaftliche Brüche im Innern noch zu verstärken. Die Provinzen streben ein Höchstmaß an Autonomie an. Man darf einerseits nicht außer Acht lassen, daß ihrer Größe nach jede der dreiundzwanzig Provinzen Chinas (darunter fallen nicht die fünf autonomen Regionen und die drei Stadtgemeinden Peking, Tiantschin und Shanghai, die direkt dem Staat unterstehen) mindestens einem großen europäischen Staat entspricht – allein Sichuan zählt über hundert Millionen Einwohner! Andererseits ist die Legitimität der kommunistischen Partei zumindest aufgeweicht. In dem Bemühen, sie zu wahren, betonte Deng, Mao habe zu »siebzig Prozent« recht gehabt und folglich zu »dreißig Prozent« unrecht. Zur Einschätzung Stalins hatte der »große Steuermann« selbst einmal beiläufig eben diese Rechnung aufgestellt.[15] Auch durch den Nachfolger Jiang Tsemin bleibt die Kontinuität gewahrt, denn er beruft sich auf die Theorie Dengs, des Urhebers des chinesischen Wirtschaftsaufschwungs. Trotz der außerordentlichen Fähigkeit der Chinesen, Zahlen und Fakten auseinanderzuhalten, wird das Schicksal der Partei von ihrer Fähigkeit abhängen, die wirtschaftlichen Probleme in den Griff zu bekommen und einen wirklich demokratischen Prozeß einzuleiten. Die gegenwärtigen politischen Strukturen jedenfalls sind der Verwaltung eines so riesigen Staates nicht gewachsen, und die schwierigsten Wirtschaftsreformen (Reduzierung des Staatssektors, Sanierung und Modernisierung des Bank- und Finanzwesens ...) stehen noch aus. Was die Armee betrifft – die weiterhin direkt der Partei unterstellt ist und deren Chefs grundsätzlich nicht aus den Provinzen stammen, in denen sie ihr Kommando ausüben –, so ist nicht sicher, daß sie im Fall von Unruhen an die Stelle der Polizei treten würde. Experten streiten noch immer über die Interpretation der »Vorfälle« auf dem Tiananmen-Platz am 4. Juni 1989. Manche sind der Ansicht, der Staat habe mit der harten Linie seine Autorität festigen können und die Angelegenheit hätte, wären Gorbatschow und also auch die Kameras der CNN nicht in Peking gewesen, niemals das in ihren Augen unverhältnismäßige internationale Echo hervorgerufen, das das Urteil der Beobachter in falsche Bahnen gelenkt habe. Andere wiederum meinen, Deng Xiaoping habe im letzten Moment ein Regime gerettet, das dem Zusammenbruch nahe war, und nach wie vor ein zerbrechliches Kartenhaus sei, das der geringste Luftzug früher oder später hinwegfegen werde. Wie dem auch sei, das Schicksal Chinas wird nicht von außen, sondern im wesentlichen im Innern entschieden. Sollte die kommunistische Partei letztlich doch scheitern, käme dies nicht so sehr der Demokratie als vielmehr der Anarchie zugute. Zwischen der Aufrechterhaltung eines autoritären Regimes und der Anarchie liegt jedoch eine ganze Bandbreite denkbarer Konstellationen.

Unter den noch offenen regionalen Fragen sei zweien besondere Aufmerksamkeit gewidmet, Taiwan und Korea. Mao war gezwungen, seine großen Ambitionen im Hinblick auf eine gewaltsame Rückholung der Insel preiszugeben. Zur Zeit verweist die vorherrschende Theorie auf die Formel »ein Staat, zwei Systeme«, die am 1. Juli 1997 in Hongkong in die Tat umgesetzt wurde, das entsprechend dem Wortlaut der gemeinsamen chinesisch-britischen Erklärung, die am 19. Dezember 1984 zwischen Margaret Thatcher und Zhao Ziang unterzeichnet wurde, zu »einem Verwaltungsgebiet mit Sonderstatus« der Volksrepublik China geworden ist. Die Zukunft Taiwans hängt von der erfolgreichen Integration Hongkongs ab. Im Hinblick auf den zeitlichen Ablauf mag Peking sich geduldig zeigen, hinsichtlich des Prinzips der Wiedervereinigung aber ist es unnachgiebig, denn die Zustimmung zur Unabhängigkeit Taiwans käme der Billigung der Teilung Chinas gleich. Dies ist vermutlich das elementarste Problem, das Ostasien heimsuchen könnte. Die koreanische Frage stellt sich anders dar. Niemand hat heute ein Interesse daran, daß die Lage auf der Halbinsel eine brutale Wende nimmt. Deshalb auch haben die Vereinigten Staaten und Japan paradoxerweise akzeptiert, dem Regime von Pjöngjang (in dem Kim Jong Il 1994 seinem Vater Kim Il Sung nachgefolgt ist) zur Seite zu stehen, das seine Verpflichtung, die Prinzipien des Vertrags zur Nichtverbreitung von Nuklearwaffen einzuhalten, teuer bezahlt hat. Dahinter steckt die Idee, eine allmähliche Wiedervereinigung weitestgehend zu fördern. Nordkorea aber ist ausgeblutet; hier besteht die Gefahr einer Implosion. In diesem Fall wären die Feuerwehrleute der Region gut beraten, wenn sie zur Löschung des Brandherdes kooperieren und moderater reagieren würden, wobei auch mit Yen und Dollar nachzuhelfen wäre. Auf unabsehbare Zeit wird niemand daran zweifeln, daß ein wiedervereinigtes Korea nach China hin tendieren würde, entsprechend der natürlichen geopolitischen Affinität. Bereits jetzt besteht eine Art stillschweigender Übereinstimmung zwischen Seoul und Peking.

Auf einer noch darunterliegenden Ebene wird die Stabilität in Asien auf der Schwelle zum 21. Jahrhundert von dem Dreieck abhängen, dessen Enden die Vereinigten Staaten, Japan und China bilden. Nach Ende des Kalten Krieges hat Amerika die Schlüsselposition im Sicherheitssystem Asiens inne. Würde es sich vorzeitig von dort zurückziehen – was für die unmittelbare Zukunft nicht anzunehmen ist –, könnte es unmittelbar eine gravierende Destabilisierung in der Region auslösen, die niemand wünscht und von allen gefürchtet wird. Jeder aber weiß, daß die jetzige Situation mittel- und langfristig nicht haltbar ist. Daher auch die äußerst pragmatischen Bemühungen um die Einführung eines regionalen Sicherheitssystems, in dem die Vereinigten Staaten weiterhin einen wichtigen, wenn auch weniger entscheidenden Platz einnehmen würden. Daher auch das Interesse, daß die meisten Länder Asiens an Europa zeigen, soll sich doch der Kontakt zum Westen nicht auf die Beziehungen zu Amerika beschränken.[16]

Mit Asiens Hinübergleiten in die Moderne geht das 20. Jahrhundert zu Ende. Für die Friedensarchitekten haben sich faszinierende Perspektiven eröffnet. Den Ländern dort ist es gelungen – häufig unnötigerweise zu einem horrenden Preis –, nach Ende der Kolonialzeit ihre nationale Einheit herzustellen. Nach den zum Teil irrwitzigsten Erfahrungen haben sie im großen und ganzen den Weg der wirtschaftlichen Entwicklung einschlagen können. Jetzt müssen sie sich untereinander (auf regionaler Ebene) und mit den übrigen Partnern (auf internationaler Ebene) dahingehend einrichten, daß neue Abenteuer in Zukunft nicht auch neues Leid mit sich bringen.

Kapitel IX

Metamorphose

»Häufig hat man festgestellt, daß die Jahrhunderte in Frankreich regelmäßig um etwa fünfzehn Jahre versetzt beginnen. Das 17. Jahrhundert begann 1610, das achtzehnte 1715, das neunzehnte 1814 und das zwanzigste 1914. Das 19. Jahrhundert dauerte also genau hundert Jahre, von 1814 bis 1914. Auch ist es eine Tatsache, daß die Jahrhunderte ein böses Ende nehmen. Seit dem 9. November 1989 wissen wir, daß das 20. Jahrhundert abgelaufen ist. Zwei Weltkriege, zwei Tyranneien, Kommunismus und Nationalsozialismus, der Genozid, zahllose Deportationen und Massaker haben diese Epoche zu einer der verhängnisvollsten überhaupt gemacht. Kann das 20. Jahrhundert wiederaufleben? Wenn ja, möge es eine andere Richtung einschlagen, einen guten Ausgang nehmen, und möge es keine wie auch immer geartete Erschütterung, neue Irrtümer und Schrecken bringen, bis das Jahrhundert an seinem kalendarischen Ende angelangt ist oder, schlimmer noch, bis zum Jahr 2014!« So äußert sich Gabriel de Broglie zu Beginn seines Buches über das 19. Jahrhundert.[1] Der berühmte Biologe François Jacob ließ am 24. Oktober 1995 in seiner Rede anläßlich der alljährlichen Eröffnungssitzung der fünf Akademien im Institut de France einen ganz ähnlichen Standpunkt erkennen und fügte noch einen wesentlichen Gedanken hinzu: »Was werden künftige Historiker von diesem Jahrhundert festhalten? Zerstörungen. Kriege. Aufstieg und Fall des Kommunismus. Die Konzentrationslager der Nationalsozialisten und den Holocaust. Das

Ende der Dekolonisierung und den Weg zahlreicher Staaten in die Unabhängigkeit. Was aber schwerer wiegt, was dieses Jahrhundert am besten kennzeichnet, ist, so glaube ich, die phantastische Entwicklung von Wissenschaft und Technik und die Rolle, die sie in der Gesellschaft eingenommen haben.«

Ich bin nicht sicher, daß kommende Historiker von der Zeit zwischen 1919 und 1989 nur Irrtümer, Schrecken und Elend festhalten werden. Der Dritte Weltkrieg hat nicht stattgefunden.[2] Während des Kalten Krieges hat die atomare Abschreckung einen Großteil der Menschheit vor einem wirklichen Krieg bewahrt. Drei gewichtige und in hohem Maße einander bedingende Tendenzen – von denen jede mindestens ebensoviel Hoffnung wie Verzweiflung in sich birgt, trotz der zum Teil enormen Schwierigkeiten, die jede Metamorphose mit sich bringt – unterscheiden das 20. Jahrhundert von früheren Epochen: die äußerst bemerkenswerte wirtschaftliche Entwicklung eines Teils der Erde, die Bevölkerungsexplosion vor allem seit den fünfziger Jahren und die Revolution in Wissenschaft und Technik.

Selbst die unmittelbare Zukunft läßt sich nicht im Detail vorhersagen. Dennoch ist sie uns nicht ganz unvertraut, da wir ihre wesentlichen Determinanten bestimmen können: das Überdauern individueller und kollektiver Verhaltensweisen der Menschen, ihr passives oder aktives Gedächtnis und ihre Vorhaben – auf die die vorangegangenen Kapitel Bezug nehmen –, aber auch jene gewichtigen Tendenzen, die es zu verstehen gilt und denen die letzten Seiten dieses Buches gewidmet sind.

Die Ökonomen und die wirtschaftliche Realität[3]

Zur Zeit der industriellen Revolution[4] ermittelten die Ökonomen – wie Adam Smith oder David Ricardo oder in Frankreich Jean-Baptiste Say – die eigentlichen wirtschaftlichen Hauptfaktoren für Wachstum: das gute Funktionieren der Marktgesetze, qualifizierte und ausreichend vorhandene Arbeitskräfte, Arbeitsteilung auf nationaler und internationaler Ebene, ein hohes Sparaufkommen und Kapitalakkumulation. Indes konzentrierten sich die Debatten schnell auf die Umverteilung des Volkseinkommens und den schockierenden Kontrast zwischen den Lebensbedingungen des kapitalistischen Bürgertums und denen der Arbeiterklasse. Der Sozialismus – der seinem Wesen nach privaten Besitz von Gütern und Produktionsmitteln ablehnt – erfuhr seinen Aufschwung in demselben Maße, wie der Kapitalismus triumphierte. Mit der Entwicklung der Konzepte von Arbeitswert, Ausbeutung, von ursprünglicher und erweiterter Reproduktion, schuf Karl Marx die Grundlagen für eine Analyse, aber auch Kampfinstrumente. In Kombination mit Lenins Methoden der Machtübernahme brachte die marxistische Ideologie die UdSSR und das China Maos hervor.

Die von den sogenannten neoklassischen Ökonomen gestartete Gegenoffensive in der Mitte des 19. Jahrhunderts stützte sich auf die Wertlehre und die Markttheorie, die zu den Modellen vom partiellen Gleichgewicht (Alfred Marshall) und dem allgemeinen Gleichgewicht (Léon Walras und Vilfredo Pareto) führten. In all diesen Arbeiten ging es weniger darum, wirtschaftliches Wachstum als solches mit seinen weitverzweigten Implikationen zu begreifen, als vielmehr die Tugenden des

Wettbewerbs und die Perfektion der Preismechanismen insbesondere im Hinblick auf die Arbeit, also die Lohnquote, aufzuzeigen. Dabei ist mit Perfektion speziell die effiziente Nutzung seltener Ressourcen gemeint.[5]

So wurde die Wirtschaftspolitik, indem sie sich zum Ziel setzte, Phänomene wie Produktion und Verteilung der Reichtümer von der wissenschaftlichen Warte aus zu betrachten, zu einem ideologischen Faktor im Klassenkampf. Noch vor dem Ersten Weltkrieg griff Joseph Schumpeter die Grundprobleme des Wachstums auf und fürchtete nicht, damit manche Auffassungen von Marx zu bestätigen. Er erweiterte den Blickwinkel, indem er von »wirtschaftlicher Entwicklung« sprach. Der Titel eines seiner bedeutendsten Bücher, *Kapitalismus, Sozialismus und Demokratie*, zeigt, wie weit das Feld seiner Betrachtungen reicht.[6] Dabei führten die Krisen der Zwischenkriegszeit ihrer Natur nach dazu, daß das Hauptaugenmerk auf das Problem der »unfreiwilligen« Arbeitslosigkeit sowie die Funktionsstörungen beim Preismechanismus gerichtet war. John Maynard Keynes, der berühmteste und einflußreichste Ökonom dieser Zeit, war um die Wiedereinführung der Wirtschaftspolitik bemüht, um sie zu einer Wissenschaft der Tat umzufunktionieren. In seinem berühmtesten Buch *Allgemeine Theorie der Beschäftigung, des Zinses und des Geldes*[7] – das, was nicht selten der Fall ist, viel häufiger zitiert als gelesen wurde und in Wirklichkeit konfus und genial zugleich ist –, soll der Beweis angetreten werden, daß Regierungen mit einer »guten« (hauptsächlich auf den Haushalt gestützten) Wirtschaftspolitik die Vollbeschäftigung der Bürger gewährleisten können. Indem er die Frage nach dem optimalen Mechanismus des Preissystems, mit der seine Vorgänger sich beschäftigten, ausklammerte, versuchte Keynes auch darzulegen, daß

Vollbeschäftigung mit der Umverteilung von Besitz und Einkommen durchaus vereinbar sei, wenn es gelte, eine gerechtere Gesellschaft zu schaffen.

Der Keynesianismus beherrschte das wirtschaftliche und gesellschaftliche Denken der Nachkriegszeit. Er bildete die theoretische Grundlage für eine gemischte Wirtschaftsform und den Wohlfahrtsstaat, von der die intellektuellen Kreise in den dreißig prächtigen Nachkriegsjahren eingenommen waren[8] – trotz der monetaristischen Reaktion so großer Persönlichkeiten wie Maurice Allais und Jacques Rueff in Frankreich und vor allem Milton Friedman, dem Meister der Chicagoer Schule, auch trotz der von Erfolg gekrönten konkreten, praxisbezogenen Experimente, die die Bundesrepublik Deutschland und Japan in aller Stille unternahmen, um aus der Asche wiederaufzustehen.

In den Augen der Sozialdemokraten erschien der Keynesianismus lange Zeit als die bedeutendste theoretische Alternative zum Marxismus und als das einzige Gegengift zu der damals von den leninistischen Ländern Osteuropas und Asiens ausgehenden Anziehung. Unter dem Einfluß von Keynesianismus und Marxismus bauten die aus der Dekolonisierung hervorgegangenen sogenannten »blockfreien« Länder ihre Wirtschaftsstrategien auf den Gedanken der »Importsubstitution« und der »autozentrischen Entwicklung«. Nach der ersten Erdölkrise von 1973 stellte sich Algerien unter Kolonel Boumedienne, dem die Einnahmen aus dem Öl und die ihm eigene Arroganz den Rücken stärkten, an die Spitze der »Konferenz über die Neue Weltwirtschaftsordnung« im Rahmen der Vereinten Nationen. Im Laufe der siebziger Jahre begünstigte die Mißwirtschaft beim Erdöl Korruption und Verschwendung. Auf kurze Sicht diente sie den Interessen der Erdölmonarchien und des Iraks, die Waffen anhäuften, auch wenn die Deregulierung des internationalen Finanzsystems eine Zeitlang in so unterschiedlichen Ländern wie Polen oder Brasilien die Illusion von Wachstum heraufbeschwörte. Mitte der siebziger Jahre wurden der Iran und der Riese Südamerika vom *Hudson Institute* als die Supermächte des Jahres 2000 gehandelt. Aber die Lichter sind erloschen. Die Ungleichgewichte sind stärker, die Phasen einer Kurskorrektur schmerzhafter und länger geworden. Die Landung in den achtziger Jahren war ungemein hart. Für Polen sah es annähernd zehn Jahre lang finster aus. Der Iran verjagte den Schah. Und in Brasilien herrschten lange unruhige Zeiten.

Es erwies sich, daß die keynesianischen Rezepte in Volkswirtschaften, die durch die öffentliche Verschuldung gebremst sind und wegen gewollter oder geduldeter Verzerrungen im Preissystem immer ineffizienter arbeiten, nicht mehr greifen. Gleichzeitig wurden die Niederlagen der leninistischen Länder offenbar. Die von ihren selbstauferlegten politischen Hemmungen befreiten Ökonomen wandten sich vermehrt Schumpeter und insbesondere der Chicagoer Schule zu. Die achtziger Jahre waren die der Reagan- und der Thatcher-Reaktion, Jahre der – zum Teil über ihr Ziel hinausschießenden – Marktwirtschaft, der Losung von »weniger Staat«, der Privatisierungen um jeden Preis. Die Bundesrepublik und Japan, gefolgt von den »Drachen«, zogen mehr und mehr Blicke auf sich. Die Erneuerung Lateinamerikas setzte 1983 mit Chile unter General Pinochet ein, der eher von Milton Friedman und seinen Schülern als von Keynes beeinflußt war.

Welches sind, im nachhinein betrachtet, die Zutaten für den Erfolg?[9] Gewiß die Eigeninitiative – und mithin weitestgehend Privateigentum –, ein hohes Sparaufkommen und seine Verwendung als Produktivinvestition. Aber auch kompetente, gut ausgebildete Arbeitskräfte, eine Ethik der Arbeit, die Organisationsfähigkeit jedes einzelnen Unternehmens wie auch des Staates und der Staatengemeinschaften, soziale Flexibilität, die Stabilität der Regierungen und deren Entschlossenheit, der öffentlichen Ordnung und marktwirtschaftlichen Strukturen die Priorität einzuräumen (beispielsweise im Steuer-, Bank- und Finanzwesen), sowie Währungsstabilität. Die Erfahrung hat auch gezeigt, daß Ungerechtigkeiten toleriert werden, sofern sie durch ein Mindestmaß an nationaler Solidarität aufgefangen werden und jeder darauf hoffen darf, sein Schicksal dank der gesellschaftlichen Mobilität und des wirtschaftlichen Fortschritts insgesamt zu verbessern. Länder wie Japan, Deutschland und Frankreich haben darüber hinaus begriffen, wie wichtig die Bereiche von Forschung und Entwicklung sind, für die sie Amerika nicht das Monopol überlassen wollen.

Die Liste der Spitzenwirtschaften in der zweiten Hälfte des 20. Jahrhunderts möchte ich an dieser Stelle nicht erneut aufgreifen. Die Vereinigten Staaten erfüllen nach wie vor die Grundbedingungen für Entwicklung, mit einer nicht unerheblichen Einschränkung: Seit Ende der fünfziger Jahre haben sie im vollen Vertrauen auf ihre Vormachtstellung insbesondere auf militärischem Gebiet und auf den Status der auf dem Dollar beruhenden Reservewährung stets über ihre Verhältnisse gelebt.[10] Dabei haben sie sich immerzu geweigert, die Verantwortung zu übernehmen, die ihnen kraft ihrer Position bei der Regulierung der internationalen Wirtschaft zukam.

Am anderen Ende des Spektrums stehen die leninistischen Länder, die gescheitert sind, weil sie sich in einem Machtsystem gefangennehmen ließen, das mit den Erfordernissen wirtschaftlicher Entwicklung vollkommen unvereinbar war. Indem die UdSSR sich abschottete, ihre immensen Ressourcen vor allem durch die zentrale Planwirtschaft und ein irrwitziges Preissystem vergeudete, sämtliche Prioritäten und Privilegien dem militärisch-industriellen Bereich zubilligte, konnte sie eine Zeitlang Illusionen wecken. In den fünfziger Jahren zeigte sie leichte Reformanwandlungen. Endlos wurden die Übergangsbedingungen von »extensivem« zu »intensivem« Wachstum diskutiert, mit anderen Worten, die Folgen technischen Fortschritts für wirtschaftliche Entwicklung. Doch nichts geschah, weil angefangen bei Stalin bis hin zu Gorbatschow niemand es wagte, die politischen Strukturen anzutasten. In Osteuropa hatten die Akteure des Prager Frühlings vergeblich versucht, einen hypothetischen »dritten Weg« zu beschreiten.[11] Einzig Ungarn unter Kadar gelang es, in bescheidenem Umfang einen Keim der Marktwirtschaft auf den Weg zu bringen.

Die einzigen leninistischen Länder, denen der Wechsel gelingen könnte, ohne daß dieser gleichbedeutend mit ihrer Auflösung wäre, sind die Länder Asiens, die in der Folge von Deng Xiaoping den Versuch unternehmen, ihre kommunistischen Parteien in autoritäre, wirtschaftlich ausgerichtete Systeme zu verwandeln, nach dem Modell, das bereits Taiwan und Südkorea angewendet haben. Was letztere betrifft, so haben sie einen Entwicklungsstand erreicht, der günstige Voraussetzungen für politischen Pluralismus bietet. Auch in Lateinamerika scheint der wiedererlangte wirtschaftliche Wohlstand die Schaffung der Demokratie oder die Rückkehr zu ihr zu fördern.

Am Ende des 20. Jahrhunderts sind die Länder der alten Garde, die die industrielle Revolution vollzogen haben, mit der Konkurrenz durch »neuauftauchende Volkswirtschaften« vor allem in Asien konfrontiert. Es ergeht ihnen wie Baudelaires Albatros, den die riesigen Flügel am Laufen hindern. Es sind die schwerfälligen Strukturen des Wohlfahrtsstaates, die sich in den dreißig Wachstumsjahren nach dem Zweiten Weltkrieg gebildet haben und die aus Trägheit und kraft des Mythos' von der Unumkehrbarkeit der »sozialen Errungenschaften« weiter gewachsen sind. Deren mangelnde Anpassungsfähigkeit an veränderte Umstände ist der Hauptgrund für die strukturelle Arbeitslosigkeit in Kontinentaleuropa und die wachsende Verarmung eines großen Teils der Bevölkerung in Großbritannien und selbst in den Vereinigten Staaten. Für manche dieser Länder stellt der Protektionismus eine Versuchung dar. Gewiß vermag ein Protektionismus der Starken, in dessen Schutz sich auch Japan wiederaufbaute, großartige Ergebnisse hervorzubringen. Ein Protektionismus der Armen aber führt nur ins Desaster. Auf dem Schlachtfeld der Entwicklung gibt es die Sieger, die an dieser Stelle nicht noch einmal aufgezählt werden sollen, und es gibt jene, vor allem in Afrika und auf dem indischen Subkontinent, die nie einen Weg aus der Misere gefunden haben. Es gibt die ehemals marxistisch-leninistischen Länder oder deren Anhänger in der »Dritten Welt«, die zusammengebrochen sind und von denen sich manche bereits wieder erholen; in anderen breiten sich neue und unheilbringende Utopien wie der islamische Fundamentalismus aus. Und schließlich gibt es die Riesen von anno dazumal, die zumindest zeitweise den Sinn für jede Anstrengung verloren haben und von den eigenen Beinen nicht länger getragen werden.

Vermehrung und Entwurzelung der Menschen[12]

Die Industrialisierung, der Fortschritt und die Verbreitung von Wissenschaft und Technik insbesondere in der Medizin, sind die tieferen Ursachen für die Bevölkerungsexplosion im 20. Jahrhundert. Als der Mensch um 10.000 vor Jesus Christus seine Entwicklung zum Ackerbauer vollzog, gab es etwa 5 Millionen Erdenbewohner. Zur Zeit Christi wuchs die Weltbevölkerung auf 250 Millionen und Mitte des 17. Jahrhunderts auf circa 550 Millionen an. Um 1850 lag sie bei fast 1,2 Milliarden, ein Jahrhundert später, nach Ende der Kolonialzeit also, bei etwa 2,5 Milliarden. Diese Zahlen machen deutlich, innerhalb welcher Zeiträume sich die Erdbevölkerung jeweils verdoppelte: innerhalb von siebzehn Jahrhunderten, dann innerhalb von zwei und schließlich von einem Jahrhundert. Viel beeindruckender aber ist, was in der Folge geschah. 1990 wurde die Weltbevölkerung auf fast 5,3 Milliarden Männer und Frauen geschätzt (darunter 2 Milliarden allein in China und Indien!), was eine erneute Verdoppelung in weniger als vierzig Jahren bedeutete. Untersuchungen der Bevölkerungskommission der Vereinten Nationen zufolge wird die Weltbevölkerung im Jahr 2025 zwischen 7,6 und 9,4 Milliarden betragen. Gemäß einem »Szenario des Unfaßbaren«, das keinen Rückgang der Geburtenrate vorsieht, läge die Gesamtzahl bei über 11 Milliarden. Die UNO-Organisation geht von einem Durchschnittswert von 8,5 Milliarden Menschen aus, davon 7,1 Milliarden in den sogenannten Entwicklungsländern, zu denen, daran sei hier erinnert, sowohl manche tatsächlichen Entwicklungsländer als auch unterentwickelte Länder gezählt werden; ich folge hier jedoch der gebräuchlichen Terminologie.

Natürlich ist unsere demographische Zukunft noch nicht endgültig festgeschrieben, doch scheint der Rahmen der verschiedenen Möglichkeiten weitestgehend abgesteckt. In diesem Zusammenhang sei angemerkt, daß »Kurskorrekturen« im Laufe der letzten zwanzig Jahre immer nach oben vorgenommen wurden, was auch auf die Vorhersagen für die Quote der Entwicklungsländer zutrifft. Zur Vorhersage einer etwas ferneren Zukunft ziehen die Demographen mehrheitlich die Theorie der demographischen Transition heran, derzufolge die Entwicklungsländer gerade im Übergang von einem System mit hoher Geburten- und Sterblichkeitsrate zu einem neuen System mit niedriger Geburten- und Sterberate begriffen sind. Als erstes sinkt die Sterberate als Folge verbesserter Gesundheitsbedingungen. Die Geburtenrate, die von komplexen sozio-ökonomischen Faktoren abhängt, gleicht sich sehr viel langsamer an. Diese Theorie bietet eine äußerst plausible Erklärung für die Entwicklung der europäischen Bevölkerung seit der industriellen Revolution, und alles deutet darauf hin, daß sie allgemeine Gültigkeit besitzt.

In den sogenannten Entwicklungsländern sind die Sterberaten um 1950 zurückgegangen, und mit dem Ende der sechziger Jahre setzte der Rückgang der Geburtenrate ein. Experten sind der Ansicht, das System mit schwacher Geburtenrate werde sich nach Mitte des kommenden Jahrhunderts auf der ganzen Welt durchgesetzt haben. Dann dürfte die Weltbevölkerung kaum noch ansteigen, vorausgesetzt, es kommt erneut zu einer spürbaren Reduzierung der Sterberate, was durchaus möglich ist. Demnach wäre im Jahr 2010 das Ende des gegenwärtigen Angleichungsprozesses erreicht. Die Weltbevölkerung würde sich bei etwa 10 Milliarden Menschen einpendeln.

Die Bevölkerungsexplosion ist also eines der wesentlichen Charakteristika der zweiten Hälfte des 20. Jahrhunderts. Selbst wenn man von einem noch schnelleren Geburtenrückgang ausginge, als er bislang vorhergesagt wird, bliebe die Bevölkerungsentwicklung aufgrund der veränderten Alterspyramide – dem hohen Anteil an jungen Menschen und damit gegenwärtig oder potentiell derjenigen Bevölkerungsgruppen mit hoher Geburtenrate – eine Tatsache. In den entwickelten Ländern wiederum, die »neuen Industrieländer« eingeschlossen, sind die Geburtenraten nicht ausreichend, um eine Erneuerung der Generationen sicherzustellen; die Folgen sind Überalterung, ein Wachstumsstillstand der Bevölkerung und deren allmähliches Aussterben, das durch die Migrationsströme nur vorübergehend aufgehalten werden wird. Diese Länder spüren bereits jetzt die Folgen einer Entwicklung, die ihrerseits dazu beiträgt, daß die Bedingungen für soziale Sicherheit (Finanzierung der Renten und der Sozialversicherung) hinterfragt werden. Auf lange Sicht laufen sie darüber hinaus Gefahr, nicht über genügend Arbeitskräfte zu verfügen. Allerdings wird dieser Aspekt so lange zum Teil verschleiert bleiben, wie die strukturelle Arbeitslosigkeit, die nach der Erdölkrise 1973 einsetzte, nicht abgebaut ist.

In Europa ging der demographische Wandel viel sanfter vonstatten als zur Zeit in der »Dritten Welt«, was darauf zurückzuführen ist, daß die Frauen später heirateten. Im Verhältnis zur Gesamtbevölkerung gab es folglich weniger Familien, und die Zeit, in der Nachwuchs gezeugt wurde, verringerte sich. Dementsprechend war die Geburtenrate sehr viel niedriger.

Ohne diese Perspektiven noch näher untersuchen zu wollen, kann man doch drei Hauptprobleme erkennen, die sich aus ihnen ergeben. Erstens werden die globalen

Interaktionen zwischen Natur und Bevölkerung an Bedeutung gewinnen. Schon zu Beginn der siebziger Jahre hatte der Club of Rome in seinem berühmten Bericht *Die Grenzen des Wachstums* die Aufmerksamkeit auf diesen Punkt gelenkt. Die Nutzung fossiler Brennstoffe beispielsweise bringt eine Erhöhung des Kohlendioxidgehalts in der Atmosphäre mit sich, was wahrscheinlich die Ursache für die spürbare Erwärmung auf unserem Planeten ist, bekannt als Treibhauseffekt.[13] Vor einem übertriebenen Pessimismus aber muß man sich in acht nehmen. Der immense Fortschritt in Wissenschaft und Technik wird in den kommenden Jahren und Jahrzehnten sicherlich ein besseres Verständnis der weltweiten Wechselwirkungen zwischen Aktivitäten des Menschen und Vorgängen in der Natur herbeiführen. Nach und nach wird man die technischen und institutionellen Mittel ausfindig machen, um sie dahingehend zu steuern, daß ein »vertretbares Wachstum« der Weltwirtschaft gesichert werden kann oder, anders ausgedrückt, die Interessen künftiger Generationen gewahrt bleiben.

Zweites Problem: Der Druck durch den Zustrom von Menschen aus armen Ländern in reiche Länder wird zunehmen. Gegenwärtig gibt es auf der Erde drei große Zonen des demographischen Ungleichgewichts: auf dem amerikanischen Kontinent südlich des Rio Grande, in Asien rund um China und den indischen Subkontinent und schließlich im Mittelmeerraum auf der Schwelle von Europa zu Afrika. Von den drei Gebieten fällt die letztgenannte am meisten ins Gewicht. Vergleicht man die Differenz der Geburtenraten Europas und Nordafrikas, so ist diese doppelt so hoch wie die Differenz zwischen der der Vereinigten Staaten und Lateinamerika oder von Japan und dem übrigen Asien. Die wirtschaftlichen Unterschiede sind ebenfalls beträchtlich. Unter diesen Bedingungen sind Wanderbewegungen in großem Umfang sehr wahrscheinlich. Dabei gilt es jedoch, zwischen plötzlichen Migrationen und langfristigen Tendenzen klar zu unterscheiden.

Die Erfahrung insbesondere im 20. Jahrhundert zeigt, daß plötzliche Bevölkerungsverschiebungen mit Naturkatastrophen und häufiger noch mit Revolutionen und Kriegen in Zusammenhang stehen. Als Beispiel seien Stalins Zwangsumsiedlungen ins Innere der UdSSR, die Vertreibung von Sudetendeutschen und Deutschen aus den Ostprovinzen (Schlesien, Pommern, usw.) oder die von den Serben und, in geringerem Umfang, von den Kroaten seit 1991 in Exjugoslawien durchgeführten »ethnischen Säuberungen« genannt. Im allgemeinen sind die Flüchtlingsströme eine vorübergehende Erscheinung, was bedeutet, daß die Menschen in ihre Heimat zurückkehren, sobald die Umstände es erlauben und sofern nicht so viel Zeit vergangen ist, daß unwiderrufliche Veränderungen eingetreten sind (was für die meisten palästinensischen Flüchtlinge seit 1948 gelten dürfte[14]).

Langfristige Tendenzen gehorchen hauptsächlich einer wirtschaftlichen Logik. Nehmen wir das Beispiel Algeriens, ein Land, das zum Zeitpunkt des Abkommens von Evian im Jahr 1962 11 Millionen Einwohner zählte, gegenüber 28 Millionen heute. Zur Zeit sind alle Gedanken auf den dort herrschenden Bürgerkrieg gerichtet, der unter anderem auf die Unfähigkeit der Regierenden zurückzuführen ist, die demographische Entwicklung zu berücksichtigen. Doch wird diese Situation nicht ewig vorhalten. Auf mehr oder weniger lange Sicht werden die Dinge unter besseren Vorzeichen stehen. Die ehemalige Kolonie besitzt theoretisch mehrere Trümpfe für den Wohlstand. Das mediterrane Klima an seinen Küstenstrichen begünstigt die Entwicklung der Landwirtschaft.

Bodenschätze (Gas, Erdöl) sind reichlich vorhanden. Die Bevölkerung bietet unbestreitbar gute Voraussetzungen. Früher oder später werden die Bedingungen für den Aufschwung erfüllt sein. Dann wird das geopolitische und geoökonomische Ergänzungspotential zwischen Algerien und Frankreich zum Zuge kommen. Vor diesem Hintergrund ist die Furcht vor einer »Invasion« unbegründet.[15]

Die vermutlich unvermeidbare Tendenz einer starken Verflechtung der beiden Gesellschaften sollte kein Grund zur Sorge sein. Unser Bild vom Islam ist gegenwärtig durch den Fundamentalismus verzerrt, doch liegt das an den Gegebenheiten unserer Zeit, da Religionen als ideologischer Zufluchtsort herhalten müssen, wenn sämtliche anderen Mythen versagt haben. Auch der Fundamentalismus wird vorübergehen.

Es finden bedeutendere Umwälzungen bei Völkern und Kulturen statt, die unter den herrschenden Umständen bereits heute nicht nur in Europa, sondern auch in den Vereinigten Staaten und anderswo festgeschrieben sind. Wir neigen noch immer zu sehr dazu, dieses Phänomen lediglich mit dem Blick auf die Vergangenheit zu deuten. Dazu führt man leichtfertig die arabischen Eroberungszüge im 7. und 8. Jahrhundert oder die der Mongolen oder der Osmanen an. Samuel Huntington sagt einen neuen heftigen Zusammenstoß zwischen Islam und jüdisch-christlicher Welt voraus.[16] Es ist wohl berechtigt, in dieser Art von Prophezeiungen nur eine Form der Spekulation zu sehen, die auf Zukunftsängsten beruht. Warum sollten Juden, Christen und Moslems dazu verdammt sein, sich auf ewig zu bekämpfen, wo sie doch ein und denselben Ursprung haben und sich auf denselben Gott berufen? Hirngespinsten dieser Art, die nur Furcht und Haß zu schüren vermögen, sei widerstanden. Es gilt im Gegenteil, das 21. Jahrhundert im

Geiste der Aussöhnung der drei Monotheismen und der Annäherung der Völker vorzubereiten, die aufgrund ihrer Geschichte und Geographie in gegenseitiger Abhängigkeit stehen, wie es bei Frankreich und Algerien der Fall ist. Allgemeiner gesprochen: die Suche nach neuen Formen der Koexistenz wird Teil eines schon seit langem bestehenden Prozesses der Überwindung des Nationalstaates sein, der als vollkommen souveräne politische Einheit konzipiert war und in einzelnen Aspekten in den vorangegangenen Kapiteln beleuchtet wurde.

Das dritte große Problem: In der entstehenden Welt werden die Phänomene der Bevölkerungsexplosion und der Urbanisierung zusammenfallen.[17] Der Anteil von Städtern an der Gesamtbevölkerung ist weltweit konstant im Steigen begriffen. 1950 lag er bei 29,1 Prozent, 1985 bei 41,2 Prozent. Dem oben erwähnten Durchschnittswert zufolge würde er 2025 60,5 Prozent betragen. In diesen Statistiken versteht man unter dem Begriff »Stadt« einen Ballungsraum (und somit eine Bevölkerung, deren Mitglieder bei ihren täglichen Beschäftigungen in hohem Maße voneinander abhängig sind) mit mindestens 10.000 Bewohnern. 1990 gab es auf der Welt etwa 300 Städte mit mehr als einer Million Einwohnern (darunter 175 in den sogenannten Entwicklungsländern), 16 Städte mit mehr als 10 Millionen und 5 mit mehr als 16 Millionen Einwohnern: Tokio (28,7 Millionen), New York (24 Millionen), Seoul (17,5 Millionen), Sao Paulo (17 Millionen) und Mexiko-Stadt (16,9 Millionen). Zu den nachrückenden Kandidaten zählen Shanghai, Bombay, Kalkutta und Hongkong. Bis in die sechziger und siebziger Jahre war die »Megapolis« (ein Gebilde aus großen, stark miteinander verflochtenen Ballungsräumen) New York mit einem Anteil von 0,70 Prozent an der Weltbevölkerung die größte Stadt der Welt; zur Zeit steht Tokio mit einem Anteil von »nur« 0,55 Prozent an erster Stelle. In den kommenden Jahrzehnten werden einige riesige Megapoleis entstehen, von denen manche vielleicht noch sehr viel größer als die bereits existierenden sein werden (hundert Millionen Einwohner und mehr?). Doch bleiben sie die Ausnahme. In erster Linie werden wir die Entstehung kleiner und mittelgroßer Städte erleben.

Die Hauptursache für das Phänomen der Urbanisierung ist auf die Folgen der revolutionierten Agrartechniken und der immer umfassenderen Leistungen bei einer Vielzahl von Tätigkeiten (Verwaltung, Finanzen, Bildung, Gesundheit, Kultur, usw.) zurückzuführen, die häufig ebenfalls durch die technologischen Entwicklungen begünstigt werden. Oft wird die Stadt mit einem Zentrum wirtschaftlicher Entwicklung gleichgesetzt, und sie bietet bessere Beschäftigungsperspektiven als ländliche Regionen. Sie scheint ganz allgemein attraktiver zu sein, insbesondere für junge Menschen.

Dennoch stellen sich viele Fragen. Manche sind technischer Natur: Wasser- und Energieversorgung, Luftverschmutzung, Abfallbeseitigung beispielsweise. Es ist vorstellbar, daß sie unter dem Druck der Notwendigkeit dank der beschleunigten Entwicklung des menschlichen Wissens gelöst werden. Andere Fragen betreffen Gesellschaft und Politik. Der unabwendbare Rückgang des Bauernstands wird weltweit eine Veränderung der Weltanschauungen mit sich bringen. Selbst in Westeuropa hat sich die Denkweise noch immer nicht dem Wandel angepaßt, in dessen Folge die besondere Stellung des Bauern als dem Ernährer der Menschen für immer aufgehoben wurde. In Frankreich wurde dies anläßlich der leidenschaftlichen und nostalgischen Debatte rund um die Ratifizierung der *Uruguay Round* Ende 1993 mehr als deutlich. In dem sich so rasch entwickelnden China leben 80 Prozent der Bevölkerung psychologisch gesehen noch im Mittelalter. Wie wird sich das Reich der Mitte an die Auflösung der Bindung des Menschen an den Boden anpassen? Welche Folgen wird der Bruch des Menschen mit seinen tiefsten Wurzeln zeitigen? Die großen Kriege des 20. Jahrhunderts waren Bauernkriege. Gekämpft wurde um die Eroberung oder den Erhalt von Grund und Boden. Schon jetzt erscheint uns der jugoslawische Krieg als ein Anachronismus, eine tragische Folge der in mancherlei Hinsicht zu schnell erfolgten Entspannung nach dem Zusammenbruch des kommunistischen Imperiums.

In Städten mit zu schnellem Wachstum ist, einfach ausgedrückt, der gesellschaftliche Betrieb selbst bedroht, insbesondere, wenn ein zu hoher Anteil von jungen Menschen arbeitslos oder unterbeschäftigt ist. Gewalt, Kriminalität, Drogenhandel und -konsum sind Anzeichen dafür. Arm und Reich leben vermehrt in Städten mit einer »Nord-Süd«-Teilung, wie man es früher nannte. Ab einer bestimmten Größe bildet somit jede Ansiedlung mit ihren reichen und armen Bewohnern, ihren individuellen und kollektiven Akteuren, ihren Strategien und Konflikten einen geopolitischen Mikrokosmos.[18] Folglich überträgt sich das Grundproblem internationaler Politik, die Frage von Krieg und Frieden, auf jedes dieser hochkonzentrierten Universen, in denen die Polizei immer funktionsgerechter der ehemals dem Militär vorbehaltenen Rolle nachkommt. Natürlich sind kriminelle Netze heutzutage, wie alle übrigen auch, international tätig. Solche Entwicklungen machen zwangsläufig neuartige lokale, nationale und internationale Regierungsformen (beispielsweise auf der Ebene der Europäischen Union[19]) und neue Organisationen im Sicherheitsbereich erforderlich. Die Angleichung wird kostspielig sein. Kein evolutiver Prozeß kommt ohne stets neue Annäherungen an den Zielpunkt aus.

Die Revolution in Wissenschaft und Technologie

Das 20. Jahrhundert ist gekennzeichnet durch die Verflechtung von Wissenschaft, Technik (die sich nunmehr der edleren Bezeichnung der Technologie erfreut) und Wirtschaft. Natürlich heißt das nicht, daß es im Bereich von wissenschaftlicher Erkenntnis und technischer Leistung nicht auch in früheren Zeiten schon beachtliche Fortschritte gegeben hätte, und die Verbindung zwischen Theorie und Praxis, zwischen dem Gebiet des »reinen« Wissens und dem der »Anwendung«, nicht hergestellt worden wäre. In der Gründungszeit der Akademie der Wissenschaften in Paris, im letzten Drittel des 17. Jahrhunderts, befaßten sich die Gelehrten mit den Wissenschaften ebenso wie mit der Technik, sei es zweckgebunden oder schlicht aus Neugier. Im Zeitalter der Aufklärung hing man der Vorstellung an, die Wissenschaften könnten dem Fortschritt der Zivilisation dienlich sein. Damals handelte es sich im großen und ganzen jedoch noch um eine Fiktion. Vermutlich nahm eine Regierung den Dienst von Gelehrten als solchen zur Lösung wirtschaftlicher Probleme (schon in jener Zeit vorrangig im Hinblick auf die Landesverteidigung) erstmalig im Jahr 1793 in Anspruch. Damals appellierte der Wohlfahrtsausschuß an Männer, unter denen Lazare Carnot, dem die Geschichte den herrlichen Titel des »Siegesorganisators«[20] verliehen hat, am beispielhaftesten in Erscheinung trat.

Das 19. Jahrhundert war geprägt von der industriellen Revolution mit ihren immensen wirtschaftlichen, politischen und kulturellen Implikationen. Doch erst in der heutigen Zeit wird eine unmittelbare, enge und unauflösliche Verbindung zwischen präzise benannten Gesetzen der Natur und wirtschaftlicher Betätigung hergestellt. Die Anfänge der industriellen Zivilisation gehen sehr viel mehr auf die Technik als auf die Wissenschaft zurück, wobei sich beide noch klar voneinander unterschieden. Die Meisterleistungen auf dem Gebiet der theoretischen Physik im 19. Jahrhundert hatten so gut wie keine unmittelbaren Auswirkungen auf das praktische Leben. Das gilt sogar auch für die Lehre von der Wärmeenergie, die von Carnot und Clausius begründete Thermodynamik[21]: Dampfmaschine und Verbrennungsmotor wurden von Erfindern entworfen und weitestgehend auch entwickelt, die über keine theoretischen Kenntnisse verfügten. In diesem Fall waren es sogar die Theoretiker, die nach vollbrachter Tat nachzuvollziehen versuchten, was die Ingenieure mit Hilfe ihrer Eingebung und ihren bloßen Händen geschaffen hatten. In anderen Fällen kam es erst sehr viel später zu einer »Umsetzung«. Die Hydraulik wurde im vergangenen Jahrhundert entwickelt; das Phänomen der Schockwellen beispielsweise wurde in Arbeiten von Hugoniot untersucht (1885–1886), die lange Zeit keinerlei Einfluß auf die Wirtschaft hatten. Das gilt auch für die Gleichungen Maxwells, die wunderbare Synthese der Theorien vom Licht und der Elektrizität, die 1865 veröffentlicht wurde: Sie enthielt den Hinweis auf elektromagnetische Wellen, deren Vorhandensein erst 1888 – durch den Deutschen Heinrich Hertz – nachgewiesen wurde.

Der unmittelbare Nutzen der Naturwissenschaften wurde immer augenfälliger. So nimmt es auch nicht

Wunder, daß Männern wie Marcellin Berthelot, der Pionier der organischen Synthese (der kurzzeitig sogar Außenminister war!) und vor allem Louis Pasteur noch zu Lebzeiten ein außerordentlicher Ruhm zuteil wurde. Daß zwischen den wissenschaftlichen Entdeckungen – die zudem eindeutig das Verdienst eines einzigen Menschen waren – und der Heilung furchtbarer Krankheiten beziehungsweise der Vorsorge eine fast unmittelbare Verbindung hergestellt wurde, war ein bis dahin einzigartiger Vorgang.

Im wesentlichen kann man behaupten, daß die Technik und hier wiederum die Maschinen bei der industriellen Revolution eine viel größere Rolle gespielt haben als die Wissenschaft. Sie war eher das Werk von Ingenieuren denn von Gelehrten oder, wie man zu sagen pflegt, seit die Forschung ein Beruf ist wie jeder andere auch, von »Wissenschaftlern«. Bis zu unserem Jahrhundert entwickelten sich Technik und Wissenschaft in etwa parallel; sie standen in Tuchfühlung, ohne im alltäglichen Geschäft sonderlich eng miteinander verbunden zu sein. Bevor das Zeitalter der Rechenmaschinen anbrach, konnte dem auch gar nicht anders sein. Erst durch die Computer konnte sich die numerische Analyse ernsthaft entwickeln.[22] Zuvor war es kaum möglich, Gleichungen aus der mathematischen Physik effizient zu lösen, die wenigen Ergebnisse konnten lediglich als Einzelbeweise, als Illustration dienen. Die Wissenschaft bemühte sich, allgemeingültige Gesetze aufzudecken, Naturphänomene zu typisieren und darzustellen. Die Technik ließ sich dadurch anregen und regte umgekehrt auch die Wissenschaft an, blieb aber nichtsdestoweniger größtenteils unabhängig davon eine Sache der Intuition, der Erfahrung und des Knowhows.

Die Wissenschaft beeinflußte die Wirtschaft im heutigen Sinn erst im ersten 20. Jahrhundert, wie ich die Zeit bis zum Zweiten Weltkrieg nennen möchte, in der die Mechanik einen Höhepunkt erreichte (insbesondere mit dem Beginn der Luftfahrt), die industrielle Elektrizität ihren Durchbruch erlebte, elektromagnetische Wellen zum Einsatz kamen, Chemie und Pharmaindustrie[23] an Bedeutung gewannen und sich diversifizierten, und so weiter. Die Verbindung zwischen Wissenschaft und Technik wurde immer enger, aber die begrenzten Berechnungsmöglichkeiten hielten noch eine unüberwindbare Distanz zwischen diesen beiden Arten des Wissens oder der Kenntnisse aufrecht. Gleichzeitig wurden neue theoretische Monumentalleistungen vollbracht, von denen es manche ihrem Umfang nach mit der Newtonschen Mechanik aufnehmen konnten. Einige Meilensteine seien zitiert: Die Relativitätstheorie (die spezielle und die allgemeine) und der Photoelektrische Effekt (Einstein), die Wellenmechanik und die Quantenmechanik (Max Planck, Louis de Broglie, Max Born, Werner Heisenberg u.a.m.), die statistische Thermodynamik (deren Anfänge auf Ludwig Boltzmann am Ende des 19. Jahrhunderts zurückgehen). Stetig wuchs die Zahl derjenigen Gelehrten, die den Aufbau der Materie auf der Ebene des Atoms und schließlich seines Kerns zu enthüllen suchten. Die Umstände im Kampf gegen den Nationalsozialismus trugen dazu bei, daß sie lernten, die Atomenergie nutzbar zu machen und die Atombombe entwickelten – für gute wie für schlechte Zeiten.[24] Die Wasserstoffbombe hätte ohne die Möglichkeiten der ersten elektronischen Rechner nie konzipiert werden können.

Im zweiten 20. Jahrhundert (seit dem Zweiten Weltkrieg bis heute) hat die Elektronik von der Welt Besitz ergriffen. Man findet sie nun überall: zu Hause, in Labors, in Autos, Flugzeugen, Raketen oder Raumschiffen. Der Computer machte die Unterscheidung zwischen »reinen« Wissenschaften oder »Grundlagenforschung« auf der einen Seite und »angewandten« Wissenschaften auf der anderen Seite hinfällig, indem er die Schranken, die bis dato die Verarbeitung der Information auf einen klaren Rahmen beschränkte, immer weiter ausräumte. Die Modelle sind nunmehr allgegenwärtig.[25] Der Drang hin zur unendlich kleinen Größe setzt sich in der Teilchenphysik fort, die sich immer mächtigerer Mittel bedient (Zyklotrone, Synchrotrone usw.). Da alles miteinander in Zusammenhang steht, kann die Physik der unendlich kleinen Größe auf ungeahnte Weise das Verständnis für das unendlich Große erweitern. Astrophysiker sind an die Stelle der Astronomen getreten. Sie sehen ein Universum vorher, dessen Unermeßlichkeit eine Herausforderung für den Verstand darstellt, aber dennoch begrenzt ist und einen Anfang und ein Ende hat, sofern es sich nicht um einen einzigen Rhythmus zyklopischer Auf und Abs handelt.

Durch die Verbindung mit der Physik hat die moderne Chemie (Theorie der chemischen Verbindungen, der Reaktionsmechanismen etc.) ihrerseits in das Reich der Mathematik und der Computer Einzug gehalten. Ständig werden neue Materialien entwickelt. Vorstöße auf dem Gebiet der Biologie ermöglichten die Entschlüsselung elementarer Lebensvorgänge. Die Entdeckung der Doppelhelix und des genetischen Codes (Crick und Watson, 1953) hat die Wissenschaft vom Leben revolutioniert. Die fabelhafte Entwicklung der Biochemie, der Zell- und Molekularbiologie und der Gentechnologie eröffnen ungeahnte Möglichkeiten in sämtlichen Bereichen, die mit dem Leben zu tun haben, wie der Medizin, der Pharma-, der Agrar- und Nahrungsmittelindustrie.

Daß ein Nobelpreisträger sich seinen Ruhmestitel in einem Industrielabor erwirbt, ist keine Seltenheit. Die Wissenschaft ist allgegenwärtig im stofflichen Leben, und immer schneller folgen die Innovationen aufeinander. Akademiker sind nicht mehr die alleinigen Hüter hehrer Erkenntnisse. Sie müssen sich im Sinne der Forschung wie der Bildung mit den Unternehmen zusammenschließen. Die Forschung, einst der Luxus reicher Länder, ist zu einem Produktionsfaktor geworden. Man stellt einen Zusammenhang her zwischen dem Anteil am Sozialprodukt, den die Länder für Forschung und Entwicklung aufbringen, und ihrer künftigen Wachstumsrate. Die Bildung der Menschen wird als ein fortwährender Prozeß aufgefaßt, denn wer zu lernen aufhört, begibt sich potentiell in die Arbeitslosigkeit. Schon jetzt verändert die menschliche Arbeit ihr Wesen. Sie wird abwechslungsreicher, weniger einengend und weniger mühsam. Das künftig untrennbare Gespann aus Wissenschaft und Technik verwandelt die Bedingungen von Wohlstand und Macht. Auch die Künste sind davon betroffen. Die »7. Kunst« verdankt ihm ihre Existenz. Die Architektur hat sich durch Formen und Materialien erneuert, die früher wenn nicht undenkbar (hier denkt man natürlich an manches, was schon von Leonardo da Vinci vorweggenommen wurde), so doch nicht realisierbar waren. Neue Wege ergeben sich auch für die Musik.

Bis zur industriellen Revolution gab es ausgesprochen wenig nutzbare Energiequellen; dazu gehörten vor allem tierische Energie, also Sonnenenergie[26], die nach der Umwandlung durch den Stoffwechsel in lebenden Organismen gespeichert ist, welche sie teilweise, je nach den Bedürfnissen des Menschen, erneuern können; in sehr beschränktem Umfang die in bestimmten natürlichen mechanischen Prozessen freigesetzte Energie (Wasser- oder Windmühlen bespielsweise).[27] In China, in Vietnam sowie in vielen anderen unterentwickelten oder sich entwickelnden Ländern sieht man auf den Feldern zum Teil noch einfache hölzerne Pflugscharen, nach überlieferter Weise von einem Rind gezogen, das der Bauer führt. Ab dem Ende des 18. Jahrhunderts lernte der Mensch, die Energie, die seit den Zeiten der geologischen Formationen in den brennbaren Fossilien gespeichert ist, in nutzbare mechanische Energie umzuwandeln, zunächst bei der Kohle, später bei Erdgas und Erdöl.

Die Entdeckung der Atomenergie ist eine entscheidende Etappe in der Geschichte der Menschheit. Unter den vier grundlegenden Kräften, die die Physiker bestimmt haben – die Schwerkraft, die elektromagnetische Kraft, die starke und die schwache Wechselwirkung der Elementarteilchen –, sind die erst- und die letztgenannte der wirtschaftlichen Aktivität eigentlich fremd. Die zweite wird in unterschiedlicher Form seit Menschengedenken genutzt. Die dritte, die Hauptentdeckung des 20. Jahrhunderts, die in Wirklichkeit die Hauptquelle der zweiten ist, hält gerade erst Einzug in das praktische Leben. Man kann sagen, daß ihre Nutzung in den Kinderschuhen steckt. Viele Probleme sind noch zu lösen, bis beispielsweise die kontrollierte Kernfusion unter rentablen Bedingungen durchgeführt und der Müll restlos beseitigt werden kann, ohne künftige Generationen unberechenbaren Risiken auszusetzen oder aber das Verbot der Verbreitung atomarer Waffen durchzusetzen.[28] Es ist jedoch sehr wahrscheinlich, daß diese Probleme in den nächsten Jahrzehnten gelöst werden und der Anteil der Atomenergie im Laufe des kommenden Jahrhunderts überwiegen wird. Die große Debatte, die nach der Ölkrise 1973 hierzu eröffnet wurde, hat sich zum Teil wieder gelegt, weil zahlreiche Länder die Frage aufgeschoben haben. Die Wirtschaftskrise, der Rückgang des spezifischen Energieverbrauchs[29] als Folge der ersten Vervierfachung des Erdölpreises, die trotz der alarmierenden Umstände in den siebziger Jahren weiterhin befriedigenden Prognosen hinsichtlich des Vorrats an fossilen Brennstoffen, haben die Fristen verlängert. Die Tragödie von Tschernobyl, die die Gefahren aufgezeigt hat, die in einer instabilen Gesellschaft manche Techniken in den Händen ungeeigneter Organisationen bergen, hat umgekehrt auch die Richtigkeit umsichtigen Verhaltens deutlich gemacht. Die Handhabung der vorhandenen Atomkraftwerke in den ehemaligen kommunistischen Ländern Osteuropas ist am Ende des Jahrhunderts eine der Hauptsorgen. Die Stunde der Atomenergie aber wird in wenigen Jahren oder Jahrzehnten gekommen sein.

Die wirkliche Mutation, das Charakteristikum des zweiten 20. Jahrhunderts, kam mit den Informationstechnologien, der Datenübertragung, die der Verbindung aus Computer und Telekommunikation entsprungen ist. Innerhalb von drei Jahrzehnten sind wir vom elektronischen, auf der Basis von Transistoren arbeitenden Rechner übergegangen zu Computern mit winzigen integrierten Schaltkreisen. Ein neues technisches System hat sich durchgesetzt.[30] Unser praktisches Universum ist viel tiefgreifender umgekrempelt worden, als es früher bei der Einführung der Dampfmaschine der Fall war. Sämtliche Bereiche menschlichen Tuns sind betroffen: neben der Wissenschaft und der Technologie selbst sind es etwa die Wirtschaft, das Leben in den vier Wänden, der militärische Bereich.

Energie und Information sind eng miteinander verknüpft. Die Suche nach hochwertiger Information ist vergleichbar mit der erfolgreichen Suche nach hochwertiger Energie, »Negentropie« gewissermaßen. Unordnung wird durch Ordnung ersetzt. Auf jedem Gebiet gilt, daß man schneller ans Ziel gelangt, wenn man über Information verfügt, und folglich auch Energie spart. Für den Chemiker, der das Modell für ein neues Molekül erstellt, trifft das ebenso zu wie für den Ingenieur, der ein System optimiert, das bestimmten Vorgaben folgt, oder den Geologen auf der Suche nach neuen Anreicherungen im Erdreich, oder den Armeeangehörigen, der ein ihm zugewiesenes Ziel zu zerstören hat, für den Polizisten oder den Grenzbeamten, der mit Schmuggelei oder illegaler Einwanderung konfrontiert ist.

Energie in reichem und theoretisch unbegrenztem Maße, die wachsende Fähigkeit, an Information zu gelangen, diese zu speichern, weiterzugeben und zu bearbeiten, vor allem aber zu berechnen – derart sind unsere Perspektiven unmittelbar vor Anbruch des 21. Jahrhunderts. Die neue industrielle Revolution hat bereits Früchte der Innovation hervorgebracht, die zwar nicht allesamt so spektakulär sind wie die Landung auf dem Mond, die aber ununterbrochenen die Welt der Ökonomie neuen Erschütterungen aussetzt, Unruhe in unsere Lebensumstände bringt und unsere Orientierungen zunichte macht. Die wirtschaftliche Entwicklung entspricht eher der Vision Schumpeters[31] als der Vorstellung von einer »ausgeglichenen« Expansion auf der Basis von Modellen, die in den sechziger Jahren gängig waren und denen zufolge Wachstum die undefinierte, aber verhältnismäßige Steigerung des Umfangs an Gütern und Dienstleistungen zu sein scheint, die sich ihrem Wesen nach nie verändern.[32]

Trotz aller schon registrierten Veränderungen können wir die Folgen dieser neuen industriellen Revolution sicherlich erst erahnen.[33] Die internationalen Beziehungen sind bereits zutiefst von den Auswirkungen der Datenübertragung betroffen. Die nunmehr fast perfekte Mobilität des Finanzkapitals beispielsweise legt die althergebrachten politischen Mittel der makroökonomischen Regulierung lahm.[34] Gegenwärtig sind es nicht so sehr die Staaten, die die Finanzmärkte kontrollieren, als vielmehr umgekehrt die Finanzmärkte, die die Staaten beaufsichtigen. Das Feld der Politik wird heute vom »CNN-Effekt« und morgen sehr wahrscheinlich vom »Internet-Effekt« überrollt. Die Frage nach der Regierung[35] der Humangesellschaften stellt sich erneut, denn zwischen den sie zunehmend einengenden äußeren Einflüssen und den erweiterten Spielräumen im Innern (Unternehmen, Vereinigungen, Gebietskörperschaften, regionale Einrichtungen, legale und illegale Netze usw.) sind die Staaten in der Zwickmühle. Die Auswirkungen beider Phänomene verstärken sich. Man stellt sich Fragen nicht nur bezüglich der Zukunft der Demokratien,[36] sondern auch bezüglich der Zukunft autokratischer Systeme, die von den Erschütterungen ebensowenig verschont bleiben. Die Vervielfältigung der Kommunikations- und der Transportwege – einer der wesentlichsten Aspekte der neuen industriellen Revolution – fördert die weiter oben in diesem Kapitel behandelte Vermischung der Bevölkerungen mit all ihren größtenteils unvorhersehbaren Konsequenzen. Die Notwendigkeit einer gewissen Regulierung der Menschenströme erscheint immer dringlicher, stößt sich aber in demokratischen Ländern an so fest verankerten Prinzipien wie dem Asylrecht.

Die neue industrielle Revolution wirft ganz allgemein immense Probleme ethischer und politischer Natur auf.

François Jacob zufolge sind wir schon jetzt »häufig mit Krankheiten konfrontiert, die wir vorhersehen, nicht aber heilen können. Das geht soweit, daß wir imstande sind, bei einem Fötus, einem Neugeborenen oder einem Kind die Bedrohung durch Krankheiten zu bestimmen, die wir weder verhindern noch behandeln können.« Und er fügt hinzu: »In zwanzig oder dreißig Jahren werden wir in der Lage sein, diejenigen Risiken vorherzusehen, mit denen jeder einzelne aufgrund seiner körperlichen Veranlagung zu rechnen hat. Was wird aus dem Leben, was wird aus der Medizin, wenn es möglich ist, die Bedrohungen, die für ein gerade entstehendes Leben von seinem Innern ausgehen können, vorherzusagen? Noch ist es schwer, eine Einschätzung darüber abzugeben. Und dies um so mehr, als die biologische Verschiedenartigkeit der Menschen heutzutage erst voll zum Zuge kommen wird, eine Verschiedenartigkeit, die am Ursprung jedes lebendigen Prozesses, am Ursprung der Evolution steht.« Wohin führt uns die genetische Schöpferkraft? Und bezogen auf ein anderes Gebiet: Wohin führt uns die Möglichkeit, Register anzulegen, in denen sämtliche Spuren festgehalten sind, die wir bis hin zu den kleinsten Verrichtungen unseres Lebens zurücklassen?

Im militärischen Bereich werden die Waffensysteme immer präziser und effizienter; der Wettstreit zwischen Schwert und Schild aber setzt sich fort, da die Wissenschaft *a priori* beiden dienen kann. Neu daran ist, daß dieselben Methoden im gleichen Maße die Entwicklung von – gewiß noch unzulänglichen – Methoden begünstigt, um Rüstungsbegrenzung und Abrüstung zu verwirklichen und zu kontrollieren und Sicherheitsbestimmungen auf regionaler Ebene oder aber weltweit durchzusetzen. Im Laufe des zweiten 20. Jahrhunderts hat es mit den amerikanisch-sowjetischen Rüstungsabkommen, dem Atomwaffensperrvertrag und dem Vertrag über die Reduzierung konventioneller Streitkräfte in Europa sowie ganz allgemein mit den sogenannten »vertrauensbildenden Maßnahmen« bedeutende Vorstöße in diese Richtung gegeben.

All dies ändert jedoch nichts daran, daß die Risiken und die Gegenmaßnahmen sich in diesen Bereichen nicht zwangsläufig über einzelne Phasen erstrecken müssen. Die Vorstellung einer international versprengten Gesellschaft, in der bewaffnete Gruppen der Kontrolle durch einen Staat oder durch internationale Organisationen entgehen – barbarische Zukunftshorden gewissermaßen, die mit der Androhung oder dem Gebrauch chemischer, bakteriologischer oder atomarer Vernichtungswaffen Terror und Elend verbreiten könnten –, ist beunruhigend. Die Ausweitung der Drogenszene und krimineller Netze, das Auftauchen mehr oder weniger diabolischer und mächtiger Sekten, stellen noch diffuse, aber reale Gefahren dar.[37]

Man kann sich nur schwer vorstellen, daß Ernest Renan heutztage einen ähnlichen Optimismus an den Tag legen würde wie in *L'Avenir de la Science*, diesem eigenartigen und berühmten Essay aus dem Jahr 1849, den der junge Mann im Alter von 26 Jahren verfaßte, doch erst 1890 als Gelehrter im Zenit seines Ruhmes veröffentlichte und dazu bemerkte, sein Standpunkt habe sich nicht geändert. Dennoch darf man zu dem Zeitpunkt, da die Verbindung von Wissenschaft und Technologie ihren Triumph feiert, nicht an ihnen verzweifeln. Zwar birgt auch diese Verbindung, wie jeder Sprung ins Ungewisse, seine Gefahren. Doch wird diese Verbindung es dem Menschen ermöglichen, die Natur nicht nur immer besser zu kennen, sondern sie sich zunutze zu machen, was seiner Bestimmung entspricht. Sie schafft die Aussichten für einen materiellen Fortschritt, der allen und nicht nur einer Minderheit zugute kommt. Sie ist es, die die künftigen politischen Einheiten dazu befähigen wird, ihre individuelle und kollektive Sicherheit zu gestalten. Das menschliche Dasein wird durch eine Metamorphose erschüttert, die die fast unmittelbare Auslöschung unserer greifbaren Anhaltspunkte, unserer physischen Erinnerungsorte mit sich bringen wird. Das soll kein Anlaß zur Klage sein, sondern vielmehr ein Anstoß, darin eine Chance zu erkennen und die Notwendigkeit, unseren wirklichen Konstanten dort nachzugehen, wo wir sie seit jeher hätten vermuten sollen: in der Welt des Geistes – jener Noosphäre, von der bei Teilhard de Chardin die Rede ist. Das 21. Jahrhundert sollte geprägt sein von der Rückkehr zu spirituellen Werten, nach einem langen Einschub, in dem ein naiver Positivismus vorherrschte, der in Verwirrung und Furcht endete. Unter dieser Voraussetzung wird dem Abenteuer des Prometheus eine Zukunft vergönnt sein.

Anmerkungen

Kapitel I

1 Im vorliegenden Buch verweise ich oft auf die Legalität beziehungsweise die Legitimität einer Institution, einer Behörde oder einer Handlung. Die Legalität erwächst aus der Gesetzeskonformität im Rahmen des geltenden Rechtssystems. Die Legitimität hat mit dem Gefühl des Einverständnisses der betreffenden Bevölkerungen zu tun. Diese wichtige Unterscheidung hat sich in der politischen Philosophie des Mittelalters deutlich herausgebildet, geht in ihrem Kern jedoch auf Verfasser wie Aristoteles oder den heiligen Augustinus zurück. So ist der an einem Tyrannen begangene Mord beispielsweise in jedem Fall illegal, unter Umständen aber legitim.

In seiner Fernsehansprache vom 29. Januar 1960 zur Zeit des Algerienaufstands richtete sich General de Gaulle mit folgenden Worten »an Frankreich«: »Kraft des mir vom Volke verliehenen Mandats und der nationalen Legitimität, die ich seit zwanzig Jahren verkörpere, fordere ich alle Mitbürger und Mitbürgerinnen auf, mich zu unterstützen, was immer auch geschehen möge.« Das Mandat war die Legalität. Die Legitimität verankerte der General in seinem Appell vom 18. Juni 1940.

2 »Daß Europa aus dem scheinbaren Chaos gestärkt wieder hervorging, war vor allem das Werk von zwei großen Männern: Castlereagh, dem britischen Außenminister, der die internationalen Verträge aushandelte, und dem österreichischen Minister Metternich, der das System ›legitimierte‹«. Für Franzosen käme an dieser Stelle der Name Talleyrands gewiß noch hinzu. S. Henry Kissinger, *Großmacht Diplomatie - von der Staatskunst Castlereaghs und Metternichs*, Düsseldorf u. Wien 1962.

3 Historiker sind allerdings der Ansicht, daß es nach dem Weggang Bismarcks (1890) um das europäische Einvernehmen geschehen war. Doch kamen die explosiven Folgen nicht unmittelbar zum Tragen.

4 H. Kissinger, *a.a.O.*, S. 13.

5 Die Souveränität auszuüben heißt, Entscheidungen hervorzubringen und sich ihnen zu unterwerfen. Dieses Attribut ist Kennzeichen einer Macht, der keine andere übergeordnet ist. Die uneingeschränkte Souveränität wurde den Staaten des Abendlandes im Anschluß an den Westfälischen Frieden (1648) zuerkannt. In der Praxis beruhen die zwischenstaatlichen Beziehungen auf der eingeschränkten Souveränität: Das bestehende internationale Recht hat Vorrang vor dem inneren Recht und beschneidet also die Hoheitsgewalt des Staates, vorausgesetzt, die betroffenen Staaten stimmen der Einschränkung ihrer Souveränität zu. S. dazu der Kommentar zu Artikel 2, Absatz 1 der Charta der Vereinten Nationen in : J.-P. Cot u. A. Pellet (Hrsg.), *La Charte des Nations unies*, Economica et Bruylant (1. Aufl. 1985, 2. erweit. und überarb. Aufl. 1991).

6 Der Ausdruck stammt von Yves Lacoste. Siehe die Einführung zu seinem *Dictionnaire de géopolitique*, Flammarion, Paris 1993.

7 Zu den Ursprüngen des Ersten Weltkriegs siehe insbesondere die Beiträge von Raymond Poidevin und Jean-Jacques Becker in: *Crises et Guerres au XXIe siècle: analogies et différences*, unter der Leitung von D. Moisi, Reihe »Travaux et recherches de l'Ifri«, Economica, 1981. Das Buch enhält auch eine umfangreiche Bibliographie.

8 Die isolationistische Tradition der Vereinigten Staaten geht auf den Ursprung ihrer Geschichte zurück. (Siehe die »Farewell address« von George Washington aus dem Jahr 1796.)

9 Der Council on Foreign Relations in New York und das Royal Institute for International Affairs in London wurden 1919 gegründet.

10 J.-B. Duroselle, *Histoire diplomatique de 1919 à nos jours*, 11. Aufl., Dalloz, Paris o.J. S. 57 ff. Dieses Standardwerk zu konsultieren ist immer wieder lohnend. Für die Zeit nach dem Zweiten Weltkrieg siehe auch die verschiedenen Ausgaben des Handbuchs von Maurice Vaisse, *Les Relations internationales depuis 1945*, A. Colin (Erstausgabe 1990).

11 Das Konzept der kollektiven Sicherheit hat eine lange Tradition. Man denke beispielsweise an die beiden »Projekte für einen dauerhaften Frieden« aus dem 18. Jahrhundert: das eine vom Abbé de Saint-Pierre, das 1713 veröffentlicht wurde und nicht zuletzt durch Rousseau bekannt wurde, das andere von Kant, veröffentlicht im Jahr 1795 - die erste Schrift des berühmten Philosophen, die ins Französische übertragen wurde.

12 Ende der zwanziger Jahre entwickelte sich in Europa eine geistige

Strömung, deren Anhänger die Schaffung der »Vereinigten Staaten von Europa« anstrebten. Am 5. September 1929 stellte Aristide Briand der Versammlung des Völkerbunds das ehrgeizige, doch vage Vorhaben einer europäischen Föderation vor, das im Jahr darauf in einem von Alexis Léger verfaßten Memorandum deutlicher Gestalt annahm. Vgl. Kap. V.

13 Dieses Werk wurde 1995 bei den Editions de l'Arsenal neu herausgegeben; das Vorwort schrieb Jacques Laurent, das Nachwort stammt von Jacques Rupnik.

14 Titel einer Aufsatzsammlung, die 1928 von Charles Maurras veröffentlicht wurde.

15 Artikel 10 der Völkerbundakte lautet folgendermaßen: »Die Mitglieder des Völkerbunds verpflichten sich, die territoriale Integrität und die derzeitige politische Unabhängigkeit aller Mitglieder des Völkerbunds zu respektieren und gegen jedweden Angriff von außen aufrechtzuerhalten.« In Artikel 4 des NATO-Vertrags (4. April 1949) heißt es, daß »die vertragschließenden Staaten in Beratungen miteinander eintreten (werden), wenn nach der Meinung eines von ihnen die Unversehrtheit des Gebietes, die politische Unabhängigkeit oder die Sicherheit irgendeines der vertragschließenden Staaten bedroht ist«. Artikel 5 besagt: »Die vertragschließenden Staaten sind darüber einig, daß ein bewaffneter Angriff gegen einen oder mehrere von ihnen in Europa oder Nordamerika als ein Angriff gegen sie alle betrachtet wird und infolgedessen kommen sie überein, daß im Falle eines solchen bewaffneten Angriffs jeder von ihnen in Ausübung des in Artikel 51 der Charta der Vereinten Nationen anerkannten Rechts zur persönlichen oder gemeinsamen Selbstverteidigung den Vertragsstaat oder die Vertragsstaaten, die angegriffen werden, unterstützen wird, indem jeder von ihnen für sich und im Zusammenwirken mit den anderen Vertragsstaaten diejenigen Maßnahmen unter Einschluß der Verwendung bewaffneter Kräfte ergreift, die er für notwendig erachtet, um die Sicherheit des nordatlantischen Gebietes wiederherzustellen und aufrechtzuerhalten. Jeder derartige bewaffnete Angriff und alle als dessen Ergebnis ergriffenen Maßnahmen sollen dem Sicherheitsrat unverzüglich gemeldet werden. Diese Maßnahmen sind zu beenden, sobald der Sicherheitsrat die zur Wiederherstellung und Aufrechterhaltung des Völkerfriedens und der internationalen Sicherheit notwendigen Maßnahmen getroffen hat.« Der vorstehende Artikel nimmt Bezug auf Artikel 51 der UN-

Charta: »Diese Charta beeinträchtigt im Falle eines bewaffneten Angriffs gegen ein Mitglied der Vereinten Nationen keineswegs das naturgegebene Recht zur individuellen oder kollektiven Selbstverteidigung, bis der Sicherheitsrat die zur Wahrung des Weltfriedens und der internationalen Sicherheit erforderlichen Maßnahmen getroffen hat. Maßnahmen, die ein Mitglied in Ausübung dieses Selbstverteidigungsrechts trifft, sind dem Sicherheitsrat sofort anzuzeigen; sie berühren in keiner Weise dessen auf dieser Charta beruhende Befugnis und Pflicht, jederzeit die Maßnahmen zu treffen, die er zur Wahrung oder Wiederherstellung des Weltfriedens und der internationalen Sicherheit für erforderlich hält.«

16 J.-B. Duroselle, *a.a.O.*, S. 94-95.

17 *Ebd.*, S. 68-69. Siehe auch der sowjetische Standpunkt in Band III der *Histoire de la diplomatie*, veröffentlicht unter der Leitung von V. Potemkin, Librairie de Médicis, Paris 1947.

18 J.-B. Duroselle, *a.a.O.*, S. 248-252 und V. Potemkin, *a.a.O.*

19 Siehe beispielsweise J.-B. Duroselle, *a.a.O.*, S. 147-153.

20 Im Dezember 1922 schlossen sich die Sowjetrepubliken zu einer »Union der sozialistischen Sowjetrepubliken« zusammen.

21 J.-B. Duroselle, *a.a.O.*, S. 78 und S. 108.

22 J.-B. Duroselle, *a.a.O.*, S. 162-168. Tatsächlich hatte die Wiederbewaffnung Deutschlands in der Weimarer Republik eingesetzt. Vgl. die Dissertation von G. Castellan, *Le Réarmement clandestin du Reich*, Plon, Paris 1954.

23 Siehe das hervorragende Buch von François Furet, *Das Ende der Illusion. Der Kommunismus im 20. Jahrhundert*, München 1996.

24 Nach der Besetzung Prags wurde sich England der falschen Hoffnungen in Verbindung mit der Appeasement-Politik bewußt.

25 Siehe den Beitrag von J.-B. Duroselle in: *Crises et Guerres au XXe siècle: analogies et différences, a.a.O.* In dem gleichen Buch siehe auch der Beitrag von R. Girault über die Wirtschaftskrise und die Ursprünge des Zweiten Weltkriegs.

KAPITEL II

1 Der Heilige Stuhl und die Schweiz besitzen aus besonderen Gründen lediglich den Beobachterstatus. Eine Einführung zur UNO bietet A. Lewin, *L'ONU, pour quoi faire?* Gallimard, Paris 1995. Eine gründliche Analyse der einzelnen Artikel findet sich in J.-P. Cot und A. Pellet (Hrsg.), *La Charte des Nations unies*, Economica et Bruylant (1. Aufl. 1985, 2. erweit. und überarb. Aufl. 1991).

2 Die Vereinigten Staaten, die UdSSR, Großbritannien, Frankreich und China. (Vgl. Kap. III. Zu Frankreich vgl. auch noch Kap. III, Anm. 21.)

3 Das Zusammenspiel von Sicherheitsrat und Vetorecht begünstigte allerdings die »Bipolarisierung« im Kalten Krieg, wovon im weiteren Verlauf des Kapitels noch die Rede sein wird.

4 Siehe hierzu auch die Thesen von G. Ladreit de Lacharrière, *La Politique juridique extérieure*, Reihe: »Travaux et recherches de l'Ifri«, Economica, 1983.

5 Im Frz. *démultiplier*, gebraucht in dem Sinne, wie Strategen von den *Kräftemultiplikatoren* sprechen. Die Truppenmoral beispielsweise ist ein Multiplikator derjenigen Kraft, die auf Übung und Ausrüstung beruht und aufgrund derer eine größere Durchschlagkraft erzielt wird.

6 Vgl. J.-B. Duroselle, *Histoire diplomatique, a.a.O.*, S. 419-429.

7 Das Kapitel trägt die Überschrift: »Maßnahmen bei Bedrohung oder Bruch des Friedens und bei Angriffshandlungen«.

8 Österreich, dem es nur um Slowenien und mehr noch Kroatien ging, und der Heilige Stuhl, dessen Aufmerksamkeit sich auf die kroatischen Katholiken konzentrierte, verfolgten dieselbe Marschroute wie Deutschland.

9 Vgl. Kap. V.

10 Samuel Huntington, *Kampf der Kulturen* (*The Clash of Civilizations*), München und Wien, 1996. S. a. *Foreign Affairs*, Sommer 1993, Band LXXII, Nr. 3 und 4 sowie *Commentaire*, Sommer 1994, Nr. 66.

11 Francis Fukuyama, *Das Ende der Geschichte*, München, 1992. Siehe a. »The End of History«, *National Interest*, Sommer 1989.

12 Siehe beispielsweise die Beiträge von Robert Bartley, Chan Heng Chee, Samuel Huntington und Shijuro Ogata in *Democracy and Capitalism*, veröffentlicht vom Institute of Southeast Asian Studies in Singapur, 1993.

13 Die amerikanische Unabhängigkeitserklärung (1776) und die Erklärung der Menschen- und Bürgerrechte (1789) leiten sich beide von der Philosophie der Aufklärung her.

14 Eine ausgezeichnete Aufschlüsselung des Begriffs Totalitarismus findet sich in C. Polin, *Le Totalitarisme*, PUF, Reihe »Que sais-je?«, Nr. 2041, 3. Aufl., Paris 1994.

15 Die vielschichtige Frage der Beziehung zwischen Staat und Nation werde ich an dieser Stelle nicht behandeln. Es sei lediglich daran

erinnert, daß die beiden Begriffe im Falle Frankreichs eng miteinander verknüpft sind. Siehe auch nachstehend Anm. 17 sowie Kap. V, »Über Nationen und andere Horizonte«.

16 Dies ist keine Anspielung auf Tintin (dt.: Tim und Struppi), sondern auf eine berühmte Posse der Action française, die in den zwanziger Jahren die Mehrheit der Abgeordneten dazu brachte, einen Antrag zugunsten der Unabhängigkeit »Poldawiens« verabschieden zu lassen. Hätten die Unterzeichner in Ruhe einen Atlas konsultiert, wären sie zu dem Schluß gekommen, daß das »poldawische Volk«, dessen Unterdrückung sie auf das entschiedenste verurteilten, gar nicht existierte.

17 Anläßlich der Präsidentschaftswahlen von 1988 war die Debatte über Korsika, dem bereits 1982 ein Sonderstatus zuerkannt worden war, neu entbrannt. Zur Milderung der nationalistischen Forderungen arbeitete Pierre Joxe, der damalige Innenminister, einen Gesetzesentwurf zu einem neuen Status aus, der der Insel mehr Autonomie gewährte. Der erste Artikel sah folgendes vor: »Die Republik Frankreich garantiert der lebendigen historischen und kulturellen Gemeinschaft des korsischen Volkes, das Bestandteil des französischen Volkes ist, die Rechte zur Wahrung seiner kulturellen Identität und der Verteidigung seiner besonderen wirtschaftlichen und sozialen Interessen.« Der Artikel stieß auf heftige Kritik seitens der Opposition und spaltete die Linke. Im November 1990 wurde der Gesetzesentwurf von der Nationalversammlung verabschiedet, am 9. Mai 1991 aber urteilte der Verfassungsrat, die Bezugnahme auf das korsische Volk sei mit der Verfassung, die nur das französische Volk kenne, das aus allen Franzosen ungeachtet ihrer Herkunft, Rasse oder Religion bestehe, unvereinbar. Der Rat weigerte sich, den ersten Artikel anzuerkennen. Die Formulierung »das korsische Volk, das Bestandteil des französischen Volkes ist« stammte von Gaston Deferre. Sie stand auch in der Darlegung der Begründung für den Status der Insel von 1982.

Der französische Nationalbegriff schließt jede ethnisch-kulturelle Grundlage aus. Auf internationaler Ebene hat er Frankreich zuweilen in eine heikle Lage gebracht. So wurde die im Rahmen des Europarates ausgearbeitete Europäische Konvention zum Schutz der Menschenrechte und Grundfreiheiten, die Robert Schuman am 4. November 1950 unterzeichnete und die am 3. September 1953 in Kraft trat, von Frankreich erst im Mai 1974 ratifiziert. Erst im Juni 1981 hob die Regierung ihren Vorbehalt gegenüber dem zweiten

Zusatzprotokoll über Individualbeschwerden vor den europäischen Instanzen auf. Frankreichs Bedenken galten insbesondere der Frage der Religion und der Unterrichtsfreiheit. Von da zum Minderheitenrecht ist es nur ein Sprung. Nach den Umwälzungen von 1989-1990 wurde die Europäische Menschenrechtskonvention durch eine »Rahmenkonvention zu den nationalen Minderheiten« ergänzt. Der Text liefert keine genaue Definition dieser »nationalen Minderheiten«, räumt ihnen jedoch eine Reihe von Rechten namentlich im Bereich von Sprache und Kultur ein und untersagt jede Zwangsassimilierung. Frankreich hat diesen Text nicht unterzeichnet. 1992 weigerte sich Frankreich unter Hinweis auf das Edikt von Villers-Cotterêts von 1539, das die Abfassung sämtlicher offizieller Texte in französischer Sprache vorschreibt, die europäische Charta zum Schutz der Regionalsprachen zu unterzeichnen. Frankreich ist der Ansicht, daß die Menschenrechte individuell und nicht kollektiv gewahrt werden müssen. Unsere Meinungsführer, die nicht eine Gelegenheit auslassen, um sich auf das Selbstbestimmungsrecht der Völker zu berufen, sollten wissen, daß die französische Tradition nicht in diese Richtung geht. Napoleon III. konnte seine Nationalitätenpolitik nur deshalb ohne größere Widerstände betreiben, weil das internationale Recht zur damaligen Zeit erst in Ansätzen existierte. Für Richelieu war es nur natürlich, die Protestanten im eigenen Land zu bekämpfen und sie entsprechend außerhalb Frankreichs zu unterstützen. In der heutigen Zeit sind wir immer komplexeren politischen Zusammenhängen ausgesetzt. Die Diplomatie wird zunehmend multilateral. Sie findet weitestgehend vor den Augen der öffentlichen Meinungen statt, die zynischen Spielereien eine Absage erteilen. Angesichts der sich eröffnenden Perspektive einer Erweiterung der Europäischen Union, die mit der Einbeziehung zumindest eines Teils der Minderheitenprobleme dieses Kontinents einhergeht, und der Bestrebungen der islamischen Gemeinschaften, vom kollektiven Recht anerkannt zu werden, müssen wir sorgsam darauf achten, daß zwischen dem Erbe unserer Vergangenheit und der Zukunft, die wir aufzubauen gedenken, die nötige Kohärenz gewährleistet ist.

18 Siehe G. Ladreit de Lacharrière, *a.a.O.*

19 Die Offensive vom Sommer 1995 wurde wohl mit der diskreten, aber wirksamen Unterstützung der Vereinigten Staaten und Deutschlands durchgeführt.

20 S. Kap. II, Anm. 15 und 17.

[21] Das Projekt eines »Stabilitätspakts« wurde am 15. April 1993 vom damaligen französischen Premierminister Edouard Balladur bei dessen Erklärung zur allgemeinen Politik vor dem Senat lanciert. Der Europäische Rat in Kopenhagen (22. Juni 1993) machte es zu einer gemeinsamen Aktion der »Gemeinsamen Außen- und Sicherheitspolitik« der Union. Der Gipfel in Brüssel (10.-11. Dezember 1993) legte den Wortlaut fest und beschloß die Schaffung zweier runder Tische auf regionaler Ebene, einen zum Baltikum und einen zu den Ländern Mittel- und Osteuropas. Hierbei handelt es sich um eine diplomatische Präventivübung, die - im Hinblick auf eine Erweiterung der Union - die Beitrittskandidaten dazu ermutigen soll, ihre Meinungsverschiedenheiten, insbesondere Grenz- und Minderheitenfragen betreffend, zu überwinden. Ziel ist es, durch die Bildung eines Geflechts aus bilateralen Nachbarschaftsabkommen dauerhaft Frieden auf dem europäischen Kontinent zu schaffen. Der Pakt richtet sich an Polen, Ungarn, die Tschechische Republik, die Slowakei, Bulgarien, Rumänien, die baltischen Länder und die Nachbarstaaten (Ukraine, Weißrußland, Moldau, Slowenien und Albanien). Die von der Europäischen Union einberufene Eröffnungskonferenz fand am 26. und 27. Mai 1994 unter Beteiligung der Mitgliedstaaten der Union und der Länder, über deren Mitwirkung bereits verhandelt wird, sowie der Vereinigten Staaten, Kanadas, Rußlands und der Schweiz statt; Mitgliedsländer der KSZE nahmen als Beobachter teil. Am 20. und 21. März 1995 wurde der Stabilitätspakt anläßlich der Abschlußkonferenz von 52 Mitgliedsländern der OSZE (vormals KSZE) verabschiedet. Er beinhaltet etwa hundert Verträge und Abkommen zur guten Nachbarschaft, die weitestgehend schon im Vorfeld zwischen europäischen Staaten abgeschlossen wurden. Namentlich wurden am 19. März 1995 zwischen Ungarn und der Slowakei ein Vertrag über gute Nachbarschaft und Zusammenarbeit und am 16. September 1996 zwischen Rumänien und Ungarn ein Vertrag über die Rechte der ungarischen Minderheit in Transsylvanien geschlossen. Rumänien und die Ukraine unterzeichneten am 2. Juni 1997 einen Vertrag zur Freundschaft und Zusammenarbeit, der die Unverletzbarkeit der Grenzen und die Einhaltung der Rechte der rumänischen Minderheit in der Ukraine bestätigt. Die weitere Betreuung des Paktes liegt in den Händen der OSZE, die Trägerin ist. Der Stabilitätspakt in Europa hat unleugbar eine Verhandlungsdynamik in Gang gesetzt.

22 Vgl. Kap. III.

23 Vgl. Kap. IV.

24 Ich greife hier das deutsche Konzept der *sozialen Marktwirtschaft* auf, das meiner Ansicht nach der europäischen Realität am Ende des Jahrhunderts eher entspricht als die alleinige Bezeichnung *Marktwirtschaft*, die häufiger gebraucht wird.

25 Allerdings kann man das berühmte Werk von John Maynard Keynes, *Die wirtschaftlichen Folgen des Friedensvertrags* (veröffentlicht im November 1919) als Vorwegnahme dieses zentralen Punktes betrachten.

26 Vgl. Kap. V.

27 Vertrag über gute Nachbarschaft und Zusammenarbeit mit der UdSSR vom 9. November 1990; deutsch-polnischer Grenzvertrag, der den bestehenden Grenzverlauf (Oder-Neiße-Linie) am 14. November 1990 bestätigte; deutsch-bulgarischer Kooperations- und Assoziationsvertrag vom 9. Oktober 1991; deutsch-ungarischer Kooperations- und Assoziationsvertrag vom 6. Februar 1992; Vertrag mit der Tschechischen und Slowakischen Föderativen Republik, der am 27. Februar 1992 den beiderseitigen Verzicht auf territoriale Ansprüche hervorhebt; deutsch-rumänischer Kooperations- und Assoziationsvertrag vom 21. April 1992.

28 Siehe hierzu T. Garton-Ash, *Im Namen Europas, Deutschland und der geteilte Kontinent*, München 1993

29 Finnland, Österreich und Schweden sind der Union 1994 beigetreten. Norwegen hat den Beitritt ein weiteres Mal abgelehnt.

30 In diesem Zusammenhang sei hervorgehoben, wie entscheidend das Auftauchen des europäischen Rechts war.

31 Bezüglich dieser Fragen kann der Leser sich beispielsweise an den RAMSES-Bericht halten, der sukzessive vom Ifri (Dunod) veröffentlicht wird.

32 Da dieses Buch eine im wesentlichen politische Blickrichtung hat (siehe dennoch das letzte Kapitel), werde ich diesen Aspekt der Dinge, über den ich bei anderer Gelegenheit ausführlich geschrieben habe (namentlich in mehreren Kapiteln von *Que Faire? Les grandes manœuvres du monde*, La Manufacture, 1990) hier nicht weiter vertiefen.

33 Vgl. Kap. VIII.

34 Zur Rolle des Erdöls in der internationalen Politik des 20. Jahrhunderts, siehe D. Yergin, *Der Preis*, Frankfurt a.M., 1991.

[35] Bekanntlich ist die Frage der kollektiven Verantwortung Europas und selbst Deutschlands noch immer Gegenstand heftiger Kontroversen.

[36] In seinem Buch *Du miracle en économie*, Odile Jacob, Paris 1995, stellt Alain Peyrefitte Entwicklung *(développement)* und Nicht-Entwicklung *(non-développement)* einander gegenüber und behauptet zu Recht, daß »nicht die Unterentwicklung zu erläutern ist, sondern die Entwicklung.«

[37] *Les Damnés de la terre*, Titel eines berühmten Buches, das Frantz Fanon 1961 veröffentlichte.

[38] Die ständigen Mitglieder im Sicherheitsrat, die ein Vetorecht besitzen, spielen in mancherlei Hinsicht die Rolle eines weltweiten »Direktoriums«. Im letzten Viertel des Jahrhunderts hat sich allmählich eine andere Führungsstruktur herausgebildet. Sie erwuchs aus dem Bedürfnis, sich angesichts des zerfallenden Systems von Bretton Woods und der Erdölkrise Ende 1973 abzustimmen. Im August 1975 anläßlich des KSZE-Treffens in Helsinki lancierte der französische Staatspräsident Giscard d'Estaing die Idee eines Währungsgipfels der fünf führenden Wirtschaftsmächte (Vereinigte Staaten, Japan, BRD, Frankreich, Großbritannien), dem sich auch Italien anschließen wollte. Die Konferenz, deren Tagesordnung um die zentralen Wirtschaftsprobleme erweitert wurde, fand vom 15. bis 17. November 1975 in Rambouillet statt. Damals erschien sie als eine gemeinsame Bemühung, Überlegungen hinsichtlich einer »neuen wirtschaftlichen Weltordnung« anzustellen. Von da an versammelte man sich alljährlich unter Beteiligung Kanadas (daher die Bezeichnung »G7«) und ab 1976 in Anwesenheit des Präsidenten der Europäischen Kommission. Nach und nach wurden auch die zentralen Probleme des politischen Tagesgeschäfts behandelt. 1978 in Williamsburg, als der Streit über die Mittelstreckenraketen seinen Höhepunkt erreicht hatte, verabschiedete die G7 eine Erklärung über die Sicherheit und das Kräftegleichgewicht zwischen Ost und West und erkannte somit die »Globalität« der Sicherheit des Westens an. 1991 wurde auf Drängen von Margaret Thatcher Michail Gorbatschow zu einem Treffen am Rande der G7 in London eingeladen. Boris Jelzin erhielt in München 1992 einen »Notsitz« (auf Vorschlag des Präsidenten Bush und trotz der Vorbehalte der übrigen Staats- oder Regierungschefs), dann auch in Tokio 1993, und setzte sich dafür ein, daß sein Land Finanzhilfen erhielt. Juli 1994 in Neapel wurde Rußland eingeladen, an

Gesprächen über die politischen Aspekte und Probleme allgemeiner Natur teilzunehmen. In Halifax 1995 war es Mitunterzeichner der politischen Erklärung, mit der die künftige »G8« verankert wurde.

Parallel zum Sicherheitsrat bildet sich also ein neues, höchst inoffizielles »Direktorium« ohne Statuten oder präzises Regelwerk heraus, dessen Nutzen und insbesondere Zusammensetzung regelmäßig Gegenstand von Kontroversen ist (zur Information: der Anteil der G7 an der Weltproduktion wird von 50 Prozent im Jahr 1970 auf vermutlich 30 Prozent im Jahr 2020 fallen).

S. G. de Mesnil, *Les sommets économiques*, Reihe: »Enjeux internationaux«, Ifri/Economica, 1983; und R.D. Putnam und N. Bayne, *Wirtschaftsgipfel im Wandel*, Bonn 1984.

39 S. C. Millon-Delsol, *Le Principe de subsidiarité*, PUF, Reihe: »Que sais-je?« Nr. 2793, Paris 1993.

Kapitel III

1 Die Bibliographie zu den Ursprüngen des Kalten Kriegs ist beachtlich. Siehe die von P. Mélandri zitierten Werke in *Crises et Guerres au XXe siècle: analogies et différences*, *a.a.O.*, insbesondere A. Fontaine, *Histoire de la guerre froide*, Fayard, 1965-1967, 2 Bde, und D. Yergin, *Shattered Peace*, Boston, Houghton Mifflin, 1977.

2 Jean Laloy, *Wie Stalin Europa spaltete: die Wahrheit über Jalta*, Wien u.a., 1990, S. 20-21.

3 J.-B. Duroselle, *Histoire diplomatique*, *a.a.O.*, S. 370.

4 Es war die dritte Teilung Polens.

5 J.-B. Duroselle, *a.a.O.*, S. 44-46.

6 Jean Laloy, *a.a.O.*, S. 28.

7 Stalin hatte bereits 1943 die Hauptbestandteile einer künftigen polnischen »Volksdemokratie« aufgebaut: die kommunistische Untergrundpartei in Polen, Keimzelle der polnischen Regierung und Armee in der UdSSR.

8 Jean Laloy, *a.a.O.*, S. 29.

9 Zitiert bei J. Rupnik, *L'Autre Europe, crise et fin du communisme*, Odile Jacob, Paris 1988, S. 94.

10 Jean Laloy, *a.a.O.*, S. 69-72.

11 J.-B. Duroselle, *a.a.O.*, S. 399.

12 Jean Laloy, *a.a.O.*, S. 107.

13 Ebd., S. 52-53.

14 M. Djilas, *Conversations avec Staline*, Gallimard, Paris 1962.

[15] Bessarabien, dessen Bewohner zu zwei Drittel Rumänisch sprachen, hatte sich 1917 von Rußland abgespalten und war 1919 Rumänien angeschlossen worden. Die Sowjets hatten diese Abspaltung nie akzeptiert. Die Bukowina war nach dem Ersten Weltkrieg von Österreich an Rumänien abgetreten worden. Stalin wollte sie gemeinsam mit den Baltischen Staaten im Juni 1940 ganz annektieren. Wegen der Proteste der Deutschen »beschränkte« er sich auf die Nord-Bukowina, die kulturell mit der Ukraine verbunden war. Am 2. August 1940 wurde eine Moldauische Sozialistische Sowjetrepublik gegründet (J.-B. Duroselle, *a.a.O.*, S. 282-283).

[16] In Ungarn hatte das Horthy-Regime ab 1938 eine deutschfreundliche Haltung angenommen. Es hatte den Süden der Slowakei annektiert (2. November 1938), ferner Karpatorußland (17. März 1939), zwei Drittel von Siebenbürgen (30. August 1940) sowie Gebiete Jugoslawiens (19. April 1941). Dabei handelte es sich um Territorien, die es 1920 (Frieden von Trianon) zugunsten der neuen Tschechoslowakei (Slowakei und Karpatorußland), Rumäniens (Siebenbürgen) und des neuen Jugoslawien verloren hatte. 1945 eroberte die Tschechoslowakei die Südslowakei zurück, und Rumänien gelangte erneut in den Besitz von ganz Siebenbürgen (verlor jedoch neben Bessarabien und der Nord-Bukowina einen Teil seines Zugangs zum Meer - die südliche Dobrudscha - zugunsten Bulgariens). Jugoslawien gewann seine Gebiete ebenfalls zurück. Karpatorußland ging an die UdSSR. Am Rande sei erwähnt, daß die tschechoslowakische Regierung nach dem Krieg die Ungarn in der Slowakei sehr schlecht behandelte, und Ungarn die Deutschen aus seinem Staatsgebiet vertrieb. All diese Fakten dienen dem Verständnis der europäischen Situation nach 1991.

[17] J.-B. Duroselle, *a.a.O.*, S. 395.

[18] Auf diese Weise wurden die Entscheidungen bezüglich der Besatzungszonen umgesetzt, die die Europäische Beratende Kommission, deren Gründung 1943 in Teheran beschlossen worden war, im September 1944 getroffen hatte.

[19] A. Eden, *The Reckoning*, Cassell, London 1965, S. 504.

[20] J. Laloy, *a.a.O.*, S. 141-142.

[21] Frankreich, das trotz eines Antrags seiner Regierung nicht nach Jalta eingeladen worden war, erwies sich als großer Nutznießer der Konferenz. Die drei Teilnehmer räumten ihm eine Besatzungszone ein (die von der der Engländer und der der Amerikaner abgezogen wurde)und gewährten ihm Zugang zum Alliierten Kontrollrat in

Berlin. Ferner akzeptierten sie Frankreich als ein ständiges Mitglied im Sicherheitsrat der Vereinten Nationen. Diese Ergebnisse sind, wie Jean Laloy bemerkt, bedeutender als die, die es durch einen »Notsitz« bei der Konferenz hätte erwirken können. Sie wurden dank der Beharrlichkeit von Churchill und Eden erzielt, die sich dabei von dem alten britischen Prinzip des Gleichgewichts auf dem Kontinent leiten ließen. Dieses Prinzip, das den französischen Interessen nach dem Ersten Weltkrieg geschadet hatte, wirkte sich nun zu ihren Gunsten aus.

22 J. Laloy, *a.a.O.*, s. 129-130. (Die Hervorhebungen stammen aus dem Original.)

23 Neben seinen großen Büchern und den Memoiren seien seine im *Figaro* erschienenen Artikel, die Georges-Henri Soutou zusammengestellt und kommentiert hat, für eine erneute Lektüre empfohlen: Band I, *La Guerre froide* (Juni 1947 bis Mai 1955); Band II, *La Coexistence* (Mai 1955 bis Februar 1965), Editions de Fallois, 1990 und 1993.

24 H. Seton-Watson, *The East European Revolution*, Methuen, London 1950.

25 Die Dritte Internationale, die Lenin im März 1919 unter dem Namen Komintern im Kreml gegründet hatte, wurde am 15. Mai 1943 im Interesse der Beziehungen zu den Westmächten offiziell von Stalin aufgelöst. Das Kominform, das im September 1947 in der polnischen Stadt Szklarska Poreba geschaffen wurde, stellte sich als Informationsbüro und Verbindungsstelle zwischen den kommunistischen Parteien von neun Ländern dar: UdSSR, Polen, Jugoslawien, Bulgarien, Rumänien, Ungarn, Tschechoslowakei, Italien und Frankreich. Der Vertreter der UdSSR, Schdanow, entwickelte die These von der Teilung der Welt in zwei Lager und forderte die »Volksdemokratien« dazu auf, das sowjetische Modell zu übernehmen. Die Schaffung des Kominform setzte im Grunde den Schlußpunkt einer Periode, in der die UdSSR in ihren Satellitenstaaten einen sehr relativen Liberalismus praktizierte.

26 In Frankreich hatten sich Kommunisten und Sozialisten auf dem Parteitag in Tours 1920 gespalten.

27 Über die Gründe für die sowjetische Entscheidung von 1955 ist viel gemutmaßt worden. Wahrscheinlich wollte der Kreml unter den damaligen Umständen nicht das Risiko einer Rückkehr zu den eisigen Jahren des ausgehenden Stalin-Regimes eingehen. Vielleicht wollte er seine Besatzungstruppen in Österreich aber auch zu ande-

ren Zwecken bereithalten. Schließlich hätte eine Teilung Österreichs nach dem Vorbild Deutschlands den Westen des Landes Seite an Seite mit der Nato stehen lassen und die geographische Einheit des westlichen Lagers verstärkt (und dabei die Schweiz gewissermaßen umzingelt). Die Bildung eines quer verlaufenden neutralen Streifens dagegen (Schweiz und Österreich), der Deutschland von Italien trennte und Osteuropa verlängerte, konnte aus sowjetischer Sicht vorteilhaft sein.

28 Mussolini wurde 1943 erschossen, nachdem der faschistische Großrat ihn seiner Ämter enthoben hatte. Die Italiener haben ihre Rechnung mit dem Faschismus selbst beglichen.

29 Die UdSSR hatte am 17. April 1956 die Auflösung des Kominform verkündet, um sich Jugoslawien anzunähern.

Kapitel IV

1 Das Wesentliche dieses »langen Telegramms«, wie sein Verfasser es nennt, ist nachzulesen im Anhang seiner Lebenserinnerungen: G.F. Kennan, *Memoiren eines Diplomaten, 1925-1950*, Stuttgart, 1968.

2 Kennan hebt das »traditionelle und instinktive« Gefühl der Unsicherheit bei den Russen hervor. In *Großmacht Diplomatie* bringt H. Kissinger es auf folgenden Nenner: »Die absolute Sicherheit, die eine Macht anstrebt, zieht die absolute Unsicherheit für alle anderen nach sich.«

3 G. Kennan, *a.a.O.*, S. 298.

4 Es sei daran erinnert, daß Churchill seine Rede in Fulton am 5. März 1946 hielt, vierzehn Tage also nach Kennans Telegramm.

5 Moskau wollte den Vertrag von Montreux über die Meerengen aus dem Jahr 1936 durch ein neues Abkommen ersetzen, das seinen Interessen eher entgegenkam, und verlangte die Rückgabe der ehemals russischen Gebiete Anatoliens (Kars und Ardahan).

6 Diese Politik stieß auf die Kritik vieler Amerikaner, angefangen bei G. Kennan: »Dieser Abschnitt - ebenso wie ein paar andere, ähnliche - machte unsere Hilfe für Griechenland statt zu einer besonderen, aus einer Kombination von besonderen Umständen hergeleiteten Entscheidung zu einem Teilstück einer universellen Politik. Man durfte ihm entnehmen, daß wir das, was wir für Griechenland zu tun im Begriff waren, auch für jedes andere Land tun würden, vorausgesetzt, es wäre ›in seiner Freiheit durch bewaffnete Minderheiten oder durch Druck von außen bedroht‹.« *Ebd.*, S. 320.

[7] General Marshall wollte innerhalb des State Department einen Stab vergleichbar der Planungs- und Operationsabteilung einrichten, wie sie den Militärs vertraut war. George Kennan wurde deren erster Leiter. In den meisten Außenministerien anderer großer Länder wurden in der Folge ähnliche Einrichtungen geschaffen. In Frankreich entstand das dem Quai d'Orsay unterstellte Centre d'analyse et de prévision erst im Jahr 1973.

[8] Von 1948 an verging kein Jahr, in dem zur Lösung irgendeines politisch-ökonomischen Problems in der »Dritten Welt« oder - seit dem Fall des Kommunismus - im ehemaligen Sowjetreich nicht irgendjemand einen »Marshall-Plan« vorgebracht hätte. Dabei wurde übersehen, daß der Erfolg des historischen Marshall-Plans auf der zutreffenden Diagnose der besonderen Situation im damaligen Europa beruhte.

[9] Frankreich, Großbritannien, Italien, Portugal, Irland, Griechenland, die Niederlande, Island, Belgien, Luxemburg, die Schweiz, die Türkei, Österreich, Dänemark, Schweden und Norwegen.

[10] Zwischen 1948 und 1952 belief sich die im Rahmen des Marshall-Plans geleistete amerikanische Hilfe auf annähernd 13 Milliarden Dollar, wovon 3,2 Millarden auf das Vereinigte Königreich und 2,7 Milliarden auf Frankreich entfielen.

[11] 1961, als die OEEC ihre Aufgabe erfüllt hatte, wurde sie in die Organisation für wirtschaftliche Zusammenarbeit und Entwicklung (OECD) umgewandelt.

[12] Ein sehr viel ehrgeizigeres Vorhaben, das insbesondere die Rohstoffmärkte umfaßte, war unter dem Namen Charta von Havanna ausgearbeitet worden. 1950 beschloß Präsident Truman, es nicht zur Ratifizierung durch den Kongreß vorzulegen, wo es mit Sicherheit gescheitert wäre. Geblieben ist lediglich das GATT, aus dem am 1. Januar 1995 die Welthandelsorganisation (WTO) hervorging.

[13] A. Kramer, *The West German Economy, 1945-1955*, Berg, New York, Oxford 1991.

Siehe auch die Bemerkungen von Alain Peyrefitte zum Wirtschaftswunder in seinem bereits zitierten Werk. John Stuart Mill hat in *Grundzüge der politischen Ökonomie* eigentlich schon dargelegt, warum kein Wiederaufbau das Ergebnis eines Wunders sein kann. Den entsprechenden Passus möchte ich seiner Stichhaltigkeit halber, die auf alle möglichen Sachverhalte zutrifft, an dieser Stelle in voller Länge zitieren (Buch I, Kap. V, § 7 der endgültigen Ausgabe): »This perpetual consumption and reproduction of capital affords the explanation of what has so often excited wonder, the great rapidity with which countries recover from a state of devastation; the disappearance, in a short time, of all traces of the mischiefs done by earthquakes, flood, hurricanes, and the ravages of war. An enemy lays waste a country by fire and sword, and destroys or carries away nearly all the moveable wealth existing in it: all the inhabitants are ruined, and yet, in a few years after, everything is much as it was before. This *vis medicatrix naturae* has been a subject of sterile astonishment, or has been cited to exemplify the wonderful in this matter. What the ennemy have destroyed, would have been destroyed in a little time by the inhabitants themselves: the wealth which they so rapidly reproduce, would have needed to be reproduced in any case, and probably in a short time. Nothing is changed, except that during the reproduction they have not now the advantage of consuming what has been produced previously. The possibility of a rapid repair of their disasters mainly depends on whether the country has been depopulated. If its effective population have not been extirpated at the time, and are not starved afterwards; then, with the same skill and knowledge which they had before, with their land and its permanent improvements undestroyed, and the more durable buildings probably unimpaired, or only partially injured, they have nearly all the requisites for their former amount of production. If there is as much of food left to them, of valuables to buy food, as enables them by any amount of privation to remain alive and in working conditions, they will in a short time have raised as great a capital, as before; by the mere continuance of that ordinary amount of exertion which they are accustomed to employ in their occupations. Nor does this evince any strength in the principle of saving, in the popular sense of the term, since what takes place is not intentional abstinence, but involuntary privation.«

14 A, Kramer, *a.a.O.*, Kap. V: »1948-The Miracle Year?«

15 J. Keegan, *The Second World War*, Penguin Books, 1989. S. 35-36.

16 W. Abelhauser, *Wirtschaftsgeschichte der Bundesrepublik Deutschland 1945-1980*, Frankfurt, 1983, S. 8. Zitiert bei A. Kramer.

17 Am 4. Mai wurden die Kommunisten aus der französischen, am 31. Mai aus der italienischen Regierung ausgeschlossen. In Frankreich rief die der KP nahestehende Gewerkschaft CGT im Herbst zu aufrührerischen Streiks auf. Allerorts ereiferten sich die Kommunisten über den Marshall-Plan.

[18] Artikel 4 und 5 sehen Konsultationen im Fall von Bedrohung vor und eine sehr allgemein formulierte Solidarität im Fall eines Angriffs, letztere im Rahmen von Artikel 51 der Charta der Vereinten Nationen bezüglich des Rechts der legitimen Verteidigung. Die Sowjetunion wird nicht erwähnt. Vgl. Anm. 14, Kap. I.

[19] Der für einen Zeitraum von mindestens zehn Jahren geschlossene Pakt wurde zunächst von zwölf Ländern unterzeichnet: dem Vereinigten Königreich, Frankreich, Portugal, den Benelux-Staaten, Italien, Norwegen, Dänemark, den Vereinigten Staaten, Kanada und Island. Griechenland und die Türkei traten 1952 bei, Deutschland 1955. Spanien sollte die Liste 1982 vervollständigen.

[20] G. Kennan, *a.a.O.*, S. 397.

[21] Auf die Bedingungen, unter denen die Vereinigten Staaten unter dem Banner der UNO intervenieren konnten, gehe ich an dieser Stelle nicht erneut ein. Vgl. Kap. II.

[22] J.-B. Duroselle, *a.a.O.*, S. 563.

Kapitel V

[1] Einen ausgezeichneten Überblick über die Geschichte der Europäischen Union bietet P. Gerbet, *La Construction de l'Europe*, Imprimerie nationale, Paris 1983, 2. Aufl. 1995.

[2] M. Duverger, *L'Europe des hommes*, Odile Jacob, Paris 1994. S. 43.

[3] Die Konvention zum Schutz Europäischer Menschenrechte und Grundfreiheiten (EMRK) wurde 1950 verabschiedet. Der Europäische Gerichtshof für Menschenrechtsfragen kann von Bürgern der Mitgliedsstaaten unter äußerst freizügigen Bedingungen angerufen werden. Der Europäische Rat, der ursprünglich den siebzehn Mitgliedsstaaten der OECD (und also namentlich der Türkei trotz ihres umstrittenen europäischen Charakters) offenstand, hat sich nach und nach um die Länder erweitert, deren System als ausreichend „demokratisch" eingestuft wird. Entsprechend gehören ihm seit den Umstürzen der Jahre 1989-1991 auch Länder des Ostens an. Vom Europäischen Rat wurde auch die europäische Flagge übernommen.

[4] Robert Toulemon, *La Construction européenne*, Le Livre de poche, Paris 1994, S. 20.

[5] M. Duverger, *a.a.O.*, S. 67.

[6] Das Zollabkommen zwischen Belgien, den Niederlanden und Luxemburg, den Benelux-Staaten, wurde am 5. September 1944 unterzeichnet.

7 Daher auch die Notwendigkeit, vermehrt Bündnisse mit Nachbarstaaten der UdSSR herbeizuführen.

8 S. Lawrence Friedman, *The Evolution of Nuclear Strategy*, MacMillan, 1. Aufl. London 1981.

9 Hinweise darauf finden sich in den zitierten Werken von R. Toulemon und M. Duverger. Nach Ansicht des ersteren kompromittierte Mendès France die Ratifizierung, indem er »die in letzter Minute erfolgten Zugeständnisse unserer Partner, namentlich die Aufrechterhaltung der nationalen Überseekräfte«, als unzureichend bewertete (*a.a.O.*, S. 24). In den Augen von letzterem hatte »der supranationale Integrismus von Paul Henri Spaak die von Mendès France eingebrachten Zugeständnisse beiseite gedrängt und die politische Gemeinschaft dazu bewegt, die EVG zu Fall zu bringen, die mit ein wenig Mäßigung hätte gerettet werden können« (*a.a.O.*, S. 79).

10 Die WEU umfaßte ursprünglich also die sechs Mitgliedsstaaten der EGKS und Großbritannien. Sie verfügt über eine Versammlung, die sich aus Mitgliedern der sieben Mächte zusammensetzt, die in der Beratenden Versammlung des Europarats vertreten sind. Ein schönes Beispiel für die komplexen Verwicklungen innerhalb der Architektur europäischer Institutionen, die seitdem noch zugenommen haben!

11 Die beiden deutschen Staaten und die vier Siegermächte des Zweiten Weltkriegs.

12 Siehe beispielsweise die Memoiren von Robert Marjolin, *Le Travail d'une vie*, Robert Laffont, Paris 1986.

13 M. Duverger, *a.a.O.*, S. 81. Seit 1979 geht das Europäische Parlament aus allgemeinen Wahlen hervor.

14 M. Duverger, *a.a.O.*, S. 106.

15 *Ebd.*, S. 111.

16 *Ebd.*, S. 130.

17 *Ebd.*, S. 112.

18 »Überlegungen zur europäischen Politik« (1. September 1994) und »Diskussionsbeitrag zur Regierungskonferenz« (13. Juni 1995), CDU-CSU-Fraktion des Deutschen Bundestags.

19 Diese Strömung wird von der UDF und insbesondere von der CDS vertreten. Diese Parteien haben jedoch kein ausformuliertes Projekt, das dem der CDU vergleichbar wäre. Manche Verfasser haben sich dies zu einer persönlichen Aufgabe gemacht. Siehe beispielsweise das von Maurice Duverger ausgearbeitete Projekt, *L'Europe dans tous ses états*, PUF, 1995. Dem Vorschlag dieses Meisters auf

dem Gebiet des Verfassungsrechts zufolge soll ein wirklicher Präsident der Union einem Rat vorstehen, der keinerlei gesetzgebende Funktion mehr hat, jedoch über die Kommission mit der Regierungsbefugnis in Sachen Wirtschaftspolitik und von einem Sicherheitsrat mit einer Befugnis in Sachen Militärpolitik ausgestattet ist. Ihnen zur Seite stünden zwei Kammern, die über Gesetze beraten sollen: das europäische Parlament und eine Versammlung, die sich aus den Länderparlamenten zusammensetzt.

20 Siehe P. Maillard, *De Gaulle et l'Europe*, Tallandier, 1995.

21 Vertrag von Stockholm, 20. November 1959.

22 R. Toulemon, *a.a.O.*, S. 37.

23 M. Duverger, *L'Europe des hommes*, *a.a.O.*, S. 94.

24 R. Toulemon, *a.a.O.*, S. 37.

25 Darum ging es auch bei dem 1973 von Henry Kissinger verordneten »Europajahr«.

26 In seiner spektakulären Rede vom 1. September 1966 in Phnom Penh verurteilte General de Gaulle mit Entschiedenheit die amerikanische Intervention in Vietnam und mißbilligte »eine Eskalation, die sich in immer größerer Nähe zu China abspielt, die sich im Hinblick auf die Sowjetunion immer provozierender ausnimmt, die von zahlreichen Völkern Europas, Asiens, Afrikas und Lateinamerikas verdammt wird und schließlich auch den Frieden in der Welt immer mehr gefährdet.« Der französische Präsident sagte voraus, daß es keine militärische Lösung geben würde. Die Behörden und die Öffentlichkeit in Amerika reagierten zutiefst empört auf diese Stellungnahme.

27 Vielleicht wäre der Protest bescheidener ausgefallen, hätte General de Gaulle gerufen: »Es lebe das souveräne Québec!«

28 Zur Frage der Beziehungen zwischen Frankreich und der NATO siehe F. Bozo, *La France et l'OTAN. De la guerre froide au nouvel ordre européen*, Reihe »Travaux et recherches de l'Ifri«, Masson, Paris 1991.

29 Nach vier Jahrhunderten der Unterwerfung unter das Osmanische Reich war Griechenland 1830 unabhängig geworden. Das romantische Europa hatte sich für die Sache eines Staates begeistert, den es einzig als die Wiege seiner Zivilisation betrachtete, vor blauem Himmel und weißgetünchten Wänden. Ende des Zweiten Weltkriegs wäre Griechenland beinahe vom Kommunismus eingenommen worden. All diese Erinnerungen spielten bei der Entscheidung der Europäischen Gemeinschaft, sich für die Balkanhalbinsel

zu öffnen, sicherlich eine Rolle und trugen dazu bei, daß bestehende Hindernisse betreffend die geographische Lage (physische Trennung vom Rest der Union), die Politik (die Gefahr des Übergreifens spezifischer Balkan-Probleme auf die Gemeinschaft) und die Kultur (das zeitgenössische Griechenland ist nicht das des Perikles) in den Hintergrund traten.

30 Die norwegische Bevölkerung erteilte dem Beitritt erneut eine Absage (Referendum vom 28. November 1994). Die Schweiz ist noch nicht reif, um sich der Union anzuschließen, deren Entwicklung sie jedoch aufmerksam verfolgt.

31 Die Gruppe von Visegrad verdankt ihren Namen der kleinen ungarischen Stadt, in der sich die Staats- und Regierungschefs aus Warschau, Prag und Budapest am 15. Februar 1991 versammelten – eingedenk einer Begegnung im Jahr 1355 zwischen den Königen Polens, Böhmens und Ungarns. Lech Walesa, Vaclav Havel und Jozsef Antall sprachen sich für das Prinzip einer flexiblen Zusammenarbeit auf der Basis regelmäßiger Konsultationen aus. Diese Initiative, die auf Vaclav Havel zurückgeht, war eine Antwort auf die institutionelle Leere, die durch die Auflösung des Warschauer Pakts und des Comecon entstanden war, entsprach jedoch auch und vor allem dem Bestreben der drei Länder, sich der Europäischen Gemeinschaft anzuschließen. Sie handelten in dem Glauben, ihre Erfolgsaussichten durch vereinte Anstrengungen verbessern zu können. Die Slowakei trat der Gruppe nach der Teilung der Tschechoslowakei bei. Auf Ungarns Initiative hin unterzeichneten die vier Mitgliedsstaaten am 21. Dezember 1992 ein Freihandelsabkommen für Mitteleuropa, CEFTA, das im März 1993 in Kraft trat, mit dem Ziel der Schaffung einer Freihandelszone um das Jahr 2000. Da eine Tradition der »horizontalen« Zusammenarbeit und ein gemeinsames Ziel jedoch nicht vorhanden waren – manche Mitglieder hegten Bedenken dahingehend, daß ihre Integration zulasten ihrer Beziehungen zur Europäischen Union gehen könnte -, hat sich die Gruppe von Visegrad jedoch noch immer nicht als regionale Kraft behauptet. Im Januar 1996 wurde Slowenien aufgenommen. Ihm folgen Bulgarien, Rumänien und zu einem noch späteren Zeitpunkt die Baltischen Staaten.

32 Während die Union um die Gesamtheit der Staaten Mittel- und Osteuropas erweitert wird, sollte ihre Politik gegenüber diesen Ländern Teil der im Maastricht-Vertrag vorgesehenen »Gemeinsamen Außen- und Sicherheitspolitk« sein. Mit anderen Worten:

die Union sollte diesbezüglich insbesondere im Hinblick auf Krisensituationen Einigkeit demonstrieren.

33 J. Le Goff, *Das alte Europa und die Welt der Moderne*, München, 1994, S. 7.

34 Dem Beitritt der Türkei, der im Prinzip im Assoziierungsabkommen von Ankara aus dem Jahr 1963 verankert ist, stehen Hindernisse politischer, demographischer, wirtschaftlicher und kultureller Natur entgegen. Erschwert werden die Dinge zudem durch den griechisch-türkischen Konflikt, bei dem es in erster Linie um die Ägäis (Begrenzung ehemaliger Festlandsgebiete, Kontrolle des Luftverkehrs) und natürlich die Zypern-Frage geht. Die 1571 von den Osmanen eroberte Insel, die 1878 an Großbritannien überging – als Gegenleistung für die Unterstützung gegen Rußland -, blieb bis 1959 unter britischer Kontrolle. 1960 wurde in einem Klima extremer Spannung zwischen der griechischen und der türkischen Volksgruppe, dem die undurchsichtige britische Politik zusätzlichen Zündstoff verlieh, die Unabhängigkeit erlangt. Die griechische Bevölkerungsmehrheit (80 Prozent), die vornehmlich im Süden angesiedelt ist, forderte den Anschluß an das Mutterland (*Enosis*), die türkische Minderheit hingegen die Teilung *(taksim)*. Von 1963 an führten Zusammenstöße zwischen den beiden Volksgruppen zur Entsendung von Blauhelmen. Nach einem Putschversuch durch griechische Offiziere im Jahr 1974 kam es mit der Besetzung des Nordens der Insel seitens der Türkei zur De-facto-Teilung. 1983 wurde im türkischen Teil die Türkische Republik Nordzypern ausgerufen, die einzig von der Türkei anerkannt wurde und 30 Prozent des Inselterritoriums umfaßt. Die wiederholten Verhandlungen unter der Schirmherrschaft der UN hatten keinerlei Erfolg, und die bilateralen Treffen, die erstmalig 1988 zwischen Turgut Özal und Andreas Papandreu stattfanden, sind nicht fortgeführt worden. Zwischen der griechischen Option einer zweigeteilten föderalen Republik mit einer starken Zentralregierung und der von den Türken gewünschten flexiblen Konföderation wurde bislang noch kein Kompromiß gefunden. Im Rahmen der Europäischen Union hat sich die Situation jedoch weiterentwickelt. Griechenland hat sein Veto zum Abschluß eines Zollunionsvertrags zwischen der Union und der Türkei zurückgezogen (dieser wurde am 6. März 1995 unterzeichnet und am 13. Dezember vom Europäischen Parlament verabschiedet). Im Gegenzug hat sich Brüssel für Verhandlungen über einen Beitritt Zyperns stark gemacht.

Bezüglich der Zugehörigkeit oder Nichtzugehörigkeit Rußlands zu Europa sei an dieser Stelle nur daran erinnert, daß über die Frage bereits mindestens seit der Herrschaft Peters des Großen debattiert wird. Siehe dazu beispielsweise die sehr differenzierten Analysen von Anatole Leroy-Beaulieu im ersten Teil seines Monumentalwerks *L'Empire des Tsars et les Russes* (Erstausgabe aus dem Jahr 1881-1882), das 1990 in der Reihe »Bouquins« bei Robert Laffont neu erschienen ist.

35 In Artikel 8 des Maastricht-Vertrags heißt es, daß für jeden Staatsangehörigen eines Mitgliedsstaates »eine Unionsbürgerschaft eingeführt (wird)«. Gemäß den Bestimmungen des Vertrags handelt es sich dabei um einen evolutiven Prozeß. Das Konzept, von dem 1984 während des Europäischen Rates in Fontainebleau erstmalig die Rede war, wurde im Rahmen des Adonino-Komitees weiterentwickelt und beim Europäischen Rat in Dublin 1990 konkretisiert. Der Vertrag bestätigt Freizügigkeit und das Aufenthaltsrecht. Er gewährt jedem Unionsbürger das aktive und passive Wahlrecht bei Kommunalwahlen und den Wahlen zum Europäischen Parlament in dem Land, in dem er seinen Wohnsitz hat, zu denselben Bedingungen, die für die Angehörigen dieses Landes gelten. In Frankreich wurde durch diese Erweiterung des Wahlrechts eine Verfassungsänderung notwendig. Die Wahlen zum Europaparlament am 12. Juni 1994 wurden entsprechend den neuen Bestimmungen durchgeführt. Die Mitgliedsstaaten müssen die Weisung bezüglich der Kommunalwahlen vor dem 1. Januar 1996 für ihre jeweilige Gesetzgebung übernehmen. Dadurch, daß den Bürgern der Mitgliedsstaaten das Stimmrecht bei Kommunal- und Europawahlen zuerkannt wird, ergibt sich ein anderes Verhältnis von Nationalität und Bürgerschaft.

36 Siehe Anm. 18 in diesem Kapitel.

Kapitel VI

1 Siehe Kap. II.

2 Fünf Länder entsandten Truppen: die UdSSR, die DDR, Polen, Ungarn und Bulgarien. Die Führer der Volksdemokratien fürchteten ein Übergreifen der Ereignisse, wie es sich in Polen bereits abzeichnete. Damals kam es zu unzähligen Verhaftungen und Ausschlüssen.

3 Am 10. Februar 1954 anläßlich der Konferenz in Berlin (25. Januar – 18. Februar 1954).

4 Dies war auch die Zeit, in der den Strategen bewußt wurde, wie »prekär« dieses Gleichgewicht wegen der Gefahr oder der Versuchung eines Überraschungsangriffs war, so beispielsweise A. Wohlstetter in »The delicate balance of terror«, *Foreign Affairs*, Januar 1959. In diesem berühmten Artikel führt Albert Wohlstetter die Zweitschlagtheorie (*second strike capacity*) als Mittel ein, die Stabilität des Schreckensgleichgewichts zu gewährleisten.

5 Die UdSSR verfügte über fünfundsiebzig ICBM (bodengestützte Interkontinentalraketen) gegenüber etwa dreihundert auf Seiten der Vereinigten Staaten, deren Überlegenheit zudem aufgrund der SLBM (U-Boot-Raketen) und der strategischen Bomber überwältigend war. Amerika war damals sowohl in technischer Hinsicht als auch aufgrund seines Rüstungsausstoßes führend.

6 Siehe G. Robin, *La Crise de Cuba (octobre 1992). Du mythe à l'histoire*, Reihe »Travaux et recherches de l'Ifri«, Economica, 1984.

7 Titel eines Buches, das 1986 unter der Leitung des Internationalen Instituts für strategische Studien in London herausgegeben wurde: Paul Dibb, *The Soviet Union, The Incomplete Superpower*, MacMillan, London.

8 Siehe H. Carrère d'Encausse, *Risse im roten Imperium*, München u.a., 1979. Im ersten Kapitel ist beschrieben, wie sich das »Gefängnis der Völker« – so nannte Lenin das Reich der Zaren – im Anschluß an die Oktoberrevolution zunächst öffnete und dann wieder schloß. Zur Beistandspolitik für die nationalen Befreiungsbewegungen siehe S. 36 dieses Buchs.

9 Siehe H. Carrère d'Encausse, *La Politique soviétique au Moyen-Orient*, Presses de la FNSP, Paris 1975.

10 Zur russischen Kolonialpolitik im 19. Jahrhundert siehe H. Seton-Watson, *The Russian Empire (1801-1917)*, Oxford at the Clarendon Press 1967.

11 Siehe P. Hopkirk, *The Great Game – The Struggle for Empire in Central Asia*, Kodansha International, 1992.

12 Darüber setzten Stalin und Roosevelt, als sie sich im Dezember 1943 in Teheran trafen, die iranische Regierung nicht einmal in Kenntnis.

13 Siehe J.-B. Duroselle, *a.a.O.*, S. 458-461.

14 Schließlich wurde er von den Sowjets gebaut. Er hatte ein ökologisches Desaster zur Folge.

15 Aus diesem Grund beschloß Jacques Chirac, unmittelbar nachdem er gewählt worden war (vor der Unterzeichnung des uneinge-

schränkten Testverbots), eine letzte Testreihe durchzuführen, die Frankreich dank der Simulation erlauben sollte, seine Abschreckungsfähigkeit über das Jahr 2015 hinaus aufrechterhalten zu können, wenn die derzeitigen Waffensysteme veraltet sein werden. Natürlich könnte das Argument der Autonomie auch aggressiven Staaten zugute kommen. Hätte Saddam Hussein 1990 die Atomwaffe besessen, wäre es sehr viel schwieriger gewesen, seinen Aktivitäten ein Ende zu bereiten. Eine der wesentlichen Herausforderungen für die globale wie die regionale kollektive Sicherheit in der postsowjetischen Ära besteht namentlich darin, das Angriffsrisiko vor dem Hintergrund atomarer Waffen weitestgehend zu reduzieren. Um so mehr Bedeutung kommt daher dem Atomwaffensperrvertrag (NV) zu.

[16] Eine ausgezeichnete Gesamtdarstellung der asiatischen Probleme findet sich bei F. Joyaux, *Géopolitique de l'Extrême-Orient*, Editions Complexe, 2 Bde, 1991. Vgl. auch Kap. VIII.

[17] Sie beschlossen jedoch, nicht in Diên Biên Phu einzugreifen.

[18] Frankreich zündete am 13. Februar 1960 seine erste Atombombe und am 23. August 1968 seine erste Wasserstoffbombe.

[19] Siehe Kap. I, Anm. 6.

[20] Die Anziehung von Sonne und Erde (»Zweikörperproblem«) kann mit einfachen Methoden exakt berechnet werden. Das gilt nicht für die Anziehung von Sonne, Erde und Mond. Die Beteiligung eines »dritten Körpers« führt zu einer radikal veränderten Komplexität.

[21] Manche Strategen, wie General Gallois, gehen davon aus, daß die Verbreitung nuklearer Waffen im Falle zweier beteiligter Staaten nicht etwa destabilisierend, sondern im Gegenteil mäßigend auf die Konflikte wirken könnte, so etwa bei Indien und Pakistan, die sich nach dem Muster der Vereinigten Staaten und der Sowjetunion in der Entspannung üben könnten.

[22] 1989 erhielt der Dalai Lama den Friedensnobelpreis, vermutlich, weil China für das Massaker auf dem Tienanmen-Platz bestraft werden sollte.

[23] Demnach ist die Blockfreiheit eine Form der Neutralität (lateinisch *neutralis*, zu *neuter*, »keiner von beiden«) gegenüber den Vereinigten Staaten und der Sowjetunion. In den siebziger Jahren brachte China seine Theorie der drei Welten hervor und schloß sich der zweiten an, der sie auch Europa zuordnete. In Frankreich waren und sind manche Gaullisten versucht, »nationale Unabhängigkeit« als eine Art von Neutralität auszulegen.

[24] Dabei handelt es sich um Raketen mit Mehrfachsprengköpfen, die unabhängig voneinander ihr jeweiliges Ziel ansteuern.

[25] SALT ist die Abkürzung für *Strategic Arms Limitation Talks.*

[26] Vgl. Kap. I.

[27] Der Harmel-Bericht vom 14. Dezember 1967 ist einer der bedeutendsten Texte in der Geschichte des Atlantischen Bündnisses. Ich zitiere Absatz 5 des Dokuments: »Die Atlantische Allianz hat zwei Hauptfunktionen. Die erste besteht darin, eine ausreichende militärische Stärke und politische Solidarität aufrechtzuerhalten, um gegenüber Aggression und anderen Formen von Druckanwendung abschreckend zu wirken und das Gebiet der Mitgliedsstaaten zu verteidigen, falls es zu einer Aggression kommt. Seit ihrer Gründung hat die Allianz diese Aufgabe erfolgreich erfüllt. Aber die Möglichkeit einer Krise kann nicht ausgeschlossen werden, solange die zentralen politischen Fragen in Europa, zuerst und zunächst die Deutschlandfrage, ungelöst bleiben. Außerdem schließt die Situation mangelnder Stabilität und Ungewißheit noch immer eine ausgewogene Verminderung der Streitkräfte aus. Unter diesen Umständen weden die Bündnispartner zur Sicherung des Gleichgewichts der Streitkräfte das erforderliche militärische Potential aufrechterhalten und dadurch ein Klima der Stabilität, der Sicherheit und des Vertrauens schaffen. In diesem Klima kann die Allianz ihre zweite Funktion erfüllen: die weitere Suche nach Fortschritten in Richtung auf dauerhafte Beziehungen, mit deren Hilfe die grundlegenden politischen Fragen gelöst werden können. Militärische Sicherheit und eine Politik der Entspannung stellen keinen Widerspruch, sondern eine gegenseitige Ergänzung dar. Die kollektive Verteidigung ist ein stabilisierender Faktor in der Weltpolitik. Sie bildet die notwendigen Voraussetzungen für eine wirksame, auf größere Entspannung gerichtete Politik. Der Weg zu Frieden und Stabilität in Europa beruht vor allem auf dem konstruktiven Einsatz der Allianz im Interesse der Entspannung. Die Beteiligung der UdSSR und der USA wird zur wirksamen Lösung der politischen Probleme Europas erforderlich sein.«

[28] *Coordinating Committee for Multilateral Export Controls.*

[29] Diese wurde im Dezember 1974 durch den Änderungsantrag von Vanick-Jackson wieder in Frage gestellt, der die Handelsliberalisierung und das Problem der Emigration sowjetischer Juden miteinander in Beziehung setzt. Siehe M. H. Labbé, *La Politique américaine de commerce avec l'Est 1969-1989*, PUF, 1990, und *L'Arme*

économique dans les relations internationales, PUF, Reihe »Que sais-je?«, Nr. 2811, 1994.

30 Vermutlich sogar im Übermaß, denn mit einem Mal neigten sie bis auf wenige Ausnahmen dazu, die Gesellschaftsanalysen zu vernachlässigen. Zu den lobenswerten Ausnahmen zählt France Pierre Hassner. Siehe insbesondere sein 1995 erschienenes Buch, das eine Sammlung von Artikeln enthält, *La Violence et la paix. De la bombe atomique au nettoyage ethnique*, Editions Esprit, Paris.

31 China und Frankreich traten dem Atomwaffensperrvertrag erst 1992 bei, als der internationale Kontext sich erheblich verändert hatte. 1976 jedoch hatte Präsident Giscard d'Estaing in eine Zusammenarbeit Frankreichs mit den Vereinigten Staaten im Hinblick auf eine Begrenzung der Verbreitung atomarer Waffen eingewilligt, ungeachtet des Widerstands von Teilen des militärisch-industriellen Establishments. Vgl. a. Kap. II.

32 Damals waren die ABM-Systeme (*Anti Ballistic Missiles*, Systeme zur Abwehr ballistischer Flugkörper) derartig kostenintensiv und ineffizient, daß die Vereinigten Staaten auf eine Aufstellung verzichteten, wie sie ihnen laut SALT I zustand.

33 Theoretisch hätte beispielsweise die Stationierung eines Raketenabwehrsystems in den Vereinigten Staaten die strategischen Kräfte der UdSSR unbrauchbar gemacht, wodurch letztere möglicherweise ein Interesse daran gehabt hätte, Amerika zuvorzukommen. Das SDI von Ronald Reagan sollte später das gleiche Problem aufwerfen.

34 Nachzulesen im Sonderheft: »Dossier SALT II«, *Politique étrangère*, Nr. 3, 1979.

35 Insbesondere mit Hilfe atomkraftbetriebener U-Boote mit Abschußeinrichtungen (SLBM), die selbst nach dem heutigen Stand der Technik (1995) schwer zu orten sind. Siehe a. Anm. 4 in diesem Kapitel. Ferner wurde versucht, die Erfolgswahrscheinlichkeit eines Überraschungsangriffs auf die ICBM zu minimieren, indem ihr Aufstellungsmodus variiert wurde.

36 Siehe J. Klein, *Sécurité et désarmement en Europe*, Reihe »Travaux et recherches de l'Ifri«, Economica, 1987.

37 Auf der Grundlage von Artikel 23 war die Eingliederung der DDR in die BRD möglich, wohingegen die Anwendung von Artikel 146 die Auflösung beider Staaten und die Gründung eines dritten Staates nach sich gezogen hätte.

38 Am 6. Dezember 1994 umbenannt in OSZE.

[39] Was erklärt, weswegen Staaten in Zentralasien, die derzeit losgelöst von Rußland existieren, ihrer geographischen Lage zum Trotz noch immer dazugehören!

[40] Zum Ende des Kalten Kriegs siehe A. Fontaine, *Après eux, le Déluge - de Kaboul à Sarajevo, 1979-1995*, Fayard, 1995.

[41] Die Geiselnahme von Mitgliedern der amerikanischen Botschaft in Teheran am 4. November 1979 und das Scheitern der Befreiungsaktion von Taba (25. April 1980) haben das Ende der Amtszeit von Präsident Carter schwer überschattet.

[42] Siehe *Pacifisme et Dissuasion*, Reihe »Travaux et recherches de l'Ifri«, Economica, 1983.

[43] Siehe Th. de Montbrial, »Quatorze ans de politique étrangère«, *Revue des deux mondes*, Mai 1995.

[44] Das war die Zeit solcher Projekte wie *Airland Battle 2000, Discriminate deterrence* usw.

Kapitel VII

[1] Die bei den sowjetischen Führern herrschende Unwissenheit hinsichtlich der innerstaatlichen Realität war verblüffend. Siehe beispielsweise A. Gratchev, *La Chute du Kremlin* (aus dem Russ. übers.), Hachette, Paris 1994.

[2] Zwischen 1981 und 1983 war die gesamte Aufmerksamkeit der beiden »Supermächte« auf die Nuklearstreitkräfte mittlerer Reichweite (INF) gerichtet.

[3] Bekannt unter der Bezeichnung START (Abkürzung für *Strategic Arms Reduction Talks*). Die Umsetzung dieses Vertrags wurde durch den Zerfall der UdSSR erschwert und war namentlich mit heiklen Verhandlungen mit der Ukraine und Kasachstan verbunden.

[4] MBFR (*Mutually Balanced Forces Reductions*). Es handelte sich dabei um Verhandlungen, die 1973 in Wien aufgenommen und im Februar 1989 ergebnislos beendet wurden.

[5] Der ein oder andere Aspekt dieser Idee wurde von mir in *Que Faire?, a.a.O.* , weiterentwickelt, insbesondere, was das Verhältnis von Abrüstung und Entwicklung angeht.

[6] Dieses am 14. April 1988 unterzeichnete Abkommen wurde zwischen der UdSSR, den Vereinigten Staaten, Pakistan und der Regierung in Kabul - wo Babrak Karmal im Jahr zuvor durch General Najibullah ersetzt worden war - ausgehandelt. Der Rückzug der sowjetischen Truppen war vereinbarungsgemäß im Februar 1989 abgeschlossen.

7 Dabei handelt es sich um die vier umstrittenen Inseln im äußersten Süden des Kurilen-Inselbogens, der von der Insel Hokkaido bis zur Halbinsel Kamtschatka reicht.

8 Danach besuchte der Papst Polen noch 1991, 1995 und 1997.

9 Damals wurde Gyula Horn zum Außenminister der kommunistischen Regierung ernannt. 1994 wurde er Premierminister.

10 Bei einem Aufenthalt in Cambridge gab Helmut Kohl bekannt, daß die beiden deutschen Abgeordnetenhäuser und Regierungen parallel eine Erklärung zur Unantastbarkeit von Polens Westgrenze abgeben sollten. Kanzler Kohl hatte schon am 17. Januar in seiner Rede im Institut français des relations internationales (IFRI) ein politisches Signal in diese Richtung gesetzt, allerdings nicht ohne den Hinweis auf bestehende juristische Zwänge, denen Deutschland unterworfen sei.

11 Nach Inkrafttreten des Einigungsvertrags veranlaßte die DDR die Neubildung der vor 1952 bestehenden fünf Länder, um die Voraussetzungen für das in Artikel 23 festgelegte Verfahren zu schaffen, das schon 1956 bei der Eingliederung des Saarlands angewendet worden war. Dieser Artikel sieht folgendes vor: »Dieses Grundgesetz gilt zunächst im Gebiet der Länder Baden-Württemberg, Bayern, Bremen, Groß-Berlin, Hamburg, Hessen, Niedersachsen, Nordrhein-Westfalen, Rheinland-Pfalz, Saarland, Schleswig-Holstein. In anderen Teilen Deutschlands ist es nach deren Beitritt in Kraft zu setzen.« Die Wiedervereingung vollzog sich über den Gesamtbeitritt der DDR. Die volle deutsche Souveränität wurde am 3. Oktober in Berlin verkündet. Am Vortag hatten die Vier Mächte die Rechte abgetreten, die ihnen durch das Potsdamer Abkommen übertragen worden waren.

12 Siehe Kap. II, Anm. 27.

13 Siehe Kap. V, Anm. 11.

14 Vertrag über gute Nachbarschaft und freundschaftliche Zusammenarbeit vom 17. Juni 1991.

15 Während dieser KSZE-Versammlung in Paris kam es auch zur Unterzeichnung des KSE-Vertrags. Der KSZE-Prozeß selbst wurde ebenfalls bei dieser Gelegenheit durch die Gründung eines Konfliktverhütungszentrums in Wien und die Einrichtung eines Sekretariats in Prag gestärkt.

16 M. Gorbatschow wurde am 15. März 1990 Präsident der UdSSR.

17 Was namentlich zu einer anhaltenden Polemik über die Höhe der effektiven Zinssätze führte.

[18] Eine detaillierte Darstellung dieses Aspekts findet sich bei H. Carrère d'Encausse, *La Gloire des nations ou la fin de l'Empire soviétique*, Fayard, Paris 1990.

[19] Leningrad wurde am 6. September 1991 infolge des Referendums vom 12. Juni wieder in Sankt-Petersburg umbenannt.

[20] J.-B. Duroselle, *Tout empire périra – Une vision théorique des relations internationales*, Publications de la Sorbonne, Paris 1981.

[21] Die Rolle der Vereinten Nationen bestand einzig und allein darin, der Intervention einen legalen Anstrich zu geben und sie so in den Augen der Öffentlichkeit zu legitimieren. Der Generalsekretär der Organisation aber, der Peruaner Javier Perez de Cuéllar, blieb trotz seiner Anstrengungen außen vor.

[22] Die Operation *Desert Storm* wurde am 17. Januar 1991 eingeleitet; am 28. Februar wurden die Kampfhandlungen eingestellt. Drei Werke seien zu diesem Thema empfohlen: P. Salinger und E. Laurent, *Krieg am Golf*, München u.a., 1991; L. Freedman und E. Karsh, *The Gulf Conflict*, Faber and Faber, London 1993; M. Heikal, *Illusion of Triumph: An Arab View of the Gulf War*, HarperCollins Publishers, London 1993. Bei dem erstgenannten Buch handelt es sich um eine journalistische Arbeit, die ohne den Abstand zu den Ereignissen verfaßt wurde, jedoch ausgezeichnet dokumentiert ist. Das zweite ist eine Synthese von professionellen Strategen der westlichen Welt, und das dritte zeigt die Sicht eines namhaften ägyptischen Journalisten und Politologen.

[23] Fortan sollte die Bezeichnung »Osteuropa« nurmehr für den nichtasiatischen Teil der ehemaligen Sowjetunion gebraucht werden.

[24] Chateaubriand, *Itinéraire de Paris à Jérusalem*, 1. Teil, 1811.

[25] Vgl. Kap. I.

[26] Siehe beipielsweise M. Drulovic, *Die jugoslawische Selbstverwaltung*, Bonn 1976, zu deren französischer Ausgabe Michel Rocard das Vorwort schrieb. Darin heißt es: »Das jugoslawische Experiment ist das einzige, das die Idee der Selbstverwaltung in einem sozialistischen Land in die Tat umsetzt. Dieses Buch, die schonungslose Analyse der Ergebnisse und Schwierigkeiten eines Systems der Selbstverwaltung aus dem bislang einzigen Land, in dem sie durchgeführt wurde, ist eine unmißverständliche Antwort an die Adresse all derer, für die Selbstverwaltung in erster Linie gleichbedeutend ist mit Chaos und Wachstumstillstand; ihnen liefert das jugoslawische Experiment, eine der wirtschaftlich beachtlichsten Leistungen weltweit, ein nachdrückliches Dementi.« Die

weitere Geschichte Jugoslawiens hat diesen schönen Optimismus nicht bestätigt. Im Vorwort zur zweiten Auflage schrieb Michel Rocard: »In Frankreich hat François Mitterrand im Verlauf eines höchst bemerkenswerten Präsidentschaftswahlkampfes, der den Sieg nur knapp verfehlte, daran erinnert, daß die Selbstverwaltung die Perspektive ist, an der sich das Gesellschaftsvorhaben der sozialistischen Partei orientiert. Er nannte die ›Bewegung der Selbstverwaltung‹ ferner eine der Strömungen in dieser Schlacht, als deren Vertreter er sich fühle. Diese Orientierung ermöglichte den Beitritt der PSU (Parti socialiste unifié) in die Sozialistische Partei. Und im Juni 1975 verabschiedete diese Partei einstimmig fünfzehn Thesen zur Selbstverwaltung, die richtungweisend sind für den Sinn, den ein solches Experiment für Frankreich erfüllen kann.«

27 O. Sik, *La Troisième Voie – La théorie marxiste-léniniste et la société industrielle moderne*, Gallimard, »Bibliothèque des sciences humaines«, Paris 1972.

28 Siehe die Biographie des Mannes, der »like Churchill (...) one of the few truly heroic men of the twentieth century« war: R. West, *Tito and the Rise and Fall of Yugoslavia*, Sinclair-Stevenson, London 1994.

29 Siehe weiter oben H. Stark, *Les Balkans, le retour de la guerre en Europe*, IFRI, Dunod, Reihe »Ramsès«, 1993, sowie D. Vernet u. J.-M. Gonin, *Le Rêve sacrifié, chronique des guerres yougoslaves*, Odile Jacob, Paris 1994.

30 Die Situation hat sich gewandelt. Der Golfkrieg, der im Gefolge der Wiedervereinigung stattfand, hat den herrschenden Konsens, demzufolge das Grundgesetz vom 23. Mai 1949 jeden Einsatz der Bundeswehr »Out-of-area«, also außerhalb des NATO-Vertragsgebietes, untersagte, ins Wanken gebracht. Dieser Konsens war politischer Natur und nicht juristisch untermauert. 1982 hatte er sich durchgesetzt, als Außenminister Hans-Dietrich Genscher (am 1. September und am 3. November) vom Bundessicherheitsrat eine Resolution verabschieden ließ, die die Rolle der bundesdeutschen Streitkräfte ausdrücklich auf die nationale Verteidigung und die kollektive Verteidigung im Rahmen von Operationen laut Artikel 5 der NATO beschränkte. Am 4. August 1988 widerrief H.-D. Genscher diese Interpretation der beiden Grundgesetzartikel, die die Mission der Bundeswehr definieren (Artikel 87a, der die Defensivrolle hervorhebt, und Artikel 24, der das Engagement im Rahmen kollektiver Sicherheitsbündnisse gestattet). Der Einsatz eines Über-

wachungsbootes in der Adria auf Bitten der NATO und der WEU im Rahmen des Embargos gegen Serbien 1992, die Entscheidung, die Teilnahme der Bundeswehr am AWACS-Kontingent der NATO zu autorisieren, das zur Einhaltung des Flugverbots über Bosnien eingesetzt wurde, der Einsatz von 1700 Soldaten in Somalia zur Unterstützung der humanitären Bemühungen im Rahmen der Operation UNOSOM II im Jahr 1993 – all diese Initiativen der Bonner Regierung verstörten die politische Klasse in Deutschland. Die Sozialdemokraten und die Liberalen zogen vor das Verfassungsgericht in Karlsruhe. Das befand in seinem Urteil vom 12. Juli 1994, daß die Teilnahme der Bundeswehr an »Out-of-area«-Einsätzen unter der Führung internationaler Organisationen mit dem Grundgesetz vereinbar sei, allerdings nach Befürwortung durch den Bundestag mit einfacher Mehrheit. Kanzler Kohl fügte eine Bedingung hinzu: Deutsche Truppen können in keinem Fall in Regionen intervenieren, die im Dritten Reich von der Wehrmacht besetzt wurden. Am 30. Juni 1995 hat der Bundestag die Beteiligung der Bundeswehr (logistische und sanitäre Hilfe sowie Unterstützung durch Luftstreitkräfte) bei der schnellen Eingreiftruppe in Bosnien an der Seite von Frankreich, Großbritannien und den Niederlanden befürwortet. Soldaten werden jedoch nicht stationiert.

31 Siehe Kap. II. Anm. 8.

32 So lautete der Vorschlag Frankreichs, Großbritanniens und der Vereinigten Staaten. Man kann sich vorstellen, daß eine Zersplitterung der Positionen der Europäer nicht stattgefunden hätte, wenn die Gemeinsame Außen- und Sicherheitspolitik bereits 1991 existiert hätte. Da vitale Interessen in keiner Weise wirklich berührt waren, wäre eine Entscheidung mit qualifizierter Mehrheit angemessen gewesen.

33 Griechenland und die ehemalige jugoslawische Republik Mazedonien haben am 13. September 1995 in New York ein Übergangsabkommen unterzeichnet, um ihre Beziehungen nach vier Jahren voller Spannungen zu normalisieren. Dieses Abkommen, das zu großen Teilen dank der Amerikaner zustande gekommen ist, sieht die Aufhebung des von den Griechen verhängten Handelsembargos vor, als Gegenleistung für ein abgeändertes mazedonisches Emblem. Ferner ist festzuhalten, daß Bulgarien in dieser Angelegenheit eine vorbildliche Zurückhaltung an den Tag gelegt hat. Es ist der Ansicht, daß die Überlebensfähigkeit Mazedoniens eine grundlegende Bedingung für die Stabilität der Region ist und bittet den Westen, durch angemessene Wirtschaftshilfe dazu beizutragen.

34 Durch den in Dayton (Ohio) am 21. November unter der Schirmherrschaft der Vereinigten Staaten geschlossenen und am 14. Dezember in Paris unterzeichneten Friedensvertrag zwischen Serben, Kroaten und Moslems bleibt Bosnien-Herzegowina in seinen derzeitigen Grenzen als Einheitsstaat erhalten, der sich in zwei Teile gliedert: eine kroatisch-moslemische Föderation und eine serbische Republik, die 51 Prozent beziehungsweise 49 Prozent des Gebietes kontrollieren. Sarajewo, die Landeshauptstadt, wird unter bosnischer Aufsicht wiedervereinigt. Der militärische Teil des Abkommens beinhaltet die einjährige Stationierung einer 60.000 Mann starken internationalen Friedenstruppe (IFOR), die der NATO untersteht, vertrauenbildende Maßnahmen und Maßnahmen zur Rüstungskontrolle. Der zivile Teil umfaßt die Einrichtung gemeinsamer Institutionen, garantiert die Rückkehr der Flüchtlinge und sieht innerhalb eines Zeitraums von sechs bis neun Monaten die Abhaltung von Wahlen unter der Obhut der OSZE vor. Die internationale Gemeinschaft verpflichtet sich, den Wiederaufbau Bosniens zu bewerkstelligen. Zwar kann man aufgrund der internationalen Streitkräfte vor Ort von einer Periode des Friedens ausgehen, doch hängt die Zukunft Bosniens sowohl vom Willen der drei Parteien ab, den Dayton-Plan tatsächlich in die Tat umzusetzen, wie auch von der Wachsamkeit der »internationalen Gemeinschaft«.

35 Vermutlich hatten sie aufgrund ihrer innenpolitischen Situation nicht wirklich die Wahl. Langfristig aber ist Rußlands Interesse am Balkan allein schon in der Geographie begründet. Schon jetzt wird man Zeuge einer deutlich zunehmenden russischen Präsenz in einem Land wie Bulgarien.

36 *Victorieuse Russie?*, Titel eines Buches von H. Carrère d'Encausse, Fayard, Paris 1992.

37 Am 26. Februar 1994 wurde ein Amnestiegesetz erlassen. Am selben Tag wurden sie freigelassen.

38 Am 14. Juni 1995 brachte ein tschetschenisches Kommando ein Krankenhaus in Budennowsk auf russischem Boden in seine Gewalt. Die russische Armee konterte ohne jedes Feingefühl und nahm zahlreiche russische Opfer in Kauf.

39 Nichtsdestoweniger ist eine äußerst optimistische und gut belegte Vision für die russische Wirtschaft nachzulesen bei A. Aslund, *How Russia became a Market Economy*, The Brooking Institution, Washington DC 1995.

[40] »Comment gérér le passé. Débats polonais«, in *Commentaire*, Nr. 65, Frühjahr 1994.

KAPITEL VIII

[1] P. Kennedy, *Aufstieg und Fall der großen Mächte*, Frankfurt a.M., 1989. J.S. Nye, *Bound to lead, The Changing Nature of the American Power*, Basic Books, New York 1990. Siehe a. H.R. Nau, *The Myth of America's Decline*, Oxford University Press 1990. D.P. Calleo, *The Bankrupting of America*, William Morrow and Co., New York 1992.

[2] A. Peyrefitte, *Wenn sich China erhebt … erzittert die Welt*, Hamburg 1974.

[3] F. Godement, *La Renaissance de l'Asie*, Odile Jacob, Paris 1993.

[4] Siehe Kap. II, Anm. 10.

[5] Robert A. Scalapino, *The Politics of Development. Perspectives on Twentieth-century Asia*, Harvard University Press, 1989.

[6] Siehe W.B. Beasley, *The Meiji Restoration*, Harvard University Press, 1972.

[7] R.A. Scalapino, *a.a.O.*, S. 26.

[8] Siehe John King Fairbank, *China, A New History*, The Belknap Press of Harvard University Press, 1992 (Kap. XVI). Zur Geschichte Chinas nach 1949 empfiehlt sich auch *La Chine* von Jean-Luc Domenach und Philippe Richter, Imprimerie nationale, 1987 und Le Seuil, 1995.

[9] John K. Fairbank, *a.a.O.*, Kap. XVII.

[10] Robert Scalapino, *a.a.O.*, S. 19.

[11] Sergej N. Gontcharov, John W. Lewis und Xue Litai, *Uncertain Partners. Stalin, Mao and the Korean War*, Stanford University Press, 1993.

[12] John K. Fairbank, *a.a.O.*, Ende von Kap. XX.

[13] Siehe Robert S. Mc Namara, *Vietnam – Das Trauma einer Weltmacht*, Hamburg 1996.

[14] Über die APEC siehe Y. Funabashi: *Asia Pacific Fusion*, Washington, Institute for International Economics, Oktober 1995.

Der Integrationsprozeß der Anrainerstaaten des Pazifischen Ozeans ist einer der zukunftsträchtigen Faktoren in diesem ausgehenden Jahrhundert. Heute stellen die achtzehn APEC-Länder 40 Prozent der Weltbevölkerung, mehr als die Hälfte des weltweiten Bruttosozialprodukts und über 40 Prozent des internationalen Handels. Die APEC umfaßt drei wirtschaftliche Hauptgruppen:

Nordamerika (Vereinigte Staaten, Kanada und Mexiko), wozu auch Chile, Japan und die chinesische Republik (die Volksrepublik, Taiwan und Hongkong) zu rechnen sind, die ASEAN-Staaten, vorläufig noch mit Ausnahme Vietnams, sowie Australien, Neuseeland und Papua-Neuguinea.

Den Beginn des APEC-Abenteuers markiert am 31. Januar eine Rede des damaligen australischen Premierministers Bob Hawke vor einer Gruppe von Geschäftsleuten in Seoul. Die durch den Fall des Kommunismus hervorgerufenen Umwälzungen trugen dazu bei, daß das Projekt tatsächlich auf den Weg gebracht wurde. Seinen Urhebern ging es darum, daß der Aufbau Osteuropas sich nicht zulasten ihrer Region auswirkte, daß die amerikanische Präsenz in Ostasien als Gegengewicht zu Japan und China gestärkt und letzteres an einer regionalen Kooperation beteiligt wurde, um es schrittweise aus seiner Isolation herauszuholen. Im Kern handelte sich also um nicht mehr und nicht weniger als um Krieg und Frieden im 21. Jahrhundert. Zur Verwirklichung dieser hohen Ziele zählte nur ein Gedanke, der in seiner Schlichtheit eines Jean Monnet würdig gewesen wäre: Es galt, den freien Austausch der Mitgliedsländer zu fördern, allerdings entsprechend einem Modell des »offenen Regionalismus« im Gegensatz zu dem der europäischen Zollunion, die zur Diskriminierung der Nichtmitglieder führt. Beim Gipfel im November 1993 gab die APEC übrigens die fast einer Drohung gleichkommende Warnung aus, sich in einem regionalen Block zusammenzuschließen für den Fall, daß die Europäische Union diesen Weg wählen sollte. Mit dieser Veranstaltung verschaffte sich die neue Vereinigung auch ihre Vertrauensbasis. Bei den beiden darauffolgenden Gipfeln in Bogor (Indonesien) Ende 1994 und in Osaka im November 1995 wurde sie trotz einer gewissen Skepsis gestärkt, baut doch die gesamte Strategie der APEC auf der Verpflichtung zum *einseitigen* Abbau von Handelshemmnissen seitens ihrer Mitglieder auf.

In Vancouver wurde die Zahl der Mitglieder im November 1997 durch die Aufforderung an Vietnam, Peru und Rußland, der Organisation 1998 beizutreten, auf 21 erhöht. Zum ersten Mal werden sich die vier Pazifikmächte – China, Rußland, die Vereinigten Staaten und Japan – also regelmäßig auf einem Forum begegnen. Die APEC wird dazu beitragen, die ehemalige Sowjetmacht in das globale System zu integrieren. Der Beitritt Rußlands könnte beträchtliche Auswirkungen haben.

Auch wenn sie bestehende Schwierigkeiten nicht unterschätzen, sind die Asiaten doch von der Stichhaltigkeit ihres pragmatischen Ansatzes überzeugt. Sie schätzen die »konstruktive Zweideutigkeit« und mißtrauen den großen kartesianischen Konstrukten, als deren Karikatur sie den Maastricht-Vertrag sehen. Sie wissen, daß Handel allein für eine Gemeinschaft nicht identitätsstiftend ist, glauben aber, daß die gemeinsame Liberalisierung des Außenhandels einen guten Ausgangspunkt bietet.

Vor allem aber stehen sie dank der ASEAN nicht ohne Erfahrung dar. Diese 1967 gegründete Organisation zählt heute neun Mitglieder: Brunei (seit 1984), Indonesien, Malaysia, die Philippinen, Singapur, Thailand und Vietnam (seit dem 29. Juli 1995), Birma (Myanmar) und Laos (seit dem 23. Juli 1997). Auch hier geht es darum, den Frieden mit Hilfe einer strukturellen Abstimmung zu sichern, bei der das Hauptaugenmerk zunächst auf der Liberalisierung des Handelsaustauschs liegt, und angesichts der Giganten in der Region – die Vereinigten Staaten, China und Japan – eine möglichst harmonische Einheit zu bilden. Die in weniger als dreißig Jahren mit einem Minimum an institutionellem Aufwand erzielten Resultate können sich sehen lassen. So betrachtet sind wir von den Vorstellungen Jean Monnets weit entfernt. Nicht nur die wirtschaftliche Rechnung ist aufgegangen und hat sämtliche Erwartungen übertroffen (selbst auf den Philippinen hat der Aufschwung eingesetzt); darüber hinaus ist es den Führern der ASEAN gelungen, zahlreiche politische Krisen zu entschärfen und innerhalb eines ausgesprochen uneinheitlichen Gebildes aus Ländern und Ethnien den Frieden zu wahren. Seit Juli 1994 setzt sich die Organisation mittels dem »Sicherheitsforum der ASEAN« offen mit Problemen der Sicherheit auseinander. Die Europäer sollten diesen beachtlichen Tatsachen mehr Aufmerksamkeit schenken.

Erstens könnten wir aus der asiatischen Erfahrung in institutioneller Hinsicht vielleicht lernen. Gewiß unterscheidet sich Europa von Asien, allein schon aufgrund der kompakten äußeren Form und der daraus erwachsenden geopolitischen Folgen. Vor allem haben wir es auf unserem Kontinent mit weniger heterogenen Menschengruppen zu tun. Was die wirtschaftliche Entwicklung angeht, sind die Diskrepanzen geringer. Dennoch könnte es für uns von Interesse sein, über die Vorteile des asiatischen Pragmatismus nachzudenken. Die Substanz zwischenstaatlicher Beziehungen innerhalb einer Gemeinschaft fällt mehr ins Gewicht als die Form.

Zweitens muß Europa in seine Zukunftsbetrachtungen nicht nur die Beziehungen zu den Vereinigten Staaten, sondern auch die zu Asien miteinbeziehen, dem wirtschaftlichen Motor der Welt.

15 John Fairbank, *a.a.O.*, Kap. XXI.

16 Der Dialog zwischen Europa und Asien oder ASEM (Asia/Europe Meeting), zu dem Singapur den Anstoß gab, wurde beim Gipfel in Bangkok im März 1996 aufgenommen. Teilnehmer waren die fünfzehn Mitglieder der Europäischen Gemeinschaft und die Brüsseler Kommission selbst, die sieben Länder der ASEAN, China, Japan und Südkorea. Ziel dieser Begegnungen ist es, die gemeinsamen Interessen auf dem Gebiet von Wirtschaft und Sicherheit sowie die kulturelle und intellektuelle Annäherung zu fördern. Die Stärkung der dritten Seite des Dreiecks Vereinigte Staaten-Europa-Asien könnte einen entscheidenden Beitrag zur Verwirklichung des internationalen Systems im 21. Jahrhundert leisten.

Kapitel IX

1 G. de Broglie, *Le XIXe siècle – L'éclat et le déclin de la France*, Perrin, Paris 1995.

2 Titel eines Buches von François de Rose, *La troisième guerre mondiale n'a pas eu lieu*, Desclée de Brouwer, Paris 1995.

3 Siehe a. Th. de Montbrial, *Que Faire?*, *a.a.O.*, 2. Teil (Politische Ökonomie).

4 Wirtschaftshistoriker unterscheiden zwischen mehreren industriellen Revolutionen. Ich folge hier der gängigen Terminologie. Demnach ist unter industrieller Revolution der Wandel des technischen Systems in Verbindung mit der Erfindung der Dampfmaschine zu verstehen. Der Begriff »technisches System« geht auf Bertrand Gille zurück, der ihn ins Zentrum seiner *Histoire des techniques* rückte (*Encyclopédie de la Pléiade*, Gallimard, Paris 1978): »(...) in der Regel sind sämtliche Techniken in unterschiedlichem Maße voneinander abhängig und (...) notwendigerweise müssen sie untereinander eine gewisse Kohärenz aufweisen: Dieses Gebilde aus Kohärenzen auf den verschiedenen Ebenen sämtlicher Strukturen aller Gebilde in sämtlichen Branchen ergibt das, was man als technisches System bezeichnen kann.« Siehe a. Montbrial, *La Science économique*, PUF, 1988 (Kap. V. »La production, ses facteurs et sa répartition«, insb. S. 107 u. S. 146 ff.).

5 Selbst gebildete Franzosen sind nur allzu häufig nicht darüber informiert, daß der Nobelpreis für Wirtschaftswissenschaften 1988

ihrem Landsmann Maurice Allais für seine Arbeiten auf diesem Gebiet verliehen wurde. Sie sind in zwei bedeutenden Büchern veröffentlicht worden: *A la recherche d'une discipline économique* (1943) und *Economie et Intérêt* (1947). Das erstgenannte wurde 1994 unter dem Titel *Traité d'économie pure* bei Clément Juglar neu herausgegeben. Für einen Überblick über das Werk von Maurice Allais siehe M. Boiteux, Th. de Montbrial u. B. Munier, *Marchés, capital et incertitudes. Essais en l'honneur de Maurice Allais*, Economica, 1986. Einem Schüler von Maurice Allais, Gérard Debreu, wurde seinerseits 1983 für seinen Beitrag zur Werttheorie der Nobelpreis verliehen.

6 Joseph Schumpeter (1883-1950), amerikanischer Nationalökonom österreichischer Herkunft, hat die Rolle der Erfindung, der Innovation und der Suche nach temporären Monopolstellungen als Motor für wirtschaftliche Dynamik mehrfach hervorgehoben. Die Folgen untersuchte er unter dem Begriff der »langen Zyklen«. Seine beiden Hauptwerke auf diesem Gebiet sind: *Theory of Economic Development* (Erstausgabe 1911, dt.: Theorie der wirtschaftlichen Entwicklung) und *Business cycles: a theoretical, historical and statistical analysis of the capitalist process* (Erstausgabe 1939). Die Erstausgabe von *Capitalism, Socialism and Democracy* erschien 1942.

Eine knappe Zusammenfassung von Schumpeters Ideen findet sich beispielsweise bei Th. de Montbrial, »Récession prolongée ou dépression historique?«, Kap. VII in *La Revanche de l'histoire* (Julliard, 1984), abgedruckt in *Que Faire? Les Grandes manœuvres du monde*, La Manufacture, 1990.

7 John Maynard Keynes, *The General Theory of Employment, Interest and Money*, 1. Aufl., Bd. 7, *Collected Writings of J.M. Keynes*, London 1936.

8 J. Fourastié, *Les Trente Glorieuses, ou la révolution invisible de 1946 à 1975*, Fayard, Paris 1979.

9 In *La Société de confiance* (Odile Jacob, Paris 1995) entwickelt Alain Peyrefitte die These, derzufolge der Hauptfaktor für wirtschaftliche Entwicklung der kulturelle Faktor ist, präziser die Bildung eines »Vertrauensethos«.

10 Was sich in einem strukturellen Defizit ihrer Zahlungsbilanz und somit einem ungenügenden Gesamtsparaufkommen im Verhältnis zu ihrem globalen Finanzbedarf ausgedrückt hat. Diese Frage steht im Zentrum einer anhaltenden Auseinandersetzung zwischen den

Vereinigten Staaten und ihren wichtigsten Partnern, insbesondere Japan.

11 Siehe Kap. VII.

12 Nachstehend seien einige Werke aufgeführt, die zahlreiche Literaturangaben enthalten: J.-C. Chesnais, *La Transition démographique*, INED-PUF, 1986, und *Le Crépuscule de l'Occident, démographie et politique*, Robert Laffont, Paris 1995. G. F. Dumont, *Le Monde et les hommes – Les grandes évolutions démographiques*, Litec, 1995 u. *Les Migrations internationales – Les nouvelles logiques migratoires*, Sedes, 1995. Siehe a. das Sonderheft der Zeitschrift *Politique étrangère* unter der Leitung von Bassma Kodmani-Darwish über die Bevölkerungsbewegungen (»Mouvements de populations«), Nr. 3/94, Herbst 1994.

13 Siehe *L'Effet de serre et ses conséquences climatiques. Evaluation scientifique*. Bericht der französischen Akademie der Wissenschaften Nr. 25, 1990.

14 Siehe W. R. Smyser, *Refugees. Extended Exile*, Praeger, New York 1987.

15 Titel eines Buches von J.-B. Duroselle aus dem Jahr 1992 (Plon, Paris) mit dem Untertitel *Les migrations humaines, chance ou fatalité?* Das Buch erschien im Anschluß an einen Artikel von V. Giscard d'Estaing vom 21. September im *Figaro Magazine* mit dem Titel: »Immigration ou invasion«, der eine heftige Polemik auslöste.

16 Siehe Kap. II.

17 Siehe P. George, *La géographie à la poursuite de l'histoire*, Armand Colin, 1992, namentlich Kap. IV. (»Alle in die Städte?«) u. F. Moriconi-Ebrarad, *L'Urbanisation du monde depuis 1950*, Anthropos, 1993.

18 Siehe das Vorwort zum *Dictionnaire de géopolitique* von Yves Lacoste, *a.a.O.*

19 An dieser Stelle sei daran erinnert, daß das Schengener Abkommen im Juni 1985 mit dem Ziel unterzeichnet wurde, eine Grundlage für den geplanten grenzfreien europäischen Raum zu schaffen. Das Abkommen wurde in die Einheitliche Akte aufgenommen. Das Anwendungsabkommen wurde erst im Juni 1990 unterzeichnet und zwang manche Mitgliedsstaaten, ihre Verfassung zu ändern. Seine Umsetzung ist von zahlreichen Schwierigkeiten begleitet.

20 N. u. J. Dhombres, *Naissance d'un nouveau pouvoir: sciences et savants en France 1793-1824*, Payot, Paris 1989.

[21] Es handelt sich um Sadi Carnot (1796-1832), den Sohn von Lazare Carnot (1753-1823), seinerseits Autor geschätzter wissenschaftlicher Arbeiten. In seinen *Réflexions sur la puissance motrice du feu* (»Überlegungen zur Antriebskraft des Feuers«), die 1824 veröffentlicht wurden, formulierte Sadi Carnot das nach ihm benannte Prinzip. Etwas über drei Jahrzehnte später übertrug der Deutsche Rudolf Clausius das Carnot-Prinzip und entwickelte das Konzept der Entropie (zweiter Hauptsatz der Thermodynamik).

[22] Die Folge war eine wirkliche Revolution auf dem Gebiet der sogenannten angewandten Mathematik, wie es das Werk von R. Dautray u. J. L. Lions belegt (drei Bände, 1984-1985): *Analyse mathématique et calcul numérique pour les sciences et les techniques.* Ich zitiere einen Auszug aus der allgemeinen Einführung zu dieser monumentalen Abhandlung (S. 146 bis u. ter). Die Gleichungen mit partiellen Ableitungen, um die es in dem nachstehenden Text geht, bilden seit Ende des 18. Jahrhunderts eines der Basisinstrumente der mathematischen Physik. Die Gleichungen von Hugoniot und Maxwell beispielsweise, von denen weiter oben die Rede war, sind solche Gleichungen mit partiellen Ableitungen.

»Gleichungen mit partiellen Ableitungen sind heutzutage ein wichtiges Thema für das wissenschaftliche Verständnis insgesamt.

Die Hauptgründe dafür liegen einerseits im Fortschritt der mathematischen Analyse und andererseits in dem Auftauchen der numerischen Rechenweise, die bis in die fünfziger Jahre im Hinblick auf Gleichungen mit partiellen Ableitungen vollkommen unzureichend war. Durch den Einsatz von Computern und deren immense und unaufhörliche Fortschritte war es – zum ersten Mal in der Geschichte – möglich, anhand von Modellen Mengen zu berechnen, die bislang nur annähernd geschätzt werden konnten, und, was vielleicht am wichtigsten ist, diese sicher und schnell zu berechnen, woraus sich für Forscher und Ingenieure die (unverzichtbare) Möglichkeit ergab, numerische Resultate für die Veränderung oder Angleichung bestimmter Schlußfolgerungen, Experimente oder laufender Ergebnisse heranzuziehen.

All das erklärt, warum sich die Beschreibung unterschiedlichster Themen anhand von Modellen durch Gleichungen mit partiellen Ableitungen, auf die die theoretische und numerische Analyse folgt, die wiederum im Versuch überprüft wird, zu einer grundsätzlichen Methode entwickelt hat.

Sämtliche Aspekte technischer und industrieller Aktivitäten sind davon betroffen; dieser Ansatz ist unverzichtbar für die Vorbereitung von Experimenten und Versuchen sowie deren Interpretation, für technische Studien, Entwicklung, Herstellung, Instandhaltung, Betriebssicherheit, usw. Es gilt also:

Moderne Ausrüstungen müssen unter hoher Beanspruchung des Materials arbeiten. In den fünfziger Jahren legte man bei der Berechnung der Festigkeit von Materialien hohe Sicherheitsfaktoren für die Belastung des Materials eines bestimmten Teils an einer bestimmten Stelle zugrunde (in der Größenordnung von 5 oder darüber). Heutzutage liegt der Sicherheitsfaktor bei einer präzisen Berechnung der Belastung bei 1,4 oder darunter (z.B.: Luftfahrt-, Kernreaktor- oder Automobilindustrie), und zwar unter sehr guten Bedingungen für den Benutzer.

Die modellhafte Beschreibung anhand von Regelsystemen hat sich auch in zahlreichen Disziplinen der Physik (Plasmaphysik, neue Materialien usw.), der Weltraumwissenschaft (Astrophysik, Geophysik usw.), der Chemie und natürlich sämtlicher Bereiche der Mechanik (...) als hilfreiches Arbeitsinstrument erwiesen.

Dem sei, ohne daß die Aufzählung vollständig wäre, noch hinzugefügt, daß Gleichungen mit partiellen (nicht-linearen) Abweichungen namentlich auf dem Wege der dynamischen Programmierung eine große Rolle in der Kalkulation spielen (Vorräte, Energiebedarf usw.). Auch in der Biologie kommen Regelsysteme mehr und mehr zum Einsatz.

23 Siehe beispielsweise F. Shorter, *The Health Century*, Doubleday, New York 1987.

24 Am ausführlichsten nimmt sich R. Rhodes dieses Themas an, in *The Making of the Atomic Bomb*, Simon and Schuster, New York 1986. Er geht namentlich auf die Schwierigkeiten ein, die zu Beginn des atomaren Abenteuers mit den begrenzten Berechnungsmöglichkeiten verbunden waren.

25 Siehe Th. de Montbrial, »L'ingénieur et l'économiste«, in J. Horowitz u. J. L. Lions, *Les Grands Systèmes des sciences et de la technologie – Ouvrage en hommage à Robert Dautray*, Masson, Paris 1994.

26 Also elektromagnetische Energie. Die von der Sonne abgestrahlte Energie ist jedoch nuklearen Ursprungs.

27 Letztlich handelt es sich auch hier um Sonnen- und also Nuklearenergie.

28 Eine meisterhafte Erläuterung für die informierte Leserschaft bietet R. Dautray, »Cinquante ans de nucléaire dans le monde«, *La Vie*

des Sciences, Berichte der französischen Akademie der Wissenschaften, »Série générale«, Bd. 10, Nr. 4, 1993, S. 359-411.

29 Spezifischer Energieverbrauch: Energiemenge pro Einheit des Bruttoinlandsprodukts.

30 Siehe Anm. 4 in diesem Kapitel.

Siehe ferner Th. de Montbrial, *La Science économique*, PUF, 1988 (Kap. V »La production, ses facteurs et sa répartition«, insb. S. 107 u. S. 146-147).

31 Siehe Anm. 6 in diesem Kapitel.

32 Was die Sowjets wiederum als »extensives Wachstum« bezeichneten.

33 Siehe die faszinierenden Werke von Thierry Gaudin, *2100, Récit du prochain siècle* u. *2100, Odyssée de l'Espèce*, Payot, Paris 1990, sowie die Sonderausgabe der Zeitschrift *Scientific American* anläßlich des 150. Jahrestags ihres Bestehens, die den Schlüsseltechnologien des 21. Jahrhunderts gewidmet ist (»Key technologies for the 21st century«, September 1995).

34 Die Einführung von Verfahren zur Begrenzung spekulativer Kapital*zufuhr* ist derzeit nicht üblich, aber durchaus im Bereich des Möglichen.

35 Engl. *governance*.

36 J.-M. Guéhenno, *La Fin de la Démocratie*, Flammarion, Paris 1993.

37 Dieses Risiko wurde in Japan mit den Nervengasattentaten der Sekte Aum Shinri-kyo in der Tokioter U-Bahn am 20. März 1995 und einen Monat später im Bahnhof von Yokohama deutlich. Die Aum-Sekte, die 1987 in Erscheinung trat – als das Land als Folge der Spekulationsblase in fieberhafter Prosperität schwelgte –, zählt in Japan 10.000 Mitglieder, ist jedoch seit 1992 auch in Rußland aktiv. Sie ist eine der kleinsten Organisationen, die neue Religionen preisen und sich als Reaktion auf die Modernisierung des Archipels gebildet haben. Die bedeutendste unter ihnen ist die neobuddhistische Sekte Soka Gakkai, die in der politischen Szene sehr einflußreich ist. Ihre Ausbreitung spiegelt das tiefwurzelnde Unbehagen eines Teils der Gesellschaft wider, dessen Wertesystem zusammengebrochen ist. Ist das die Folge einer Gesellschaft im Wandel, wie manche Japaner behaupten, oder das Symptom eines tiefer sitzenden Übels? Der Guru der Sekte, Shoko Asahara, wurde am 16. Mai 1995 verhaftet und vor Gericht gestellt.

Index